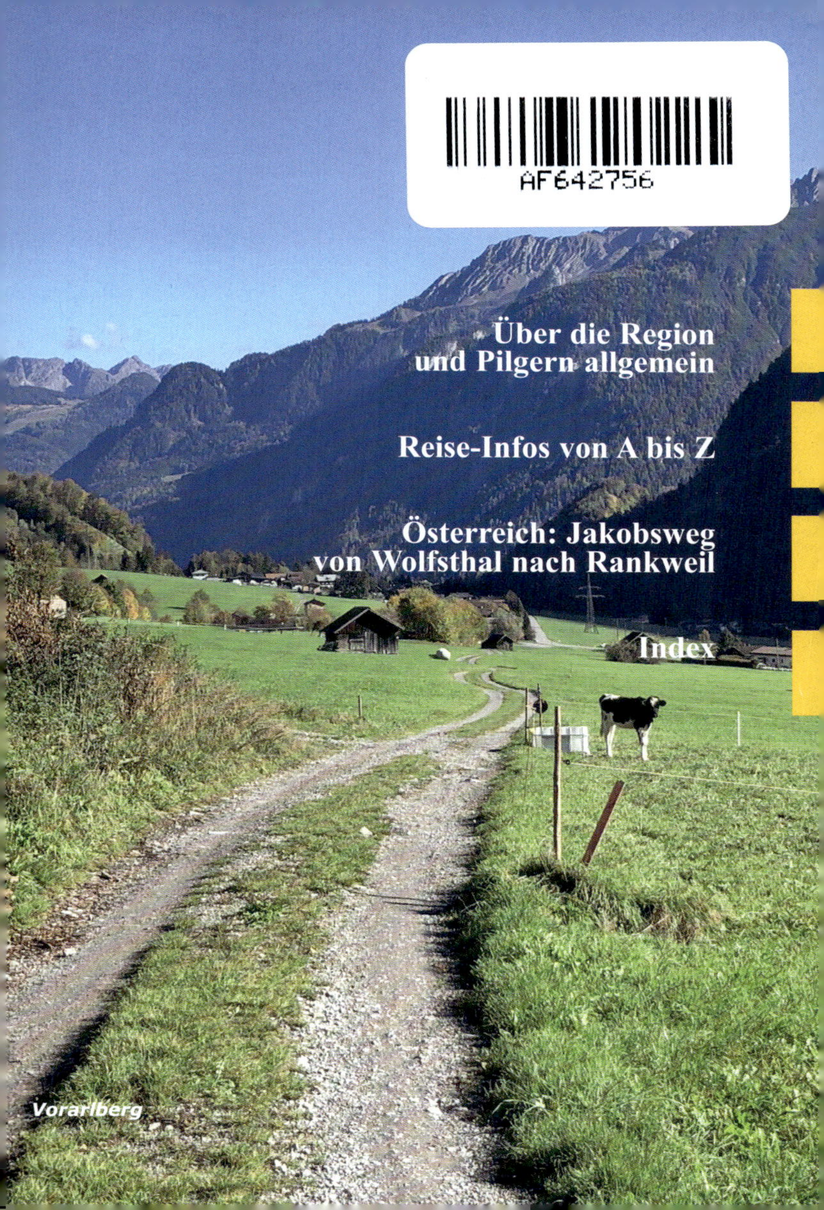

Vorarlberg

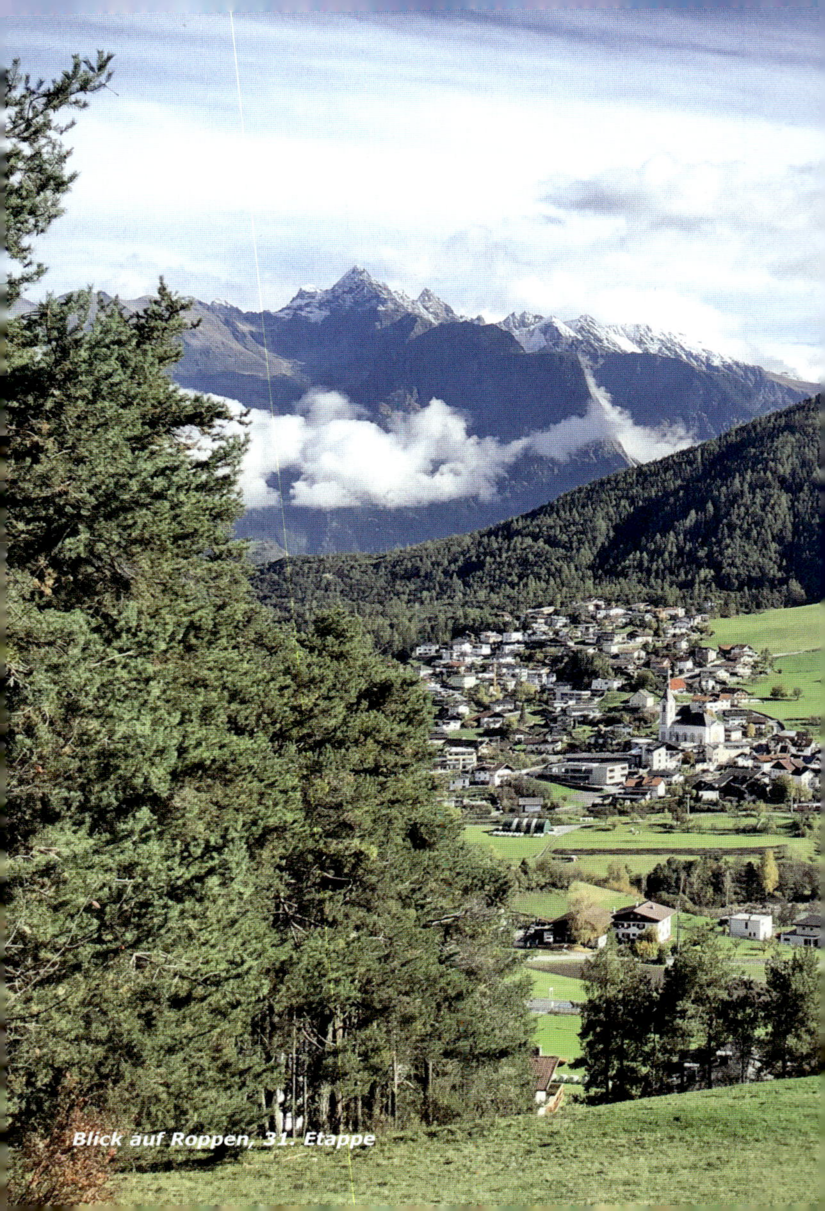

Blick auf Roppen, 31. Etappe

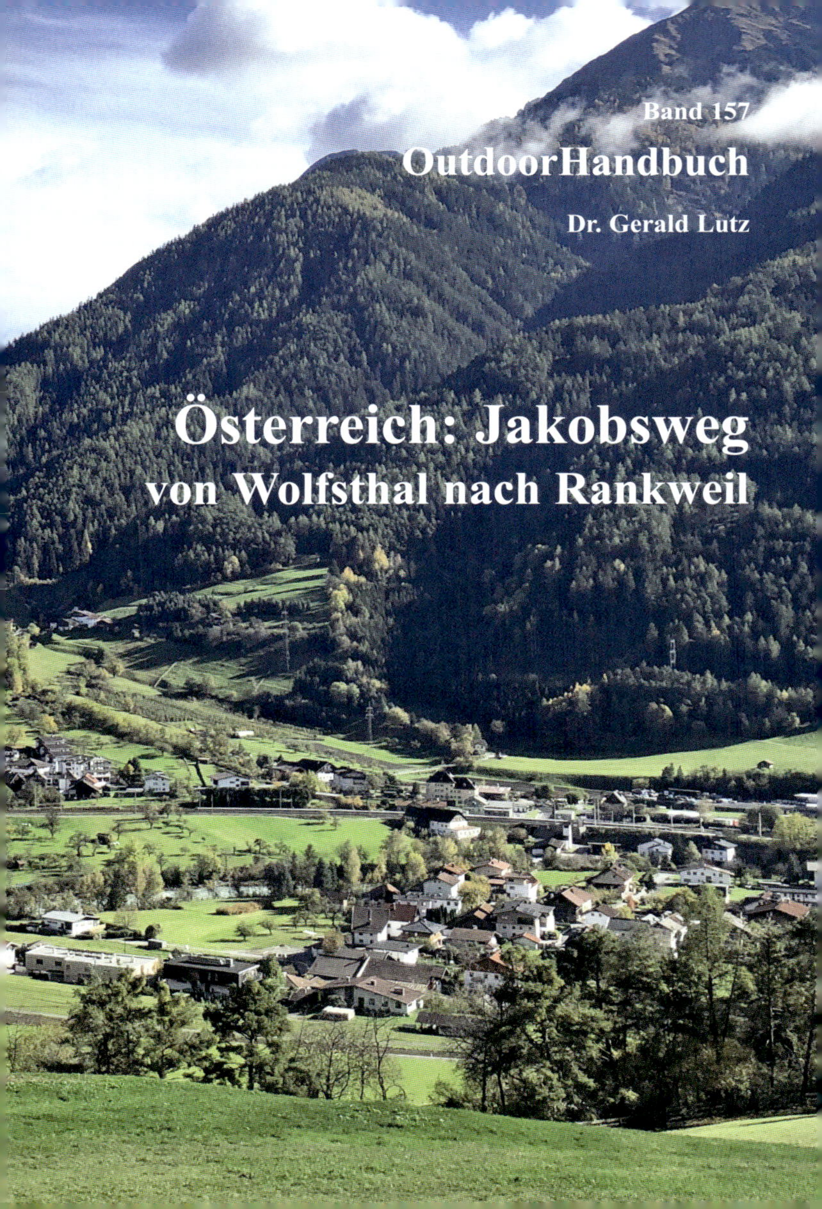

Band 157

OutdoorHandbuch

Dr. Gerald Lutz

Österreich: Jakobsweg
von Wolfsthal nach Rankweil

Österreich: Jakobsweg

Dieses OutdoorHandbuch wurde konzipiert und redaktionell erstellt vom:

Conrad Stein Verlag GmbH
Kiefernstr. 6 59514 Welver
☏ 023 84/96 39 12
info@conrad-stein-verlag.de
www.conrad-stein-verlag.de
www.facebook.com/outdoorverlag
www.instagram.com/outdoorverlag

Klimaneutral
Druckprodukt
ClimatePartner.com/53106-2304-1009

Als Outdoor-Verlag sind uns der Schutz und die Erhaltung der Natur seit jeher ein besonderes Anliegen. Auch in Sachen Klimaschutz haben wir eine Vorreiterrolle inne: Wir sind der einzige Buchverlag in Deutschland, der bereits seit 2008 seine Bücher konsequent klimaneutral in Deutschland produzieren und transportieren lässt. Dabei wird nicht nur klimaneutral, sondern auch nachhaltig, d. h. so umweltschonend wie möglich produziert, z. B. durch die Auswahl von umweltfreundlichen Materialien. Die bei der Produktion der Bücher entstandenen CO_2-Emissionen werden durch die Unterstützung von zertifizierten Klimaschutzprojekten ausgeglichen. Jedes Buch wird daher mit dem Logo „klimaneutral" und einer ClimatePartner-Zertifikatsnummer versehen. Mithilfe dieser Nummer können Sie unter www.climatepartner.com Informationen zu der eingesparten CO_2-Menge und dem Projekt finden, das mit der Abgabe gefördert wird.

Das Engagement des Conrad Stein Verlags wurde im Rahmen des Projekts „Klimaneutraler Buchverlag" mit dem Westenergie Klimaschutzpreis 2022 ausgezeichnet.

OutdoorHandbuch Band 157

ISBN 978-3-86686-666-9 1. Auflage 2023

Text und Fotos: Dr. Gerald Lutz
Karten: Manuela Dastig
Lektorat: Anna-Lena Ebner
Layout: Alexandra Sauerland

Gesamtherstellung: AZ Druck und Datentechnik GmbH, Kempten

Dieses OutdoorHandbuch hat 256 Seiten mit 55 farbigen Abbildungen sowie 40 farbigen Kartenskizzen im Maßstab 1:200.000, 39 farbigen Höhenprofilen, 4 farbigen Stadtplänen und einer farbigen, ausklappbaren Übersichtskarte.

Alle Informationen, schriftlich und zeichnerisch, wurden nach bestem Wissen zusammengestellt und überprüft. Sie waren korrekt zum Zeitpunkt der Recherche. Eine Garantie für den Inhalt, z. B. die immerwährende Richtigkeit von Preisen, Adressen, Telefonnummern und Internetadressen, Zeit- und sonstigen Angaben, kann naturgemäß von Verlag und Autor – auch im Sinne der Produkthaftung – nicht übernommen werden.

Autor und Verlag freuen sich über Ihr Feedback. Schreiben Sie Ihre Tipps und Verbesserungen an info@conrad-stein-verlag.de oder nutzen Sie unsere Social-Media-Kanäle. Bitte nennen Sie dabei Titel, Auflage und Seitennummer.

Dieses Buch ist im Buchhandel und in Ausrüstungsläden erhältlich und kann im Internet oder direkt beim Verlag bestellt werden.

Titelfoto: Auf dem Weg nach Grins, 32. Etappe

Inhalt

☺ Eine **Übersichtskarte** des Weges, **Autorenprofil** sowie eine Liste aller verwendeten **Symbole** in diesem Buch finden Sie auf den vorderen und hinteren Umschlagseiten bzw. -klappen.

Danke

Danken möchte ich im Speziellen Herrn Reinhard Dippelreither. Er hat bis 2014 den Jakobsweg Österreich für den Conrad Stein Verlag verfasst. Seit dieser Zeit hat sich auf dem Jakobsweg so einiges verändert. Gleich geblieben sind jedoch die wunderbare Architektur und die Geschichte der Kirchen und der anderen historischen Sehenswürdigkeiten. Ich habe in diesem Büchlein die akribisch und fundiert zusammengestellten Ausführungen zu diesem Themenbereich von Herr Dippelreither in leicht adaptierter Form sehr gerne übernommen, weil es schade gewesen wäre, diese Inhalte den Pilgernden nicht zugänglich zu machen.

Bedanken möchte ich mich auch bei Herrn Martin Simon, einem sehr erfahrenen Autor des Conrad Stein Verlags. Er stand mir als Gesprächspartner zur Verfügung und machte mir so den Einstieg in den „Jakobsweg-Journalismus" etwas leichter.

Mein Dank richtet sich auch an die Theologin und Pilgerberaterin Frau Christine Dittlbacher für die Durchsicht des Manuskripts und für ihre wertvollen Anregungen.

Einleitung

Seit über 1.000 Jahren wandern Pilgerinnen und Pilger auf dem Jakobsweg zum Grab des Apostels Jakobus in die spanische Stadt Santiago de Compostela. Offiziell gilt die Bezeichnung Jakobsweg nur für den Camino Francés, also den Weg quer durch den Norden Spaniens. Dieser Teil gehört zusammen mit vier französischen Pilgerstrecken zum UNESCO-Weltkulturerbe. Die zahlreichen Pilgerwege, die aus ganz Europa nach Spanien führen, werden offiziell „Wege der Jakobspilger" genannt. Jedoch meint die Bezeichnung „Jakobsweg" in der Praxis meist die gesamte Strecke (vgl. Infotafel JW-Donauland-Carnuntum).

Der Jakobsweg Österreich ist der Hauptast des Jakobswegenetzes in Österreich. Er reicht vom kleinen Wallfahrtsort Wolfsthal nahe der Grenze zur Slowakei im Osten bis zur Marktgemeinde Rankweil an der Grenze zur Schweiz im Westen. Der Wegverlauf in Österreich geht weitgehend auf eine Privatinitiative von Peter Lindenthal zurück, der 1997 damit begonnen hat, durch Nachforschungen den

Weg zu erschließen. Auf ca. 870 km Länge erleben Sie die landschaftliche und kulturelle Vielfalt von Österreich. Der Weg ist geprägt durch das Donautal, das Alpenvorland und durch das Panorama der Alpen, das bei der Überschreitung des Arlbergpasses seinen Höhepunkt erreicht. Der Jakobsweg Österreich besticht nicht nur durch landschaftliche und kulturelle Vielfalt, sondern auch durch die positive Energie, die von ihm ausgeht und die an der Freundlichkeit und Hilfsbereitschaft der Anwohnerinnen und Anwohner zu spüren ist.

Meist läuft der Weg in der Ebene durch Täler oder entlang von Wiesen und Wäldern. Selbst die Überquerung des Arlbergpasses ist auch mit Pilgerrucksack gut zu schaffen. Die Zeit, die Sie für den Jakobsweg durch Österreich planen sollten, kann abhängig vom jeweiligen Tagespensum sehr unterschiedlich sein, mit mindestens 30 Pilgertagen sollte jedenfalls gerechnet werden.

Der Jakobsweg Österreich kann großteils das ganze Jahr über begangen werden, wobei die schönste Zeit sicherlich zwischen Anfang Mai bis Ende Oktober ist. Entlang des Weges gibt es eine Vielfalt an Verpflegungs- und Übernachtungsmöglichkeiten, die sicherlich für jeden Anspruch das Richtige bietet.

Der Wanderführer beinhaltet eine genaue Beschreibung des Weges, kurzgefasste kirchenhistorische Erklärungen sowie die Aufzählung von Übernachtungsmöglichkeiten am Weg. Karten und GPS-Tracks zum Download sind inkludiert.

Bevor es losgeht

Sie starten nun den Jakobsweg durch Österreich. Wollen Sie gleich den ganzen Weg gehen oder nur einzelne Etappen? Egal – jede bzw. jeder macht es so, wie es für sie oder ihn richtig ist. Auf jeden Fall wird es, da bin ich mir sicher, ein sehr schönes Erlebnis.

Ich hoffe, Sie haben gutes Wetter, treffen interessante Leute und haben Freude an der Landschaft und Architektur der Kirchen, dann werden die Tage sehr abwechslungsreich.

Natürlich ist die Wanderung auch manchmal recht anstrengend, das will ich gar nicht verleugnen. Einzelne Wegstücke sind mühsamer und vielleicht langweiliger als andere. Sie werden auch nicht immer in der gleichen Stimmung und körperlichen Verfassung sein und manchmal fehlt auch die nötige Energie. Aber oft reicht dann wieder ein Moment des Glücks, um die Anstrengung zu vergessen. Es gab auf meinem Pilgerweg natürlich auch Tage, die nicht so toll waren. Es gab aber noch keinen einzigen Morgen, wo ich mich nicht aufs Weitergehen freute.

Spannend und herausfordernd finde ich es auch immer wieder, dass am Abend, wenn die Wanderung dann abgeschlossen ist, das Abenteuer noch lange nicht vorüber ist. Jetzt stellt sich erst heraus, wo ich übernachte, was ich essen werde, mit welchen Menschen ich in Kontakt komme, worüber wir sprechen werden. Gerade bei privaten Quartieren oder in Herbergen oder Klöstern ist es wahrscheinlich, dass man plötzlich Teil einer Gruppe von Pilgernden wird, dass man Menschen kennenlernt, vieles erfährt und auch selbst viel von sich preisgibt.

Manchmal geschehen auch unvorhergesehene Dinge: Ich wurde etwa in Völs, als ich mich nach dem Weg umsah, von einem älteren Ehepaar angesprochen, ob ich Jakobspilger sei und ob ich etwa ein Quartier für die Nacht suche. Sie würden mir gerne ein Zimmer in ihrer Wohnung anbieten. Ich habe das gerne angenommen und es war ein sehr netter gemeinsamer Abend. Die Situation hat aber auch von mir gefordert, dass ich offen und bereit war, das Angebot auch anzunehmen.

Oder ein anderes Mal, als ich die ersten Tage überhaupt auf Pilgerschaft war: Ich konnte mich noch nicht wirklich mit der Tatsache identifizieren, ein Pilger zu sein, zu sehr war die Vorstellung des Pilgerns aufgeladen mit Klischees, die mir nicht wirklich entsprachen. Ich hatte ein Bild vom Pilgern, in das ich nicht so richtig reinpasste – erst als ein Bauer mit seinem Traktor stehen blieb, es war in der Nähe von Frankenmarkt, und mich fragte: „Bist du ein Jakobspilger? Wo kommst du her? Gehst du nach Spanien? Erzähl!", gestand ich mir ein, ein Pilger zu sein, und sagte ihm: „Ja, ich bin Jakobspilger." Er freute sich darüber und ich hatte eine Last weniger und fühlte mich gut.

So gibt es viele Momente, die einen persönlich berühren und die diesen Weg so besonders machen. Der Jakobsweg ist ein spezieller Weg – er ist eben ein Pilgerweg – und wenn man diesen Weg geht, so haben die vielen kleinen Erlebnisse und Eindrücke des Tages plötzlich viel mehr Bedeutung als sonst. Man ist einfach sensibler und offener für das Berührende.

Auf einer Wegtafel habe ich Folgendes gelesen: Pilgern – das kann bedeuten, dem Leben eine neue Richtung geben, sich eine Weile aufs Wesentliche beschränken, Stress abbauen, sich der Natur zuwenden und den eigenen Lebensweg reflektieren. Ich finde, das trifft es ganz gut.

Und kurz bevor es losgeht, noch eine Bitte: Ich bin den gesamten Jakobsweg Österreich zweimal gegangen und habe nun versucht, meine Erfahrungen so gut wie möglich in Schriftform zu bringen, um Ihnen ein guter Begleiter auf Ihrem Jakobsweg zu sein.

Es würde mich freuen, wenn Sie mir schreiben und Ihre Anregungen, Verbesserungsmöglichkeiten und auch Tipps für Besichtigungen, Rastplätze oder Übernachtungsmöglichkeiten mitteilen. Gemeinsam können wir es schaffen, dass der Jakobsweg Österreich sich weiterentwickelt und auch zukünftigen Pilgernden zum nachhaltigen Erlebnis wird.

Ich wünsche Ihnen eine wunderschöne Zeit!
Buen Camino – Gerald Lutz

Pilgersegen

Brich auf zum Pilgern aus sorgenvollen Gedanken
aus erstarrten Gewohnheiten
aus einengenden Erwartungen

Sei achtsam unterwegs mit Leib und Seele
mit allen Sinnen
mit Zuversicht und ganzem Herzen

Gott begleite dich, wenn dein Weg in eine neue Richtung führt
wenn du schwankenden Boden betrittst
wenn du Natur, Menschen und Kultur begegnest

Die Sonne erwärme dein Gesicht
der Wind stärke deinen Rücken
der Regen erfrische dein Leben
der Wegweiser möge dich zu deinen Zielen führen

Der Gott des Weges segne und beschütze dich
(Peter Müller)

(Pilgersegen – Stadtpfarrkirche St. Ulrich in Vöcklabruck)

Über die Region und Pilgern allgemein

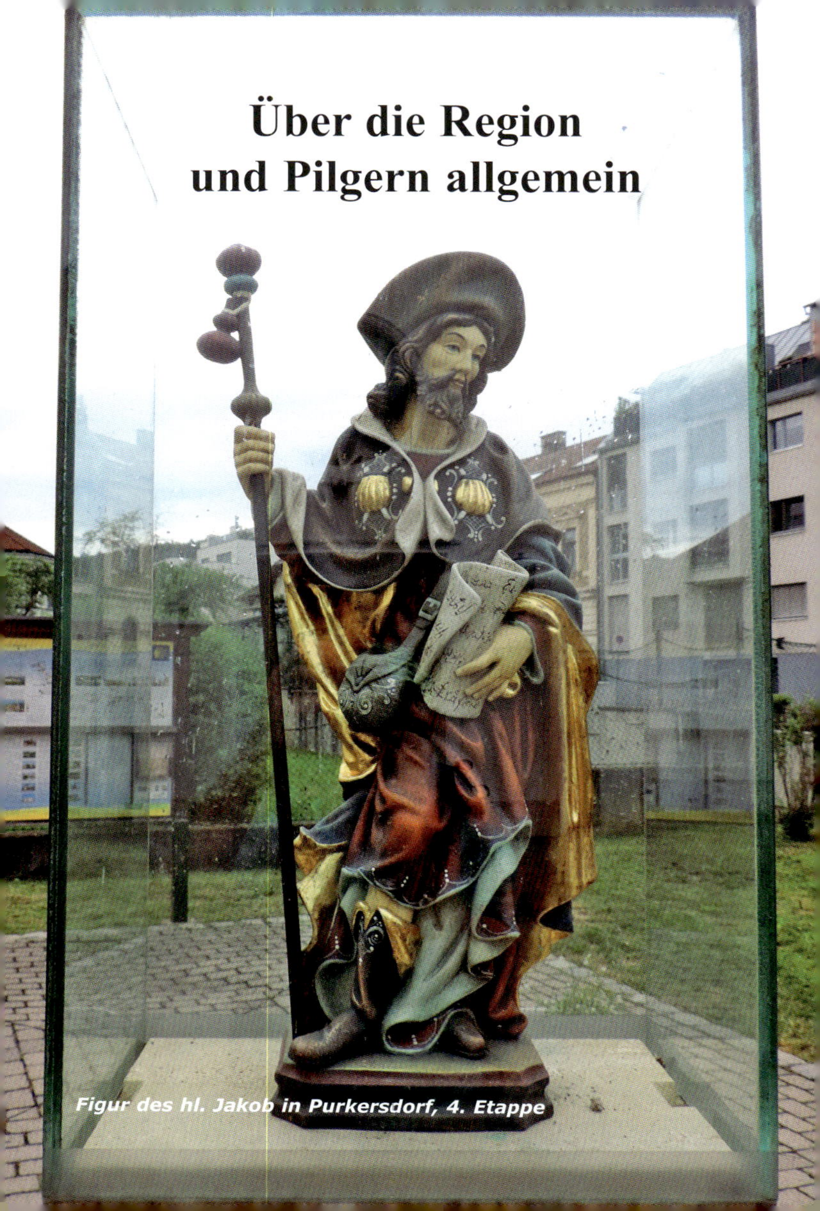

Figur des hl. Jakob in Purkersdorf, 4. Etappe

Land und Leute

Österreich, im Herzen Europas gelegen, zählt (mit etwa 9 Mio. Einwohnerinnen und Einwohnern) zu den kleineren EU-Staaten, hat aber sehr spezielle Besonderheiten aufzuweisen, die das Land und die Leute schon recht deutlich von den Nachbarländern unterscheidet. Gesprochen wird Deutsch, der Akzent ist jedoch teilweise sehr stark und ist wiederum sehr abhängig von der Region, in der man sich befindet.

Österreich ist in neun Bundesländer mit ihren neun Landeshauptstädten gegliedert. Wien ist gleichzeitig Bundesland, Landeshauptstadt und Bundeshauptstadt. Der hier beschriebene Jakobsweg durchquert die Bundesländer Wien, Niederösterreich, Oberösterreich, Salzburg, Tirol und Vorarlberg.

Österreich ist ein Tourismusland. Speziell beim Wintertourismus zählt Österreich zu den weltweit führenden Destinationen. Aber auch im Sommer kommen viele Touristinnen und Touristen, um in Österreich die Seen zu genießen oder wandern zu gehen. Deutschland ist das wichtigste Herkunftsland von ausländischen Urlauberinnen und Urlaubern in Österreich. Etwa 30 % der Touristinnen und Touristen, die in Österreich übernachten, kommen aus Deutschland.

Zu den Besonderheiten zählt auch die Kulinarik und hier vor allem die Süßspeisen. Germknödel, Topfen- oder Apfelstrudel sind besonders beliebt. Viele Wörter versteht man als Ausländer eher schwer, obwohl Deutsch gesprochen wird. Der Quark wird beispielsweise Topfen genannt, Sahne heißt Schlagobers und Tomaten sind Paradeiser. Der Kaffee dazu hat verschiedenste Bezeichnungen, am gängigsten ist der Kleine Braune (Espresso mit Obers) und der Verlängerte (Espresso mit doppelter Menge Wasser und Obers).

Die Österreicher gelten als etwas unnahbar, doch man muss sie einfach nur etwas besser kennenlernen. Im Grunde handelt es sich um recht freundliche und hilfsbereite Gastgeber.

Pilgern und seine Geschichte

Pilgern ist eine spirituelle Praxis, die seit Jahrhunderten von verschiedenen Religionen praktiziert wird. Im Kern geht es eigentlich darum, eine Reise zu einem heiligen Ort oder einem Ort von spiritueller Bedeutung anzutreten.

Pilgern kann eine physische Reise sein, bei der man oft längere Strecken zu Fuß zurücklegt, aber es kann auch eine innere Reise sein, bei der man sich auf eine spirituelle Suche oder eine Reise der Selbsterforschung begibt.

Pilgern wird, wie gesagt, in vielen verschiedenen Religionen praktiziert, wie zum Beispiel im Christentum, Islam, Buddhismus oder Hinduismus. Es kann auch von Menschen praktiziert werden, die keiner spezifischen Religion angehören, die jedoch eine spirituelle Erfahrung suchen oder sich auf eine Reise der Selbsterforschung begeben möchten.

Das Pilgern auf dem Jakobsweg wiederum bedeutet, dass man sich bei seiner Pilgerreise auf die Spuren der Pilgernden begibt, die schon vor langer Zeit nach Santiago de Compostela in Spanien unterwegs waren, um die Grabstätte des Apostels Jakobus zu besuchen.

Die Geschichte des Jakobsweges reicht bis ins 9. Jh. zurück. Ab dem 10. Jh. wurde der Jakobsweg dann zu einem wichtigen Pilgerweg, der von Menschen aus ganz Europa bereist wurde. Im Mittelalter erreichte die Pilgerschaft auf dem Jakobsweg ihren Höhepunkt, als Tausende von Menschen jährlich nach Santiago de Compostela reisten.

Reise-Infos von A bis Z

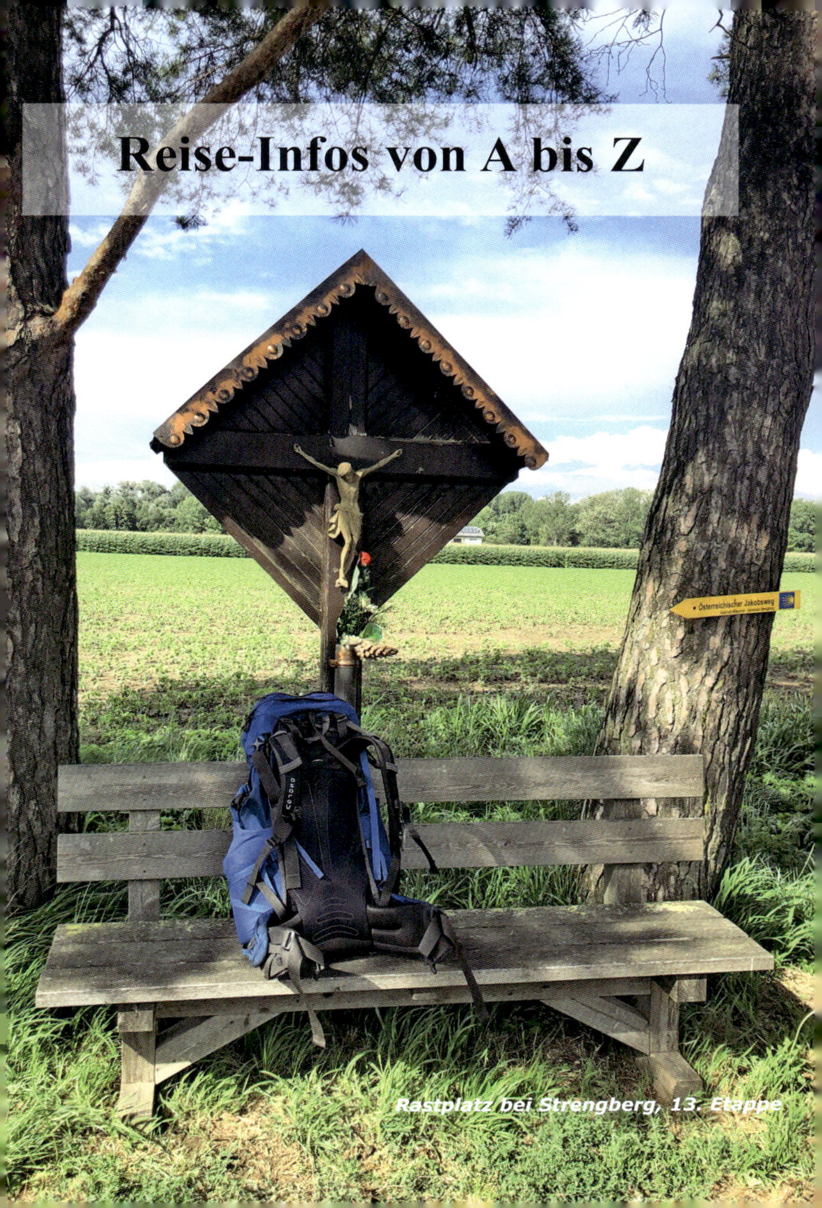

Rastplatz bei Strengberg, 13. Etappe

An- und Abreise

Anreise

Wenn Sie den österreichischen Jakobsweg an seinem Startpunkt in Wolfsthal, nahe der slowakischen Grenze, beginnen, dann werden Sie zunächst nach Wien reisen.

Mit der Bahn kommen Sie umweltfreundlich nach Wien. Wenn Sie von Deutschland anreisen, so stehen Ihnen verschiedene Direktverbindungen zur Verfügung: Berlin – Wien, täglich mehrere Direktzüge, Fahrzeit etwa 8 Stunden; Frankfurt – Wien, ebenfalls mehrere Direktzüge, Fahrzeit etwas 7 Stunden; München – Wien, ebenfalls mehrere Direktzüge, Fahrzeit etwa 4 Stunden. Von Städten wie Hamburg und Köln gibt es bequeme Umsteigeverbindungen mit einer Fahrzeit von 8-9 Stunden.

Der Flughafen von Wien befindet sich 18 km südöstlich von Wien in Schwechat (💻 www.viennaairport.com, Flugauskunft: ☎ +43/(0)1/700 72 22 33). Wenn Sie von Deutschland anreisen, so stehen Ihnen mehrere Direktflüge etwa aus Frankfurt, München, Berlin, Hamburg, Köln mit Lufthansa, Austrian Airlines oder Eurowings zur Verfügung.

Wenn Sie mit dem Pkw über München aus Deutschland anreisen, so fahren Sie von Salzburg über die A1 nach Wien. Sollten Sie über Regensburg nach Österreich kommen, fahren Sie in Österreich zunächst auf der A8 in Richtung Wels. Beim Knoten Wels wechseln Sie auf die A25 und beim Knoten Haid auf die A1 in Richtung Wien.

In Wien angelangt fahren Sie am einfachsten vom Bahnhof Wien-Mitte, Landstraßer Hauptstraße 1, mit der Schnellbahn (S7) nach Wolfsthal (Stundentakt, ca. 1 Stunde Fahrzeit).

Vom Flughafen kommen Sie ebenfalls direkt mit der Schnellbahn (S7) im Stundentakt in 45 Min. nach Wolfsthal.

Rückfahrt

Von Rankweil bzw. Feldkirch fahren Sie beispielsweise direkt mit dem Zug in etwa 6,5 Stunden nach Wien zurück.

Ausrüstung

Nehmen Sie so viel wie nötig mit, aber so wenig wie möglich! Je leichter der Rucksack, umso besser. Auch wenn der Weg großteils in der Ebene verläuft, der Rucksack wird in den ersten Tagen gefühlt immer schwerer. Das Gepäck sollte – alles in allem – ca. 11 kg nicht überschreiten.

Bedenken Sie dabei aber, dass Sie auch Trinkwasser (2x 0,5 Liter reichen) und Jause bei sich führen (zumindest Müsliriegel und etwas Obst sollten immer im Rucksack sein). Um Trinkwasser aufzufüllen, gibt es immer wieder Möglichkeiten – diese sollten Sie aber auch immer nutzen (um evtl. schon warmes Wasser gegen kaltes auszutauschen). Das Wasser ist in Österreich sehr gut und kann aus Brunnen bedenkenlos getrunken werden (wenn nicht, steht dort „kein Trinkwasser").

Wenn Sie dringend noch Ausrüstung benötigen, können Sie diese unterwegs besorgen. Sollten Sie merken, dass Sie bestimmte Sachen nicht benötigen, dann schicken Sie diese nach Hause oder lassen sie in einer Herberge zurück. Das ist besser, als sich jeden Tag darüber zu ärgern, dass Sie unnütze Dinge mitschleppen müssen.

In meinem Rucksack sind für eine Wanderung auf dem Jakobsweg folgende Dinge:

- ☐ leichter Rucksack, ca. 40 l, und wasserdichte Abdeckung
- ☐ Conrad-Stein-Jakobsweg-Führer
- ☐ Kleidung: 2 T-Shirts, 1 Langarm-T-Shirt, 1 lange Hose (mit abnehmbaren Beinen), 3 x Unterwäsche, 2 Paar Wandersocken, 1 Paar Wollsocken (Hütte)
- ☐ 1 leichter Pullover, 1 dünne Daunenjacke, 1 winddichte, dünnere Jacke, 1 Wanderjacke (wasserdicht)
- ☐ leichte Freizeitbekleidung (Jogginganzug), Sandalen
- ☐ wasserdichte Wanderschuhe
- ☐ Kopfbedeckung (warme Mütze + Kopftuch) und Sonnenschutzmittel
- ☐ wasserdichte Regenüberhose
- ☐ leichtes Taschenmesser
- ☐ 2 Wasserflaschen (à 0,5 l)
- ☐ Jausen-Box
- ☐ kleine Reiseapotheke
- ☐ leichtes Handtuch
- ☐ leichte Geldtasche, Bankomatkarte
- ☐ Handy, Ladekabel, Powerbank

- ☐ GPS + Akkus + Ladegerät
- ☐ Notizblock und Stift
- ☐ Reisedokumente
- ☐ Toilettenartikel (Zahnbürste + Zahnpasta, 1 Seife für Haare, Körper und Kleidung, Toilettenpapier!)
- ☐ Sonnenbrille, Ersatz für optische Brille
- ☐ Stirnlampe + Akkus
- ☐ Schlafsack
- ☐ Teleskopstöcke (sind nicht zwingend nötig)

Während der kalten Jahreszeit benötigt man dickere Kleidung (lange Unterwäsche und Handschuhe und auch einen Biwaksack (als Schutz vor Unterkühlung bei evtl. Verletzung).

Diplomatische Vertretungen

(D) In Österreich

- Botschaft Deutschland, Gauermanngasse 3, 1010 Wien, ☎ 01/711 54-0, 💻 www.wien.diplo.de
- Botschaft Schweiz, Prinz-Eugen-Str. 9a, 1030 Wien, ☎ 01/795 05-0, 💻 www.eda.admin.ch/wien

(A) In Deutschland

- Botschaft Österreich, Stauffenbergstr. 1, 10785 Berlin, ☎ 030/202 87-0, 💻 www.bmeia.gv.at/oeb-berlin/
- Botschaft Schweiz, Otto-von-Bismarck-Allee 4a, 10557 Berlin, ☎ 030/390 40 00, 💻 www.eda.admin.ch

(CH) In der Schweiz

- Botschaft Österreich, Kirchenfeldstr. 77/79, 3005 Bern, ☎ 031/35 65-252, 💻 www.bmeia.gv.at/oeb-bern
- Botschaft Deutschland, Willadingweg 83, 3006 Bern, ☎ 031/359 41 11, 💻 www.bern.diplo.de

Einkaufen

Die Einkaufsmöglichkeiten sind entlang des Jakobsweges in Österreich überall sehr gut.

Das Zeichen bei den Ortsbeschreibungen verweist auf einen üblichen, ganztägig geöffneten SB-Laden (der halbwegs am Weg liegt und das übliche Angebot führt).

Das Symbol verweist auf ein kleineres Geschäft, Metzgerei oder Bäckerei mit eingeschränktem Angebot.

Am Sonntag haben die Geschäfte geschlossen. Ausgenommen sind Tourismusorte, Bahnhöfe und Tankstellen, wo Sie sich auch am Sonntag zumindest mit Reiseproviant versorgen können.

Essen und Trinken

Proviant gibt es in fast jeder Ortschaft zu kaufen (kaufen Sie nicht zu viel auf einmal). Mehr als 2 Müsliriegel, einen Apfel/eine Banane und etwas Wurst/Käse und Brot habe ich auf dem Jakobsweg nie dabei.

Ich nehme gerne auch einen kleinen Gaskocher und mein Campinggeschirr mit. Ich mache mir dann bei einem schönen Rastplatz einen Kaffee oder Tee (löslicher Kaffee in einem Sackerl abgefüllt oder Teesackerl) und packe meine Jause aus. Auch für das Abendessen ist man mit Kocher schon recht autark und damit flexibel, wenn einmal das Gasthaus schon geschlossen hat.

Trinkwasserbrunnen

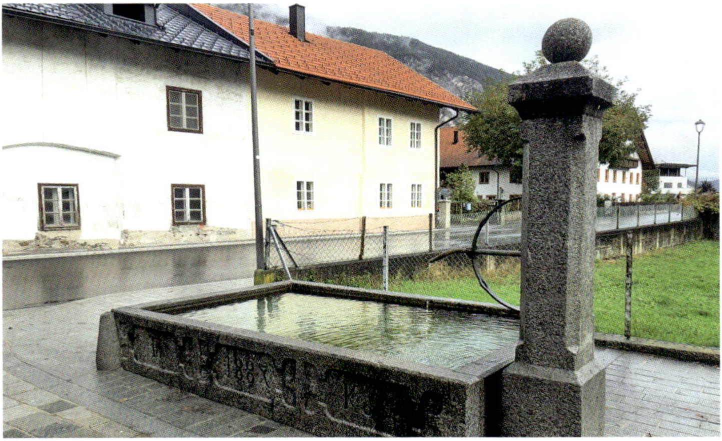

Trinkwasser für unterwegs können Sie an verschiedensten öffentlichen Stellen bekommen (Trinkwasserbrunnen, öffentliche Toiletten, Gaststätten). Nutzen Sie die Gelegenheit und tauschen Sie auch schon warmes Wasser gegen frisches, kühles Wasser aus – das steigert das Trinkvergnügen immens.

Aus Flüssen und Bächen fülle ich meine Wasserflaschen eher nicht auf, sehr wohl aber aus Quellen (auf die Sie aber am Jakobsweg eher selten treffen werden).

Die Versorgung durch Gaststätten ist überall in Österreich gut. In größeren Orten bieten diese ganztägig warme Küche, in kleineren meist nur von 12:00 bis vielleicht 14:00, dann erst wieder ab ca. 18:00. Der Preis für ein „Mittagsmenü" (Vor- und Hauptspeise) bewegt sich meist um € 10-12. Wer à la carte speist (abends), muss mit ca. € 12 (aufwärts) pro Hauptspeise rechnen. Bei Gasthöfen und Hotels ist das Frühstück im Regelfall im Zimmerpreis inbegriffen, in kirchlichen Herbergen wie in Privatzimmern ist es unterschiedlich – fragen Sie bei der telefonischen Reservierung einfach nach.

Etappeneinteilung und Etappenlänge

Die gesamte Strecke des Jakobsweges in Österreich, wie er in diesem Büchlein beschrieben ist, wurde in Tagesetappen eingeteilt. Es sind insgesamt 36 durchnummerierte Etappen, also 36 Tage Jakobsweg in Österreich (bzw. 35 Tage, wenn Sie in Oberösterreich die Wegvariante wählen).

Die Tagesetappen habe ich so gewählt, dass Sie „stimmig" sind und dass Sie als Pilgerin oder Pilger am Abend einen interessanten Zielort vorfinden. Das kann bedeuten, dass ich die Übernachtungsmöglichkeit dort gut gefunden habe. Dies war etwa in Stift Herzogenburg so – hier könnten Sie im Stift übernachten. Diese Möglichkeit hat man auch nicht jeden Tag. Oder es kann bedeuten, dass der Ort selbst interessant ist, wie zum Beispiel in Carnuntum. Einschränkung für diese Zielsetzung war die Etappenlänge. Eine Tagesetappe von 25 km scheint mir ideal für eine Pilgerwanderung. Eine Stunde mehr – also maximal 30 km – ist auch noch zumutbar, aber das sollte nicht so oft der Fall sein. Größere Etappenlängen sind hier keine dabei. Weniger als 20 km finde ich auch nicht optimal, weil man erstens „nicht weiterkommt" und der Tag nach der Wanderung zweitens (für mich persönlich) dann etwas lang wird. Aber auch das ist eben Geschmacksache – Pilgern hat viel mit Innehalten zu tun und das benötigt auch die entsprechende Zeit.

Bei der Etappeneinteilung habe ich kürzere Etappenlängen gewählt, wenn der Besuch einer größeren Stadt am Etappenende liegt. Es wäre schade, wenn Sie keine Zeit hätten, um etwa Wien oder Salzburg kennenzulernen.

Mir ist aber auch bewusst, dass Etappen auf längere Zeit nicht eingehalten werden. Dies vor allem deshalb, weil die persönlichen Präferenzen eben unterschiedlich sind. Trotzdem macht es Sinn, eine solche Einteilung vorzunehmen, weil es dem Weg eine gewisse Struktur gibt und weil es, finde ich, mehr Spaß macht, wenn man sich von Etappe zu Etappe weiterarbeitet, als nur eine Aneinanderreihung von Orten vor sich zu haben.

Nehmen Sie die Etappen also so wie vorgeschlagen oder orientieren Sie sich ungefähr daran. Wie auch immer Sie es machen – gehen Sie Ihren Weg, aber immer unter Rücksichtnahme auf Ihre persönlichen Möglichkeiten und Vorlieben.

Die persönliche Etappenlänge wird von mehreren Faktoren beeinflusst:

1. Kondition: Muten Sie sich vor allem in den ersten Tagen nicht zu viel zu. Am ersten Tag haben Sie noch viel Kraft, am zweiten oder dritten Tag spüren Sie dann schon das Gewicht des Rucksacks, die Beine sind müder und eventuelle Blasen an den Füßen machen sich bemerkbar. Bleiben Sie am ersten Tag unter Ihrer normalen Weitwanderdistanz und steigern Sie sich im Laufe der nächsten Tage.
2. Wetter: Informieren Sie sich über das Wetter der nächsten Tage. Regionalradio, TV oder Internet, z. B. Zentralanstalt für Meteorologie und Geodynamik (ZAMG): 💻 www.zamg.at.
3. Reisebegleitung: Wenn Sie wesentlich schneller und länger gehen als Ihre Reisebegleitung, wird die gemeinsame Pilgerreise von eher kurzer Dauer sein – nehmen Sie deshalb bei der Etappenplanung Rücksicht auf die jeweiligen persönlichen Wünsche.
4. Übernachtungsmöglichkeiten: Ich persönlich kontaktiere das jeweils nächste Quartier eher kurzfristig – vom Weg aus. Das funktioniert aber nur, wenn ich allein oder zu zweit unterwegs bin. Der Vorteil ist, dass ich flexibel bleibe. Der Nachteil ist, dass es sein kann, dass die Quartiersuche nach einem langen Wandertag noch zur zusätzlichen Herausforderung wird und dass ich im schlimmsten Fall kein Bett mehr bekomme. Entscheiden Sie sich gerade in der Hochsaison eher für eine längerfristige Planung.
5. Wegbeschaffenheit: Der Jakobsweg in Österreich verläuft großteils in der Ebene. Es gibt nur wenige anstrengende Anstiege und diese verlaufen auch meist auf guten Wanderwegen. Auch die Entfernungen zwischen den Orten sind nicht so groß. Sie können also mit durchgehend ähnlichen Bedingungen rechnen.

Geld

Zahlungsmittel ist in Österreich der Euro. Auch wenn Sie in den meisten Geschäften und Gaststätten bargeldlos bezahlen können, sollten Sie immer etwas Bargeld dabeihaben. Pensionen und Privatquartiere sind meist bar zu bezahlen. Es gibt in den meisten Ortschaften Bankomaten zur Bargeldabhebung.

Die täglichen Ausgaben betragen (wenn Sie eher sparsam sind) ca. € 70 (Übernachtung im Durchschnitt ca. € 50 + Essen/Trinken € 20).

Es gibt natürlich auch die Möglichkeit, wesentlich günstiger unterwegs zu sein. Dazu müssten Sie aber ein Zelt mithaben (Campingplätze), ab und zu selbst kochen und zusätzlich die Wahl der Übernachtungsmöglichkeiten nach Kostenaspekten organisieren (kirchliche Quartiere, private Initiativen).

Information

Die beste Info-Quelle ist die ortsansässige Bevölkerung!
Bei der Beschreibung der zu durchwandernden Orte sind meist die Adressen der zuständigen Tourismusverbände, Gemeindeämter usw. aufgeführt.

Als zentrale Anlaufstellen in Österreich seien genannt:

- Niederösterreich-Information, ☎ 027 42/90 00 90 00, www.niederoesterreich.at
- Wien-Tourist-Info-Stelle, Albertinaplatz/Maysedergasse, 1010 Wien, ☎ 01/245 55, www.wien.info, info@wien.info
- Oberösterreich Tourismus, Freistädter Str. 119, 4041 Linz, ☎ 07 32/727 71 00, www.oberoesterreich-tourismus.at
- Salzburger Land Tourismus GmbH, Wiener Bundesstraße 23, 5300 Hallwang, ☎ 06 62/668 80, www.salzburgerland.com
- Tirol Info, Maria-Theresien-Str. 55, 6010 Innsbruck, ☎ 05 12/72 72, www.tirol.at
- Vorarlberg Tourismus GmbH, Poststraße 11, 6850 Dornbirn, ☎ 055 72/37 70 33, www.vorarlberg.travel, info@vorarlberg.travel.at
- touristische Website: www.weitwanderwege.com

Für die kurze Strecke in Deutschland ist der unter ☞ Bad Reichenhall angeführte Kur- und Verkehrsverein zuständig.

Explizit mit dem Jakobsweg beschäftigen sich:

- Arbeitskreis Tourismuspastoral der katholischen Kirche Österreichs, www.pilgerwege.at, info@pilgerwege.at

- Verein Jakobsweg Wien, 💻 www.jakobsweg-wien.at
- Verein Jakobsweg Römerland-Carnuntum, 💻 www.jakobsweg-carnuntum.at
- Projektmanagement Jakobsweg Tirol Pillerseetal Regionalentwicklungs GmbH, 💻 www.jakobsweg-tirol.net

Fahrplanauskunft Öffis für Österreich:

- 💻 https://fahrplan.oebb.at oder ÖBB Scotty App

☺ Falls Sie Neuigkeiten zum Jakobsweg Österreich melden, Beschwerden loswerden oder Wünsche erledigt wissen möchten, wenden Sie sich bitte an den Conrad Stein Verlag (✉ info@conrad-stein-verlag.de). Alle eintreffenden Updates werden auf der Homepage des Verlages (💻 www.conrad-stein-verlag.de) veröffentlicht und fließen in weiterer Folge in die nächste Auflage ein.

Klima und Wanderzeit

Obwohl es in verschiedene Klimaregionen unterteilt ist, kann das österreichische Klima zumindest während der warmen Monate (Juni bis September) als halbwegs einheitlich eingestuft werden: Temperaturen von 20 bis 30 °C im Normalfall, hin und wieder Regen, Luftfeuchtigkeit meist um die idealen 60 %. Der August kann allerdings auch Temperaturen weit über 30 °C bringen. In den letzten Jahren haben sich die klimatischen Bedingungen auch in Österreich deutlich geändert. Die Länge der Trockenphasen während der Sommermonate und damit die Anzahl der Tropentage nehmen zu, wenn dann allerdings Feuchtwetterphasen kommen, ist oft mit sehr starken Regenfällen und großen Regenmengen zu rechnen.

Der Mai ist meist mild, hin und wieder etwas feucht, eine sehr schöne Zeit für Wanderungen. Ein Problem kann aufgrund der Restschneemengen noch der Arlbergpass werden (St. Anton – St. Christoph – Dalaas). (Notfalls können Sie aber immer mit dem Bus über den Arlberg fahren.)

Der Oktober ist normalerweise bekannt für gutes Wanderwetter. Im Osten Österreichs kann es aber trotzdem oft regenfeucht und nebelig sein, im Westen u. U. bereits kühler. Am Arlberg kann auch schon Schnee liegen.

Im November, Dezember, Januar und Februar kann in Jahren mit durchschnittlichem Schneefall in Niederösterreich, Wien, Oberösterreich auch gewandert werden. Die Auenlandschaften östlich von Wien können in dieser Jahreszeit ziemlich matschig sein. Im Westen liegt zu dieser Zeit in der Regel Schnee (Dezember – Februar) bzw. gibt es schon den ersten Schnee (November).

Auch wird es in dieser Zeit schon relativ früh dunkel. Selbst wenn man eine Stirnlampe mithat, ist es äußerst unangenehm und auch gefährlich, von der Dunkelheit „überrascht“ zu werden, denn oft befindet man sich gerade dann im Wald und da ist der Weg nicht mehr leicht zu finden.

Ende Oktober ist Zwischensaison, d. h., viele Unterkünfte haben zu dieser Zeit geschlossen. Dann ist es gerade in Urlaubsorten oft sehr schwer, überhaupt eine Übernachtungsmöglichkeit zu finden (vor allem im Oberinntal ab Zams und weiter in Richtung Arlberg).

Der März bringt manchmal noch Schnee, außerdem ist meist noch Restschnee vorhanden. Ja, und der April kann vom Wetter her sehr unterschiedlich sein.

Die beste Zeit für den Jakobsweg ist somit sicherlich von Anfang Mai bis Mitte Oktober.

Literatur

- Peter Lindenthal, „Auf dem Jakobsweg durch Österreich“, Tyrolia-Verlag, Auflage 2013. Das Buch beschreibt den Weg von Wolfsthal bis Einsiedeln (via Sargans, Niederurnen).
- Raimund Joos, „Pilgern auf den Jakobswegen“, Conrad Stein Verlag, Auflage 2023, praktische Tipps und Ratschläge rund um das Thema Pilgern

Karten & GPS

Der schriftlichen Beschreibung des Weges wurde in diesem Buch größtes Augenmerk geschenkt. Mit dem Büchlein in der Hand in Kombination mit den Jakobswegmarkierungen sollten Sie den Weg problemlos finden.

Zusätzlich haben Sie die Möglichkeit, sich den GPS-Track des gesamten Weges von der Website des Verlages (www.conrad-stein-verlag.de) herunterzuladen. Mit einem GPS-Gerät oder Ihrem Handy und einer passenden App (z. B. Alpenvereinaktiv, Bergfex oder Outdooractive) wissen Sie damit immer genau, wo Sie sich befinden und wo die Route verläuft.

Wer dennoch möchte, dem seien die Wanderkarten von freytag & berndt im Maßstab 1:50.000 empfohlen. Sie decken den Weg durch ganz Österreich ab (und auch das kurze Stück durch Deutschland).

- Freytag-Berndt u. Artaria KG, Ölzeltgasse 3/10, 1030 Wien, ☏ 01/869 90 90, office@freytagberndt.com, www.freytagberndt.com

Etappe	Karte
1, 2, 3	WK 013 Nationalpark Donau-Auen – Lobau – Hainburg – Marchegg – Gänserndorf – Bruck a.d. Leitha
4, 5	WK 011 Wienerwald
6, 7, 8, 9	WK 0070 Traisental
7, 8, 9, 10, 11	WK 0071 Wachau
12, 13, 13.1, 13.2, 14	WK 052 Mostviertel – Strudengau – Donauland – Amstetten – Waidhofen a. d. Ybbs – Steyr
15, 16, 17, 18, 13.2, 13.3	WK 054 Traunradweg – Wels und Umgebung – Bad Hall – Hausruck
17, 18, 19	WK 0282 Salzkammergut
19, 20, 21	WK 0391, Salzburger Seenland
22, 23	WK 393 Loferer und Leoganger Steinberge, Chiemgauer Alpen, Nationalpark Berchtesgaden
24, 25	WK 301 Kufstein – Kaisergebirge – Kitzbühel
25, 26, 27	WK 321 Achensee – Rofan – Unterinntal
28, 29	WK 241 Innsbruck – Stubai – Sellrain – Brenner
30, 31	WK 251 Ötztal – Pitztal – Kaunertal – Wildspitze
31, 32, 33	WK 351 Lechtaler Alpen – Allgäuer Alpen
34, 35	WK 374 Montafon – Silvretta Hochalpenstraße – Schruns-Tschagguns – Piz Buin – Klostertal
35, 36	WK 375 Großes Walsertal – Feldkirch – Bludenz – Laterns – Liechtenstein

Einen schönen Überblick über sämtliche Pilgerweg in Europa gibt übrigens die Karte „Europa Pilgerwege, Weitwanderkarte 1:2.000.000“ von freytag & berndt.

☺ Sollte es dennoch sein, dass Sie vom Weg abkommen, werden Sie mit Sicherheit in genau dem Moment von einem Einheimischen darauf aufmerksam gemacht.

Die GPS-Tracks zu den beschriebenen Wegen können Sie von der Internetseite des Verlags herunterladen.

www.conrad-stein-verlag.de

📖 **GPS** *Grundlagen · Tourenplanung · Navigation* von Michael Hennemann, Conrad Stein Verlag, Basiswissen für draußen, ISBN 978-3-86686-769-7, € 12,90, Neuauflage 2023

☺ Die Kartenempfehlungen wurden von der Geobuchhandlung Kiel überprüft. ☎ 04 31/942 49

Markierungen und sonstige Orientierungspunkte

Der Jakobsweg ist in Österreich durchgängig sehr gut markiert.

Meist sind es gelbe Schilder in Pfeilform – im Regelfall mit Aufdruck „Jakobsweg" plus einem geografischen Detail (z. B. „Jakobsweg Mostviertel").

Teils sind auch Zeiten und Entfernungen zur nächsten (größeren) Ortschaft angegeben und teils sind es kleine Plaketten oder auch nur Aufkleber.

In Wäldern sollten Sie sich zusätzlich zu den Jakobswegmarkierungen auch an den rot-weiß-roten Weitwanderwegmarkierungen orientieren.

Auf die Wegbeschreibung wurde in diesem Büchlein großes Augenmerk gelegt. Mit dem Büchlein in der Hand und die Wegmarkierungen laufend beobachtend sollten Sie immer auf dem richtigen Weg sein. Trotzdem passiert es immer wieder, dass man den markierten Weg verlässt, weil man eine Markierung übersehen hat, auch liest man nicht andauernd im Büchlein mit. Wenn dann nach 200 oder 300 m noch immer keine Markierung zu sehen ist oder die Beschreibung nicht mehr zutrifft, sollten Sie bis zu dem Punkt zurückgehen, wo Sie sich wieder auf dem Jakobsweg befinden. Abgesehen davon sollten Sie gewohnheitsmäßig zwischendurch nach dem Weg fragen – das bringt ein wenig Abwechslung und auch sonstige Informationen. Oft wird es auch so sein, dass Ihnen, ohne zu fragen, gesagt wird, dass dies nicht der richtige Weg ist.

Wenn Sie den GPX-Track nutzen, sollten Sie überhaupt kein größeres Orientierungsproblem haben.

Medizinische Versorgung, Reiseapotheke

Die medizinische Versorgung in Österreich ist ausgezeichnet. Bei Vorlage der Europäischen Krankenversicherungskarte besteht Anspruch auf kostenlose Behandlung in öffentlichen Krankenhäusern und bei Vertragsärzten. Sie sollten aber wie bei allen Auslandsreisen eine private Auslandskrankenversicherung abschließen, damit auch ein eventueller Krankenrücktransport gesichert ist.

Minimal-Wanderapotheke:

- ▷ Wundpflaster unterschiedlicher Größen
- ▷ infektionshemmende Salbe
- ▷ Schmerzmittel
- ▷ Kompressen, Mullbinde, Heftpflaster

Blasen

Blasen entstehen durch Reibung. Die Wanderschuhe sollten deshalb „gut sitzen" und die Füße sollten einen guten Halt (besonders in der Fersengegend) haben. Die Wanderschuhe müssen auch wasserdicht sein. Wenn die Fußsohle nass und aufgeweicht ist, bilden sich hier sehr leicht schmerzhafte Blasen. Wichtig sind auch Wandersocken, die den Schweiß gut aufnehmen und vor allem keine Falten bilden.

Kleinere Blasen sollten Sie nicht aufstechen, sondern mit einem Blasenpflaster abdecken. Große, pralle Blasen würde ich persönlich mit einer desinfizierten Nadel aufstechen, damit die Flüssigkeit abfließen kann. Die Haut darf aber nicht entfernt werden, da sich die offene Wunde sonst sehr leicht entzündet. Eine Wundsalbe und ein Pflaster sollten anschließend die Situation erstmals beruhigen.

Pilgerpass

Um das Herbergsangebot in den Pilgerherbergen, Pfarrhöfen und Klöstern in Anspruch zu nehmen, benötigen Pilgernde zwar nicht immer, aber doch sehr oft einen Pilgerpass. Für private Pensionen oder Hotels benötigen Sie ihn natürlich nicht.

Viel mehr Bedeutung hat der Pilgerausweis heutzutage (zumindest in Österreich) meiner Ansicht nach als nette Erinnerung an den Jakobsweg. Wenn Sie Kirchen und Klöster besuchen, finden Sie meist auch einen Pilgerstempel vor (oft auch bei Gaststätten), mit dem Sie Ihren Pilgerausweis abstempeln. So wissen Sie später immer, wo Sie überall waren, und es taucht die eine oder andere nette Erinnerung wieder auf.

☺ Lassen Sie sich doch einen persönlichen Pilgerstempel mit einem persönlichen Logo anfertigen – damit können Sie Ihre persönlichen Eintragungen in die Pilgerbücher am Weg abstempeln. Evtl. nehmen Sie auch ein eigenes Stempelkissen mit – oft sind die Stempelkissen leider ausgetrocknet.

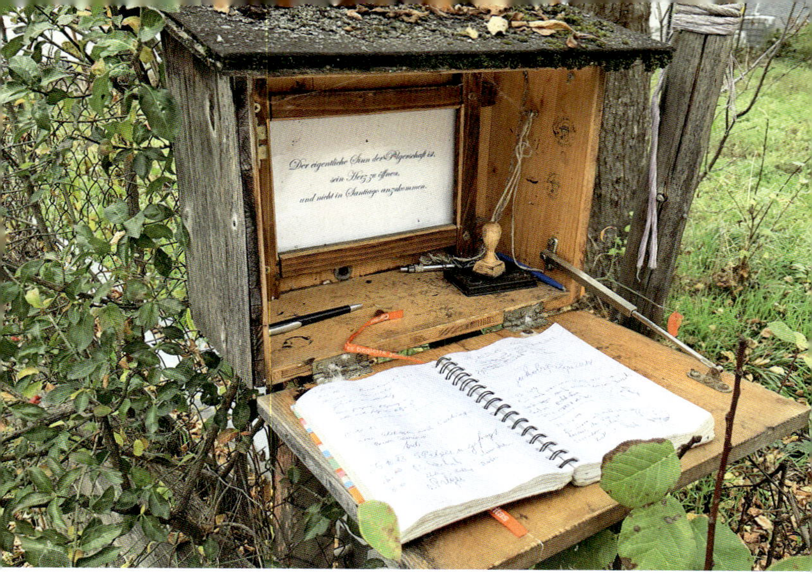

Pilgerstempel

Bestellen können Sie den Pilgerausweis in Österreich bei:

- Pilgerstelle QuoVadis, Stefansplatz 6, 1010 Wien, ☏ 01/512 03 85, www.quovadis.or.at, ✉ office@quovadis.or.at
- Verein Jakobsweg Wien online, 💻 www.jakobsweg-wien.at
- Jakobusgemeinschaft Salzburg, 💻 www.jakobusgemeinschaft.at
- Sankt Jakobs Bruderschaft, Sulz/Wienerwald, 💻 www.radolf.at
- Jakobusgemeinschaft Tirol, 💻 www.dibk.at

Telefon, Notruf

Vorwahlen:

Ⓐ 0043

Ⓓ 0049

Notrufnummern:

- Euro-Notruf – einheitliche europäische Notrufnummer: 112

Ⓐ Feuerwehr: 122, Polizei: 133, Rettung: 144, Bergrettung: 140

Unterkunft

Kirchliche Herbergen (Pfarrhöfe, Klöster)

Das Angebot an kirchlichen Herbergen ist leider nicht sehr groß. Dort wo Übernachtungen für Pilgernde angeboten werden, basiert dies meist auf Basis von freiwilligen Spenden. Die Herbergen sind immer mit Toilette und Dusche ausgestattet. Hin und wieder werden auch Kochmöglichkeiten angeboten. Ein (Hütten-)Schlafsack ist erforderlich. Meist ist nur relativ wenig Platz (2 bis 4 Plätze) – Sie sollten unbedingt 1 bis 2 Tage vorher anrufen, während der Hauptsaison noch früher! Sie benötigen hier Ihren Pilgerausweis.

Jugendherbergen, Jugendgästehäuser

Es handelt sich hier um Häuser des Österreichischen Jugendherbergswerkes/ÖJHW und verwandter Institutionen (JUFA, Wombat usw.). Sie sollten in jedem Fall mind. 2 bis 3 Tage vorher anrufen.

Privatzimmer, Pensionen, Gasthöfe, Hotels

Die unter diesem Zeichen aufgelisteten Unterkünfte liegen am Weg oder nur unwesentlich davon entfernt. Privatzimmer und Pensionen sind hiervon die günstigsten Übernachtungsmöglichkeiten. Die Zahl der Privatzimmervermietungen hat in letzter Zeit stark abgenommen. Es wird auch immer schwieriger, hier nur für eine Nacht ein Quartier zu bekommen. Das Angebot an Gasthöfen und Hotels ist sehr groß – ich habe versucht, nur die günstigeren Angebote anzuführen. Wenn Sie auf Ihrem Pilgerweg bei den Übernachtungen sparen möchten, so sollten Sie Ihre Etappen so planen, dass Sie nach Möglichkeit kirchliche Herbergen und Privatquartiere am jeweiligen Tagesetappenende ansteuern. Wenn Sie zu kurzfristig planen, könnte es sein, dass Sie auf ein relativ teures Angebot ausweichen müssen.

Campingmöglichkeiten

Campingmöglichkeiten werden im Büchlein nur einige wenige angeführt. Wildes Campieren ist in Österreich und Deutschland leider grundsätzlich verboten. Im Notfall (Übermüdung) kann das Übernachten mit Schlafsack toleriert werden.

Ich persönlich bin sehr gerne mit dem Zelt unterwegs. Sie benötigen ein leichtes, aber gutes Zelt, Unterlagsmatte und Schlafsack, evtl. einen kleinen Gaskocher. Dann sind Sie vom Angebot der Quartiere weitgehend unabhängig.

Sie sollten aber nur dort übernachten, wo Sie die Einwilligung der Grundbesitzerin oder des Grundbesitzers dazu haben (es gab noch nie die Situation, dass mir Bäuerinnen oder Bauern nicht erlaubt hätte, auf ihrer Wiese oder am Waldrand zu übernachten. Im Gegenteil – mir wurde auch schon von einem Gastwirt angeboten, im geschlossenen Gastgarten mein Zelt aufzubauen).

Dass Sie beim Campen kein offenes Feuer entfachen und keinen Müll hinterlassen, versteht sich von selbst.

Updates

Der Conrad Stein Verlag veröffentlicht Updates zu diesem Buch, die direkt vom Autor oder von Leserinnen und Lesern dieses Buches stammen. Bitte suchen Sie vor Ihrer Abreise auf der Verlagshomepage 💻 www.conrad-stein-verlag.de diesen Titel. Unter dem Punkt „Updates" finden Sie alle wichtigen Informationen. Der links abgebildete QR-Code führt Sie direkt zu der richtigen Seite.

Verkehrsmittel am Weg

Das Angebot an öffentlichen Verkehrsmitteln ist in Österreich sehr gut. Grundsätzlich sind alle im Büchlein genannten Ortschaften per Bus oder Bahn erreichbar. Bei kleineren oder abgelegeneren Orten kann es jedoch nur ein- oder zweimal am Tag sein.

Das Streckennetz der ÖBB und der Westbahn begleitet Sie praktisch den gesamten Weg von Wolfsthal bis Rankweil. Die Ortschaften, welche einen Bahnhof haben, sind im Büchlein markiert. Anbindungen aus Ortschaften ohne Bahnstation an das Eisenbahnnetz erfolgen mit öffentlichen Bussen. Im Büchlein werden bei den Ortsinformationen Bahnverbindungen zum nächsten und zu weiteren Orten angeführt, Busverbindungen jedoch nur dann, falls es keine Zugverbindung gibt.

Am einfachsten ist es, Verkehrsverbindungen über das Internet abzufragen (💻 https://oebb.at) oder Sie laden die ÖBB Scotty App auf Ihr Handy.

♦ ÖBB-Hotline: ☏ 05 17/17

Jakobsweg von Wolfsthal nach Rankweil

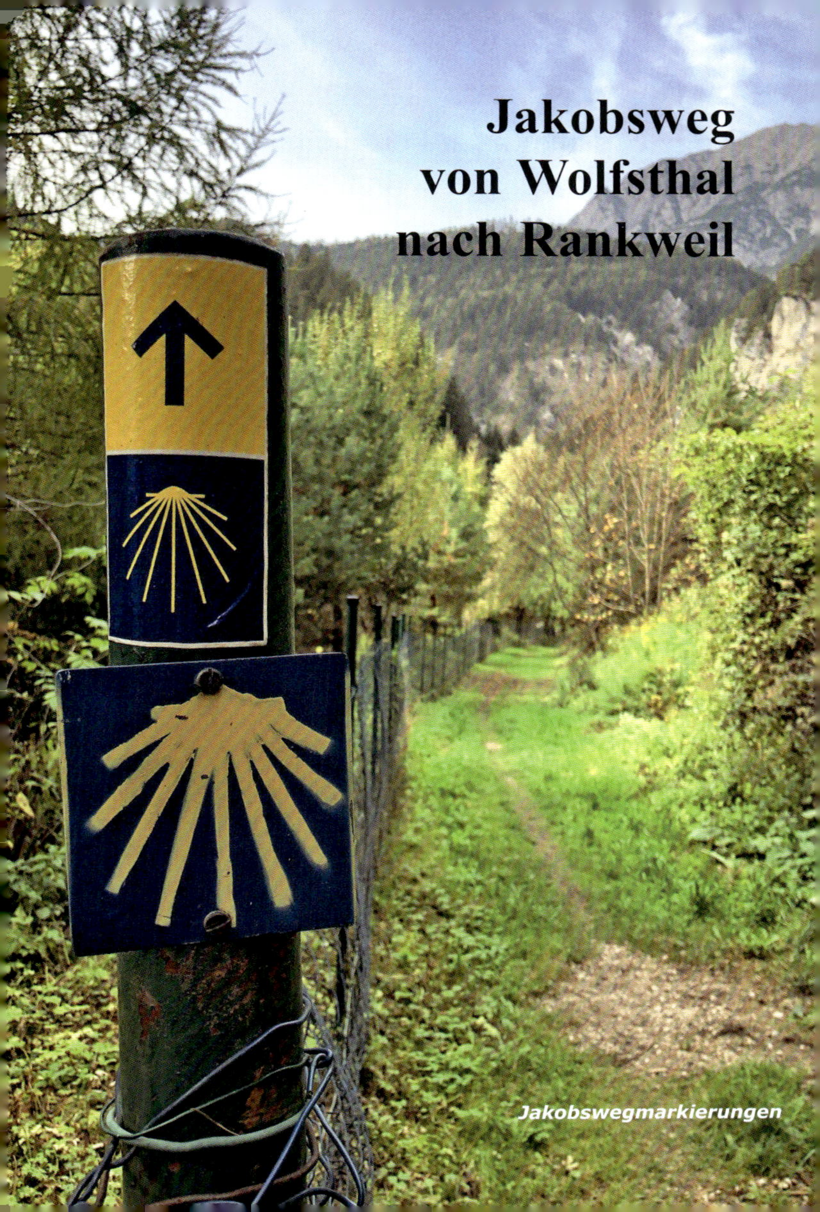

Jakobswegmarkierungen

1. Etappe: Von Wolfsthal nach Petronell-Carnuntum

17,9 km, 4 Std. 25 Min., ↑ 74 m, ↓ 51 m, ⇧ 139-185 m

0,0 km	⇧ 150 m	Wolfsthal
9,6 km	⇧ 161 m	Hainburg
13,5 km	⇧ 148 m	Bad Deutsch-Altenburg
17,9 km	⇧ 175 m	Petronell-Carnuntum

Die 1. Etappe auf dem Jakobsweg ist eigentlich fast meine Lieblingsetappe. Die große Muschel am Bahnhof ist eine schöne Begrüßung. Der gesamte Weg liegt noch vor einem. Wird man es schaffen, was wird man erleben? Zunächst gehen Sie von Wolfsthal zum Donauufer und weiter zum Eingang des Nationalparks Donau-Auen.

Vorbei an der Ruine Röthelstein passieren Sie die Mittelalterstadt Hainburg mit einer der ältesten Stadtbefestigungen Europas. Sie erreichen die Römerstadt Petronell-Carnuntum mit dem berühmten Heidentor und den Ausgrabungen aus der Römerzeit.

Wolfsthal

Gemeinde Wolfsthal, Hauptstraße 42, 2412 Wolfsthal, ☎ 021 65/626 76, Mo-Fr 8:00-12:00, Mi auch 17:00-18:00

Hotel-Restaurant Fidi, Sportplatzweg 11, 2412 Wolfsthal, ca. 1 km abseits, ☎ 021 65/651 20, www.fididashotel.at, office@fididashotel.at, ÜF EZ € 69, DZ € 120

♦ Gäste- und Seminarhaus Villa Pannonica, Villagasse 9, 2412 Wolfsthal, unwesentlich abseits, 06 64/381 20 74, www.villapannonica.at, levarhelene@gmail.com, ÜF EZ € 59, DZ € 98

stündlich Schnellbahn (S7) nach Hainburg und weiter nach Wien

✝ **Pfarrkirche Maria am Birnbaum.** Pfarrkirchen sind meist Heiligen geweiht, in diesem Fall sind es Maria, Mutter der Barmherzigkeit, und St. Jakob der Ältere. Über den ursprünglichen Bau der Kirche (wahrscheinlich romanisches, einschiffiges Kirchlein) ist nichts bekannt, wohl aber über ihre weitere Geschichte und den Ursprung der Wallfahrt in Wolfsthal: Irgendwann um das Jahr 1710 fuhr der Pressburger Finanzbeamte Stefan Großtony nach Wien und

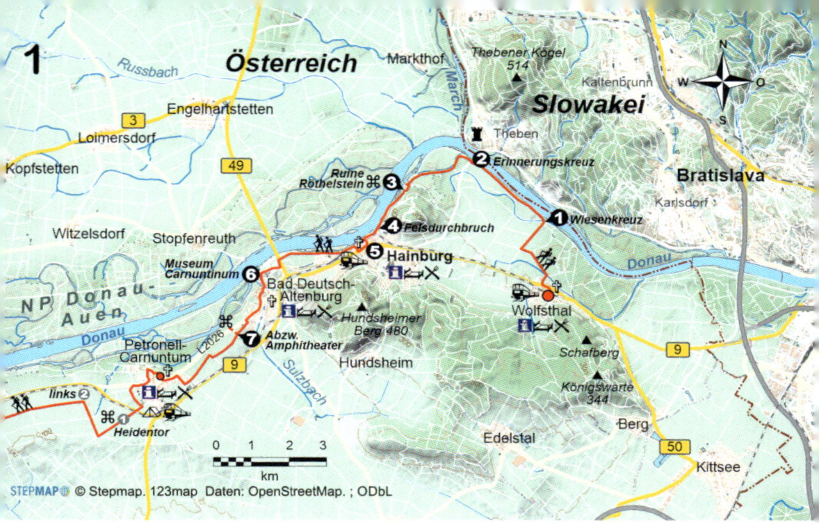

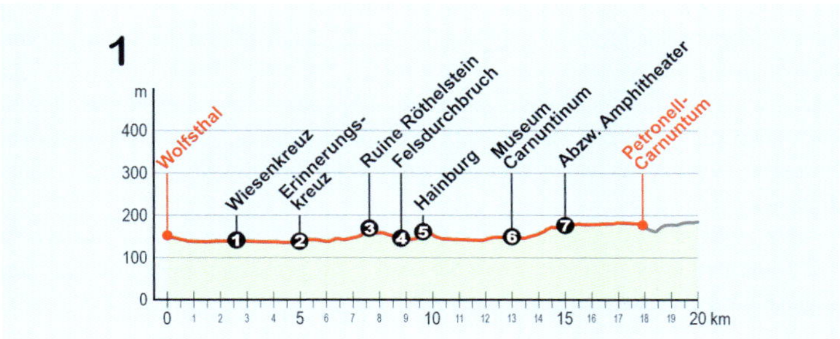

hier in Wolfsthal drohte ihm schwere Gefahr. Er gelobte, eine Figur zu Ehren Mariens, Mutter der Barmherzigkeit, aufzustellen, wenn er dieser Gefahr entrinnen möge. Er entrann, ließ die Figur schnitzen und an einem Birnenbaum in Wolfsthal befestigen. Die Sache sprach sich herum und die ersten Wallfahrenden trafen ein. 1737 übersiedelte die Figur in die Kirche von Wolfsthal. Der Pilgerstrom nahm zu, die Kirche wurde zu klein und ein Querschiff wurde zwischen 1744 und 1747 angebaut. Der heutige kreuzförmige Grundriss entstand. Der Säulen-Hochaltar stammt aus derselben Zeit und trägt die kleine, geschnitzte Gnadenstatue.

☺ Die Kirche könnte eventuell geschlossen sein. Beim Seiteneingang ist jedoch eine Informationstafel mit einer Telefonnummer (das habe ich an anderer Stelle gelesen). Wenn Sie dort anrufen, kommt jemand vorbei und sperrt auf. (Ich konnte die Informationstafel leider nicht finden – vielleicht sind Sie erfolgreicher.)

Wolfsthal liegt sehr schön gelegen zwischen der Donau und den bewaldeten Hügeln der Königswarte (dem östlichsten Berg Österreichs) und des Schafberges, umgeben von Feldern und Weinbergen in nächster Nähe zum Nationalpark Donau-Auen.

Wenn Sie mit dem Zug nach Wolfsthal angereist sind, dann starten Sie Ihren Weg am Bahnhof bei der **großen Jakobsmuschel**. Nach 20 m sehen Sie eine Abzweigung nach links. Am Musikheim vorbei stehen Sie schon fast vor der Kirche.

Nachdem Sie der Kirche, die hoffentlich geöffnet hat, einen Besuch abgestattet haben, gehen Sie auf der Landesstraße etwa 200 m nach links und zweigen bei der **Mariensäule** rechts in die Donaugasse ab. Sie erreichen das Ortsende von Wolfsthal und überqueren eine kleine Brücke. Nach der Brücke sehen Sie ein Jakobswegschild (im Folgenden immer mit JWS abgekürzt) und folgen diesem nach links weiter. Sie befinden sich auf dem Donauradweg. Etwa 1 km nach dem Brücklein sind Sie an einer Kreuzung angelangt, bei welcher Sie nach rechts abbiegen.

Der asphaltierte Weg geht über in einen Kiesweg. Auf diesem Weg, rechts ein Wäldchen und links ein Feld, gehen Sie etwa 1 km geradeaus weiter, bis Sie zum sogenannten „**Wiesenkreuz**" gelangen ❶.

☺ Wenn Sie den in Mundart geschriebenen Text beim Wiesenkreuz verstehen, sind Sie sprachlich bestens für den Jakobsweg in Österreich gerüstet.

Sie gehen den Kiesweg geradeaus weiter und pilgern bald schon an der Donau entlang. Sie bildet hier die Grenze zur Slowakei. Sie passieren das **Erinnerungskreuz** an die beiden verunglückten Donaufischer Stangl und Czerny und kommen etwa 2,3 km nach dem Wiesenkreuz zu einem schönen Schotterstrand ❷.

Gleich gegenüber am anderen Donauufer, auf slowakischer Seite, befindet sich die Burg Devin und dahinter die Einmündung der March (der Grenzfluss zu Österreich) in die Donau.

⌘ **Ruine Theben/Hrad Devin**. Bereits in vorchristlicher Zeit war hier am Kreuzungspunkt der Bernsteinstraße mit dem Handelsweg entlang der Donau eine Befestigungsanlage errichtet worden, auch die Römer hatten hier eine befestigte Grenzstation. Die heutige Ruine wurde 864 erstmals erwähnt, 1809 wurde Sie von den Truppen Napoleons gesprengt.

Sie durchwandern hier die Hainburger Pforte, ein Donau-Durchbruchstal zwischen den Ausläufern der Ostalpen und den Kleinen Karpaten, genau genommen zwischen dem Hundsheimer Berg und dem Theben-Kogel. Früher nannte man diesen Durchbruch Ungarische Pforte – die gesamte Region nördlich der Donau zählte bis 1918 zu Ungarn.

Der Nationalpark Donau-Auen, welcher 1996 gegründet wurde, liegt zwischen Wien und Bratislava und schützt eine der letzten großen Flussauen Mitteleuropas. Die hier auf einer Länge von ca. 36 km frei fließende Donau ist ihre Lebensader. Der Donaupegel kann hier bis zu 7 m schwanken, wodurch die Aulandschaft immer wieder neu gestaltet wird. Die Fülle an Lebensräumen, die der Auwald bietet, bewirkt eine große Artenvielfalt. Mit etwas Glück können Sie Biber, Eisvögel oder Sumpfschildkröten sehen, aber auch Schwertlilien und verschiedene Orchideen.

Gleich nach diesem schönen Platz erreichen Sie einen Parkplatz mit einem Informationsstand des Nationalparks. Sie betreten den Nationalpark und gehen geradeaus weiter. Das nächste JWS zeigt Ihnen, dass Sie weiter geradeaus gehen müssen und nicht rechts in den Treppelweg einbiegen dürfen. Nach ca. 5 Min. befindet sich rechts eine Markierung des Nationalparks, der JW wendet sich nach links und führt leicht bergauf in den Wald hinein – folgen Sie dem JWS. Nach einiger Zeit gelangen Sie zu einer Lourdes-Grotte und gleich darauf zur **Ruine Röthelstein ❸,** einem perfekten Ort für eine kurze Rast.

⌘ Die **Burg Röthelstein** wurde 1170 errichtet. Die großteils erhaltene Ringmauer war ursprünglich mit Quadern aus Carnuntum verkleidet. Bis 1300 wurde die Burg ausgebaut und ein Turm mit fünf Geschossen errichtet.

Nach dem Besuch der Ruine setzen Sie den Weg fort und kommen an einer Erinnerungstafel an die ehemalige Waldschenke vorbei. Etwa 1,2 km nach der Ruine gehen Sie durch einen romantischen Felsdurchbruch ❹ und stehen schon fast vor den Toren von **Hainburg**.

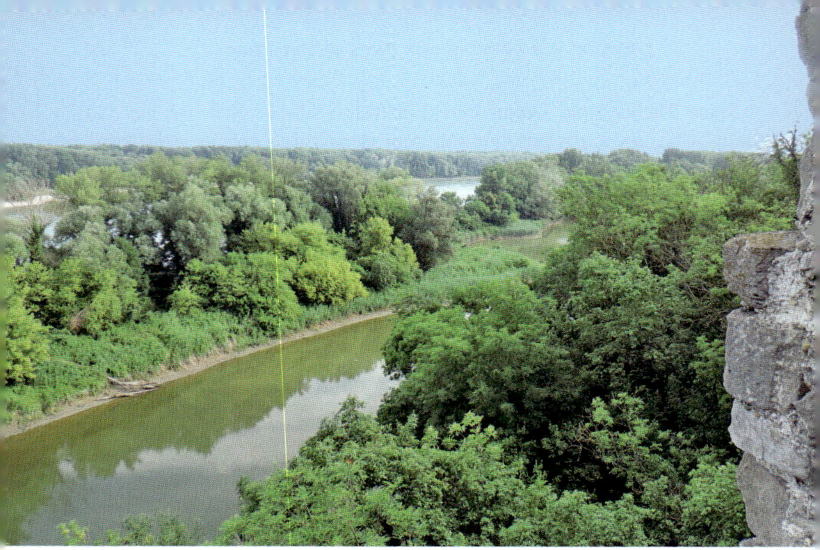

Blick von der Ruine Röthelstein

Sie überqueren den Donauparkplatz, folgen dem JW entlang der Donau und lassen dabei den **Wasserturm** links liegen. Unterhalb der Eisenbahn befindet sich ein Park mit schönen Rastmöglichkeiten. Nach etwa 200 m unterschreiten Sie die Bahngleise, folgen dem JWS und gehen dann rechts entlang der Donaulände weiter. Sie sehen ein Schild, das in Richtung Zentrum zeigt – hier geht es durch das **Fischertor** zur historischen Altstadt. Sie gehen die Blutgasse weiter und sind am Hauptplatz und der Stadtpfarrkirche von Hainburg angelangt ❺.

Hainburg

Tourismus-Büro, Ungarstraße 3, 2410 Hainburg, ☏ 021 65/621 11-400, www.hainburg-donau.gv.at, Mo-Fr 7:00-12:00, Di auch 12:30-18:30, Do auch 12:30-15:30

Hotel Altes Kloster, Fabriksplatz 1a, 2410 Hainburg, ehem. Minoritenkloster, beim Wienertor, ☏ 021 65/640 20, www.alteskloster.at, hotel@alteskloster.at, ÜF EZ € 85, DZ € 160

♦ Boutique-Hotel-Restaurant Zum goldenen Anker, Donaulände 27, 2410 Hainburg, beim Bahnhof, ☏ 021 65/648 10, www.goldeneranker.at, restaurant@goldeneranker.at, ÜF EZ € 74, DZ € 118

🛏 ✕ Restaurant-Pizzeria el pirata, Pressburger Reichsstraße 72, 2410 Hainburg, etwa 1 km der Pressburger Reichsstraße vom Zentrum aus folgen, ☏ 021 65/648 40, 📱 06 76/489 50 50, ÜF EZ ab € 38, DZ € 61

🛏 Ferienwohnung Nawratil, Ungarstraße 16, 2410 Hainburg, Ortsmitte, 📱 06 69/12 64 10 20, für 2-5 Personen, € 60 für 2 Personen

♦ Privatzimmer Familie Putz, Schanzstraße 6, 2410 Hainburg, außerhalb – beim Landesklinikum, ☏ 021 65/639 56, ÜF EZ € 35, DZ € 66

🚆 stündlich Schnellbahn (S7) nach Bad-Deutsch-Altenburg und weiter nach Wien

✝ **Stadtpfarrkirche St. Philippus und Jacobus.** 1236 erfolgte die erste urkundliche Erwähnung und 1650 wurde die Kirche in den Rang einer Stadtpfarrkirche erhoben (anstelle der Kirche St. Martin). 1683 wurde sie zu einer Barockkirche umgestaltet; der Turm stammt aus dem Jahr 1756. Das Taufbecken und die Figurengruppe „Jesus und Thomas" stammen aus der alten (nicht mehr existenten) Kirche St. Martin und sind älter als die aktuelle Kirche. Der Pfarrer sagte mir, dass die alte Martinskirche so groß war wie die Basilika von Mariazell und dass das Besondere am Taufbecken die 12 Seiten seien, die an die 12 Apostel erinnern sollen.

⌘ Eine Besonderheit von Hainburg ist die alte **Stadtmauer**. Sie bildet eine der ältesten und am besten erhaltenen Stadtbefestigungen Europas. Die Stadtmauer ist 2,5 km lang und verfügt über 15 Türme und 3 Tore (Ungartor, Fischertor, Wienertor mit Stadtmuseum).

⌘ **Stadtmuseum Wienertor**

♦ Hauptplatz 23, 2410 Hainburg, 📱 06 64/226 16 30, 💻 www.wienertor.at, 🚪 Mai bis Oktober So und Fei 12:30-17:30

⌘ Gleich gegenüber der Stadtpfarrkirche befindet sich die aus dem Jahr 1749 stammende **Mariensäule**. Sie zählt zu den schönsten Rokokodenkmälern Niederösterreichs. Ebenfalls einen Besuch wert ist das mittelalterliche **Markt-Rathaus** aus dem 13. Jh. Unter seinen Bögen wurden an Markttagen Geschäfte gemacht. Im Erdgeschoss sind gotische Sitznischen mit Kleeblattrundbögen erhalten geblieben. Neben dem Eingang sehen Sie den ehemaligen Gemeindekotter, hier wurden einst Hühnerdiebinnen und -diebe oder Randalierende eingesperrt.

Die mittelalterliche Stadt Hainburg ist die östlichste Stadt Österreichs. Sie präsentiert sich mit ihren engen Gassen und historischen Bauwerken als malerisches Tor in die Vergangenheit. Jungsteinzeitliche Dorf- und frühbronzezeitliche Gräberfunde belegen eine uralte Besiedelungsgeschichte. 1244 erfolgte die Stadterhebung.

Wenn Sie wieder bereit sind, Ihren Weg fortzusetzen, dann folgen Sie der Wiener Straße/B9 stadtauswärts nach Südwesten, bis Sie zum beeindruckenden **Wienertor** gelangen. Gleich nach dem Tor gehen Sie rechts dem JWS folgend hinunter zur Donau. Beim Kreisverkehr folgen Sie dem JWS nach links an den Bahngleisen entlang. Nach etwa 100 m unterqueren Sie die Gleise und gehen links dem JWS folgend entlang der Donaulände.

Sie folgen dem Donauradweg, kommen an einem Trinkwasserbrunnen vorbei und gehen weiter, bis Sie die Donaubrücke unterqueren. Danach gehen Sie links und kommen bei einem Hundesportklub vorbei. Hier sehen Sie wieder ein JWS und der Weg führt nach rechts.

Bald schon kommen Sie nach **Bad Deutsch-Altenburg**. Ein JWS weist Ihnen den Weg geradeaus weiter, vorbei am Sportplatz des FC Carnuntum. Nach 50 m kommt ein Kreisverkehr, bei welchem Sie dem JWS nach links in die Badgasse folgen.

Auf der linken Seite befindet sich das **Museum Carnuntinum ❻**.

⌘ **Museum Carnuntinum**

♦ Badgasse 42, 2405 Bad Deutsch-Altenburg, ☏ 021 63/337 70, www.canuntum.at, 18. März bis 19. November tgl. 9:00-17:00

Sie kommen am Kurzentrum vorbei. (Wenn Sie ins Ortszentrum möchten, dann gehen Sie hier geradeaus.). Wenn Sie aber weiterwollen, dann folgen Sie bei der Pension Madle rechts dem JWS.

Bad Deutsch-Altenburg

Marktgemeindeamt, Erhardg. 2, 2405 Bad Deutsch-Altenburg, ☏ 021 65/629 00, www.bad-deutsch-altenburg.gv.at, Mo 8:00-12:00 und 13:00-16:00, Fr 8:00-13:00

Hotel-Restaurant König Stephan, Badgasse 28, 2405 Bad Deutsch-Altenburg, am Weg im Zentrum, 06 76/707 30 33, konditoreikoenigstefan@gmail.com, ÜF EZ € 55, DZ € 106

🛏 ✕ Hotel-Restaurant Stöckl, Hauptplatz 3, 2405 Bad Deutsch-Altenburg, im Zentrum – Badgasse weitergehen bis Hauptplatz, ☏ 021 65/623 37, 💻 www.gasthof-stoeckl.at, ✉ office@gasthof-stoeckl.at, ÜF EZ ab € 50, DZ € 80

🛏 Pension Madle, Badgasse 22, 2405 Bad Deutsch-Altenburg, Zentrum am Weg, ☏ 021 65/627 63, ✉ pension@madle.at, ÜF ab € 36

♦ Privatzimmer Schön, Neustiftgasse 10, 2405 Bad Deutsch-Altenburg, am Jakobsweg, die Neustiftgasse führt vom Hauptplatz weg, ist praktisch die Verlängerung der Badgasse, ☏ 021 65/627 53, 💻 www.pension-schoen.jimdo.com, ✉ gaestehaus.schoen@gmx.at, ÜF EZ € 40, DZ € 76

♦ Privatzimmer Hofmeister, Badgasse 3, 2405 Bad Deutsch-Altenburg, Nähe Hotel Stöckl, 📱 06 76/353 89 27, ✉ hofmeister@aon.at, ÜF DZ € 70

🚆 stündlich Schnellbahn (S7) nach Petronell-Carnuntum und weiter nach Wien

✝ **Pfarrkirche Maria Himmelfahrt.** Mit ihrer prächtigen mittelalterlichen Außenansicht gilt sie als eine der schönsten Choranlagen Österreichs. Errichtet wurde sie 1050 – in romanischer, dreischiffiger Bauweise. Um 1231 erfolgte ein Erweiterungsbau, der frühgotische Turm wurde zwischen 1350 und 1380 errichtet und der jüngste Teil der Kirche ist das Presbyterium – es wurde zwischen 1380 und 1400 errichtet. Ein Kleinod romanischer Baukunst ist der sich neben der Kirche befindliche Karner (dem hl. Leonhard geweiht), er dürfte Mitte des 13. Jh. erbaut worden sein. Die Kirche ist leider versperrt, man kann nur durch die Gittertür schauen.

☺ Die Jod-Schwefel-Quelle von Bad Deutsch-Altenburg ist übrigens die stärkste von Österreich und wurde bereits von den Römern genutzt.

Sie setzen Ihren Weg fort, folgen also bei der **Pension Madle** rechts dem JWS, überqueren den Sulzbach und folgen dem Bach bis zum Ing.-Hans-Wertanek-Platz. Hier führt der JW nach rechts. Bei der folgenden querenden Straße biegen Sie dem JWS folgend nach links ab und nehmen dann den rechten Weg, und zwar die Carnuntumgasse. Diese Gasse mündet etwas später in die Wiener Straße/L2026, bei welcher Sie auf der gegenüberliegenden Seite wieder ein JWS sehen. Sie folgen nun der Wiener Straße nach rechts. Vorbei an einer **Gedenkstätte** für die Pestopfer geht es entlang der ansteigenden Wiener Straße geradeaus weiter. Bei der Bushaltestelle „Bad Deutsch-Altenburg, **Burggasse“** sehen Sie das nächste JWS und zweigen nach links ab. Nach etwa 100 m biegen Sie wieder rechts ab und folgen dem JWS. Sie kommen an einem Pferdestall vorbei und sehen an einer Schotterstraße die Ortsendetafel von Bad Deutsch-Altenburg.

Beim rot-weiß-roten Sendemast, den Sie in gewisser Entfernung vor sich sehen, geht der JW geradeaus weiter ❼.

↬ Sie haben hier aber die Möglichkeit, einen Abstecher zu den Resten eines römischen Amphitheaters zu machen. Sie brauchen nur rechts abzubiegen und etwa 300 m geradeaus zu gehen – es ist nicht zu übersehen.

⌘ Das **Amphitheater** von Bad Deutsch-Altenburg ist heute der einzige noch sichtbare Teil der ehemaligen Militärstadt rund um das hier angesiedelte Legionslager Carnuntum. Der Eintrittspreis beträgt € 12.

♦ Amphitheater Militärstadt, Wienerstraße 52, 2405 Bad Deutsch-Altenburg, Mitte März bis Mitte November. tgl. 9:00-17:00.

Nach dem Besuch des Amphitheaters kehren Sie an den Kreuzungspunkt zurück.

Sie setzen Ihren Pilgerweg geradeaus auf dem Schotterweg fort.

Nach etwa 1 km sehen Sie wieder ein JWS und biegen nach rechts ab. Gleich nach 100 m geht es wieder nach links in Richtung der Windräder und dann etwa 1 km geradeaus, bis Sie das Ortsschild von **Petronell-Carnuntum** erreichen. Das JWS zeigt, dass Sie geradeaus die Gräberstraße weitergehen müssen. Kurz darauf biegen Sie rechts ab (JWS) und folgen der Dr.-Karl-Renner-Straße, bis diese auf die Hauptstraße stößt.

Dort biegen Sie links ab und folgen der Wiener Straße zunächst an einer Tankstelle vorbei und schließlich bis kurz vor den Hauptplatz von Petronell-Carnuntum. Dort biegen Sie rechts in die Kirchengasse ein und stehen schon bald vor der Pfarrkirche Petronell.

Petronell-Carnuntum

Marktgemeindeamt, Kirchenplatz 1, 2404 Petronell-Carnuntum, ☏ 021 63/22 28, www.petronell.at, Mo und Fr 7:30-12:00, Mi 7:30-12:00 und 13:00-16:00

Hotel/Landgasthaus Marc Aurel, Hauptstr. 10, 2404 Petronell-Carnuntum, am Weg, ☏ 021 63/22 85, 06 50/561 11 15, www.hotelmarcaurel.at, info@marcaurel.at, ÜF EZ ab € 45, DZ ab € 58

♦ Caffè e Vino Il Centro, Hauptplatz 21, 2404 Petronell-Carnuntum, fast am Weg, ☏ 021 63/430 90, www.ilcentro.cc, office@ilcentro.cc, ÜF ab € 49

Gasthof Zum Heidentor, Hauptstr. 44, 2404 Petronell-Carnuntum, fast am Weg, 06 50/852 01 70, https://zum-heidentor.at, office@zum-heidentor.at, ÜF EZ ab € 45, DZ ab € 70 (Rabatt von 11 % mit Pilgerausweis)

Camping Petronell, Bruckerstraße 28, 2404 Petronell-Carnuntum, außerhalb vom Zentrum, in der Nähe vom Bahnhof, auf dem Weg zum Heidentor, 021 63/29 89, 06 77/62 77 14 35, camping@tennishalle-petronell.at, Hütte Ü Einzelbelegung € 21, Doppelbelegung € 28, F auf Anfrage

stündlich Schnellbahn (S7) Wildungsmauer und weiter nach Wien

✝ Die **Pfarrkirche Hl. Petronilla** weist im Kern romanische Stilelemente auf und gab der Ortschaft ihren Namen. Der deutsche Kaiser Heinrich IV. schenkte seiner Mutter Agnes Gründe in dieser Gegend. Als Agnes 1077 in Rom starb, wurde sie neben den Gebeinen der hl. Petronilla begraben. Zum Gedenken wurde die Kirche erbaut. Die ältesten Teile (Altarraum, Turm-Unterbau, Oberbau sind barock) dürften noch aus dem 11. Jh. stammen, die erste urkundliche Erwähnung der Kirche stammt aus dem Jahr 1125. Im 15. Jh. kam das gotische Seitenschiff – die sog. Florianikapelle – hinzu.

Pfarrkirche Hl. Petronilla

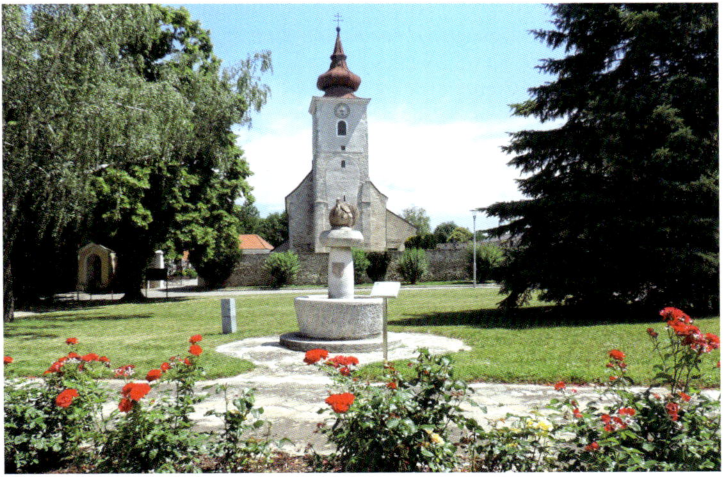

1683 erfolgte die Zerstörung durch die Türken, um 1700 der barocke Wiederaufbau. Die hl. Petronilla – frühchristliche Märtyrerin in Rom – galt als Tochter Petrus' und wird seit dem 4. Jh. verehrt. Sie ist auch Patronin der Pilgernden und Reisenden, diesbezüglich sollten Sie auch der rechten Figur am Altar Ihre Aufmerksamkeit schenken – dem hl. Rochus.

✞ Die romanische **Rundkapelle Petronell** stammt aus der ersten Hälfte des 12. Jh. (befindet sich kurz hinter dem Marc-Aurel-Hotel) und ist dem hl. Johannes dem Täufer gewidmet. Ursprünglich als Taufkapelle angelegt fungiert sie seit dem 18. Jh. als gräfliche Abensperg-Traun'sche Familiengruft. Sie ist einer der ältesten Rundbauten Österreichs und konnte – fast dem Verfall preisgegeben – in den 50er-Jahren des 20. Jh. restauriert werden.

⌘ Das Wahrzeichen der Region Carnuntum ist das imposante **Heidentor**. Es ist Österreichs bekanntestes römisches Bauwerk – Sie werden es bald sehen.

⌘ Weiters noch zu erwähnen ist die wuchtige **Dreifaltigkeitssäule** von ca. 1700 am Hauptplatz.

Petronell ist weltberühmt für seine Ausgrabungen aus der Römerzeit. Carnuntum ist die größte archäologische Landschaft in Österreich. Im Jahr 6 n. Chr. errichtete der spätere Kaiser Tiberius hier ein befestigtes Winterlager. Später wurde Carnuntum ein Grenzkastell und entwickelte sich im 4. Jh. zur römischen Großstadt (50.000 Ew.) und Kaiserresidenz. Es war eine der bedeutendsten Metropolen des römischen Imperiums. Carnuntum war in den folgenden Jahrhunderten Hauptstadt der Provinz Oberpannonnien. Der Blütezeit folgte eine Zeit des Verfalls und der Vergessenheit. Das Interesse der Archäologen wurde jedoch bereits Ende des 19. Jh. erweckt. Bis heute ruht der Großteil der einst blühenden Stadt jedoch noch unter der Erde.

⌘ Die Besichtigung der ausgedehnten Ausgrabungen erfordert ein gewisses Maß an Zeit (mehrere Stunden) und ist kostenpflichtig.

♦ Archäologischer Park Carnuntum, ☏ 021 63/33 77, 💻 www.carnuntum.co.at,
🚪 Mitte März bis Mitte November tgl. 9:00-17:00

Der Ort Petronell selbst wurde 1058 erstmals urkundlich erwähnt. Petronell (1142 Marktrecht) ist heute ein netter Ort und lebt von Carnuntum-Tourismus und Weinbau (der auf keltische Zeiten zurückgeht).

2. Etappe: Von Petronell-Carnuntum nach Fischamend

25,4 km, 6 Std. 15 Min., 64 m, 81 m, 148-194 m

0,0 km	175 m	Petronell-Carnuntum
8,5 km	187 m	Wildungsmauer
11,0 km	184 m	Regelsbrunn
17,3 km	186 m	Haslau an der Donau
19,3 km	186 m	Maria Ellend
25,4 km	156 m	Fischamend

Die 2. Etappe ist etwas Besonderes. Sie verlassen die römische Legionärsstadt und gelangen bald schon zum Heidentor, das einsam mitten im Nichts steht. Die Landschaft erinnert irgendwie an die Toskana. Nehmen Sie sich (in der heißen Jahreszeit) auch ausreichend zu trinken mit. Der Weg führt an Feldern vorbei und kann ganz schön schweißtreibend sein. In Wildungsmauer erwartet Sie dann ein weiteres Highlight, das Ihnen nachhaltig in Erinnerung bleiben wird – die kleine romanische Kirche St. Nikolaus. Der weitere Weg führt etwas abseits der Donau bis nach Fischamend, wo Sie ein Fisch auf dem Stadtturm begrüßen wird.

Nach Besichtigung der Kirche von Petronell geht es am Gemeindeamt vorbei, der Kirchengasse weiter folgend. Am Ende der Gasse zweigt der JW bei der Nationalpark-Akademie nach rechts ab in die **Langegasse**. Bei einem Brunnen angelangt halten Sie sich links und gehen geradeaus weiter, bis Sie zum **Schloss Petronell** gelangen.

Der JW führt bei der sich davor befindenden Kreuzung links am Schloss vorbei. Sie gehen nun immer die Schlossstraße entlang, bis diese an die Wiener Straße/L2026 stößt. Dort gehen Sie rechts und gelangen zum **Archäologischen Park Carnuntum**.

Sie queren den großen Parkplatz vor dem Archäologischen Park und folgen der Beschilderung in Richtung **Heidentor**. Bleiben Sie immer auf diesem Weg – er heißt Hutweideweg – und zweigen Sie direkt beim Sportplatz nach rechts ab in die Heidentorgasse. Sie folgen dem JWS unter der Straßenbrücke durch und sehen schon das Heidentor. Hier sollten Sie eine Rast einlegen ❶.

⌘ Das **Heidentor** ist ein spätantikes Siegesdenkmal und stammt vermutlich aus der Zeit von Kaiser Constantius II (351-361 n. Chr.). Es handelt sich beim Bauwerk um ein sogenanntes **Quadrifons**, ein Monument mit doppelten Durchgängen über vier Pfeilern. Der Name Heidentor kam im Mittelalter auf, da der Volksglaube alles Römische als heidnisch bezeichnete. Das imposante Monument ist heute als Symbol des römischen Österreichs bekannt.

Nach ein paar entspannenden Minuten geht es weiter am Heidentor vorbei – die asphaltierte Straße geht über in einen Schotterweg. Nach etwa 800 m kommt ein JWS und Sie zweigen nach rechts ab. Etwa 1 km weiter geht es nach links ❷ und dann immer geradeaus entlang der Felder. Sie gehen in einer Entfernung von einigen Hundert Metern immer entlang der B9 in Richtung **Wildungsmauer**.

Schließlich gelangen Sie an eine T-Kreuzung und halten sich rechts. Sie sehen schon die ersten Häuser von Wildungsmauer. Beim Ortsschild wird aus dem Schotterweg ein asphaltierter Weg, dem Sie geradeaus folgen. Nach etwa 200 m entlang der Gleise sehen Sie ein JWS, dem Sie nach rechts folgen. Sie überqueren beim Zebrastreifen die B9 und folgen ihr ein Stück nach rechts bis zur nächsten einmündenden Straße – dort biegen Sie ab in die Donaustraße (↳ geradeaus weiter kommen Sie zum ✕ Restaurant Zur Wilden Mauer). Sie passieren die Kreuzung bei der Feuerwehr, kommen vorbei am **Kaufhaus Lindner** (wo Sie sich mit Reiseproviant eindecken können) und gelangen schließlich zur **Nikolauskirche** in Wildungsmauer ❸.

Wildungsmauer

✕ Restaurant Zur Wilden Mauer, Untere Carnuntumstraße 4, 2403 Wildungsmauer, fast am Weg, ☏ 021 63/430 01, Mo-Do 10:00-17:00, Fr-So 10:00-20:00

stündlich Schnellbahn (S7) nach Regelbrunn und weiter nach Wien

✝ **St. Nikolaus** – eine der kleinsten romanischen Kirchen von Österreich – wurde bereits um 1200 errichtet. Die Kirche steht auf den Fundamenten eines römischen Kartells und wurde (höchstwahrscheinlich) mit Material der umliegenden, carnuntinischen Ruinen erbaut. Jedenfalls weist u. a. die Verwendung von ungewöhnlich kolossalen Quadersteinen darauf hin – sie ergeben eine Mauerstärke bis zu 2 m, eine selbst für die Romanik ungewöhnlich gewaltige Dimension. Selbstverständlich wurde auch diese uralte Kirche im Laufe der Jahrhunderte umgebaut (v. a. im beginnenden 19. Jh.).

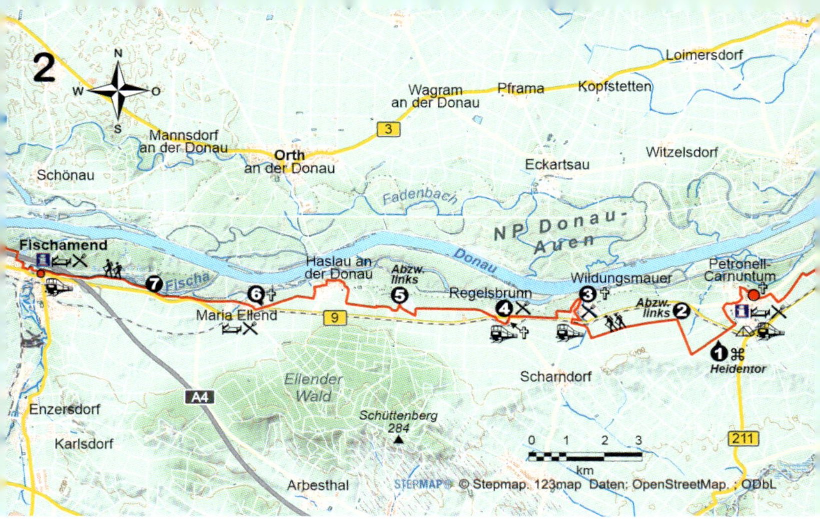

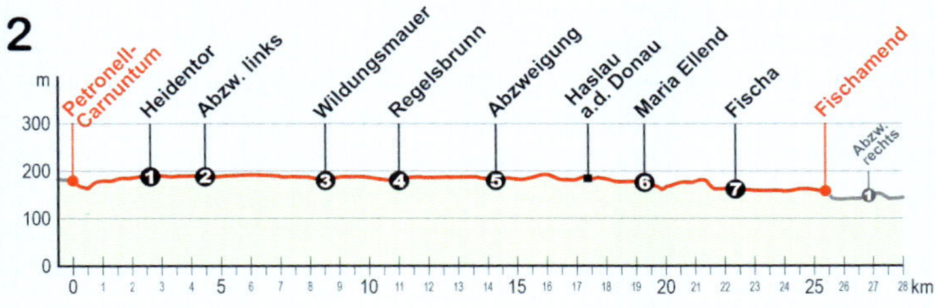

Dem romanischen Gesamteindruck tut dies jedoch keinen großen Abbruch; in keiner am Weg liegenden Kirche ist er authentischer als hier in Wildungsmauer. Deshalb wurde auch bei der Neugestaltung der Inneneinrichtung (1943, 1989) auf die Architektur allergrößte Rücksicht genommen – nichts stört hier die Romanik.

☺ Wenn das Langhaus der Kirche verschlossen ist, kann man durch eine Glastür schauen, doch das genügt, um sich ins 13. Jh. zu versetzten – eine allseitig beschützende Architektur, die nur den Blick nach vorne zulässt, und zwar zum Altar. Einzigartig!

Nach Besichtigung dieser schönen, kleinen Kirche umrunden Sie das Kirchenareal und gehen in die Feldgasse. Sie folgen dem JWS, ignorieren den Windmühlenweg und gehen geradeaus weiter. Bei der Feldgasse 35 – hier sehen Sie ein JWS gegenüber einem Gehöft – biegen Sie rechts ab und gehen auf einem asphaltierten Weg zwischen Feldern und Weinstöcken weiter. Die Asphaltstraße endet nach 300 m und Sie biegen in eine Schotterstraße nach links in Richtung B9 ein. An der Landesstraße sehen Sie einen **gemauerten Bildstock mit gelbem Dach** und ein JWS. Hier gehen Sie rechts auf dem Asphaltweg neben der Landesstraße entlang. Nach etwa 500 m erreichen Sie das Ortsschild von **Regelsbrunn** und gehen weiter geradeaus auf der Hainburger Straße. Bei Haus Nr. 1 überqueren Sie die B9 auf dem Zebrastreifen und gehen eine kleine Treppe zur Kirche hinauf ❹.

Regelsbrunn ✕ ✞ 🚆

✕ Treffpunkt, Wiener Str. 17, 2403 Regelsbrunn, am Weg, ☞ Wegbeschreibung, Mo-Sa 8:00-20:00

🚆 stündlich Schnellbahn (S7) nach Maria Ellend und weiter nach Wien

✞ **Pfarrkirche St. Jakob d. Ä.** Etwa im Jahr 1517 leitete Martin Luther das Zeitalter der Reformation ein und wie nicht anders zu erwarten war, fühlte sich die Gegenseite sehr schnell genötigt, das Zeitalter der Gegenreformation auszurufen. Diese wurde zu einem großen Teil von den Jesuiten getragen, welche z. B. auch in Regelsbrunn zu finden waren. Im benachbarten Wildungsmauer hingegen saß Jakob Püttner, ein protestantischer Prediger, der scharenweise die Gläubigen anlockte. 1586 endete das „Unwesen" des Jakob Püttners; über das Wie ist allerdings nichts bekannt. Sehr wohl ist aber überliefert, dass die Jesuiten nichts mehr dem Zufall überlassen wollten und die Genehmigung erwirkten, in Regelsbrunn einen Getreidespeicher zu einer gegenreformatorischen/katholischen Kirche umzurüsten.

Auf der Wiese gegenüber der Kirche sehen Sie ein JWS, das Sie zum Bahnweg weist. Bei der ✕ Imbisstube Treffpunkt erreichen Sie wieder die Landesstraße, die Sie überqueren und der Sie nach links folgen. Bei der nächsten Abzweigung biegen Sie rechts in den **Haslauer Weg** ein. Sie sehen dort auch wieder ein JWS. Hier geht es immer geradeaus weiter bis zum Ortsende von Regelsbrunn.

Die Asphaltstraße geht nun über in einen Feldweg. Nach etwa 2 km, kurz vor der Kiesgrube, kommt eine 90-Grad-Kurve nach links. Sie folgen dem Kiesweg etwa 200 m und biegen dann scharf nach rechts ab. Vom Kiesweg kommen Sie auf eine asphaltierte Straße, die zum Kieswerk führt.

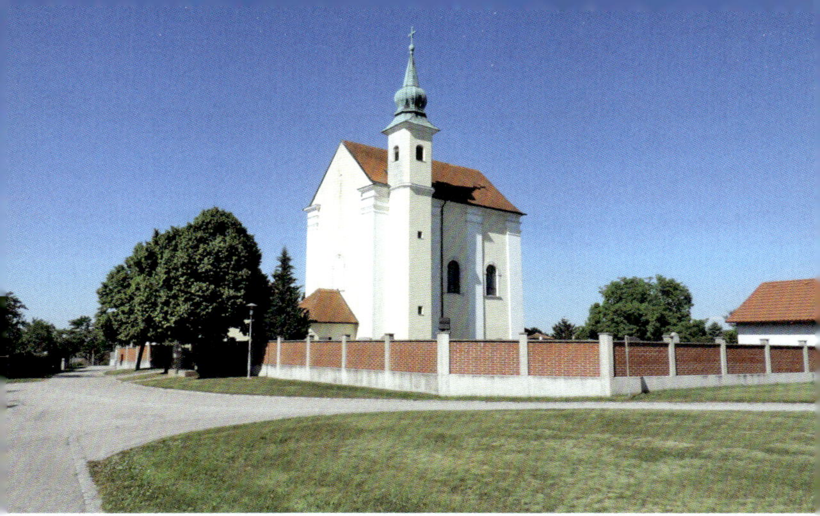

Pfarrkirche St. Jakob d. Ä.

Sie gehen am Kieswerk vorbei und kommen nach etwa 200 m zu einer zurücklaufenden Abzweigung nach links (sehr leicht zu übersehen) ❺. Nehmen Sie diese Abzweigung und folgen Sie der Schotterstraße leicht bergab. Es geht vorbei an Feldern und einem Wasserschutzgebiet. Der Kiesweg führt nun leicht bergauf und Sie gehen parallel zu Landesstraße und Eisenbahn in Richtung Haslau an der Donau.

Am Ende der Schotterstraße treffen Sie auf eine Asphaltstraße, die Sie überqueren und der Sie etwa 50 m nach links folgen. Dann biegen Sie rechts in eine Asphaltstraße ab, der Sie etwa 800 m folgen. Hier sehen Sie ein JWS, das Sie nach rechts weist. Nach einigen Metern erreichen Sie das Ortsschild von Haslau und folgen weiter dem JW entlang der Hauptstraße des Ortes.

Der Hauptstraße folgend kommen Sie vorbei an einem **Kriegerdenkmal** und wenden sich dem JWS folgend nach links – weiter geht es entlang der Hauptstraße. Kurz vor der Freiwilligen Feuerwehr biegt der JW rechts in die Kirchengasse ab. Vorbei an der modernen Kirche gehen Sie weiter bis zur Feldgasse und biegen dort links ab. Sie folgen der Gasse und sehen ein JWS, das Sie rechts in die Alte Poststraße führt. Hier verlassen Sie den Ort Haslau und erreichen nach etwa 1,2 km das Ortsschild von Maria Ellend. Bald schon sehen Sie die Wallfahrtskirche Maria Ellend vor sich ❻.

Maria Ellend

Gemeindeamt, Wiener Str. 11, 2402 Maria Ellend, 022 32/802 50,
www.haslau-mariaellend.gv.at,
Mo, Do, Fr 8:00-16:00, Di 8:00-19:00, Mi 8:00-14:00

Gasthof Strasser, Bahnhofplatz 1, 2402 Maria Ellend, von der Kirche die B9 noch ca. 150-200 m Richtung Westen weiter, 022 32/802 30, 06 50/264 78 00, kontakt@gasthof-strasser.at, ÜF € 45

stündlich Schnellbahn (S7) nach Fischamend und weiter nach Wien

Wallfahrtskirche Unsere Liebe Frau vom Hl. Rosenkranz, gemeinhin als **„Maria Ellend"** bezeichnet. Irgendwann im 15. Jh. fanden spielende Kinder hier am Donauufer eine angeschwemmte Marienstatue. „Angelandet", sagte man damals, daraus wurde anland, dann allandt und zuletzt Ellend. Die Menschen im Ort erfuhren auf wundersame Weise, dass die Statue von Ungläubigen in Ungarn in die Donau geworfen wurde, sich also flussaufwärts kämpfen musste, um hier anzulanden – ein Wunder. Man errichtete am Fundort eine Kapelle – diese wurde 1466 erstmals erwähnt.

Das Gnadenbild am Altar ist nicht das ursprüngliche „angelandete", es entstammt dem 16. Jh. Das überlebensgroße Mosaik im Nazarener-Stil an der Portalfassade stammt von 1910. Die Kirche wird seit 1929 von der 1895 gegründeten, 1911 päpstlich anerkannten Männerkongregation der Missionare von der Heiligen Familie betreut.

Gegenüber der Kirche befinden sich ausgedehnte, 4 ha große **Wallfahrts-Anlagen,** errichtet 1906-14. Herzstück ist die gemauerte Lourdes-Grotte, daneben noch der Kreuzweg, Rosenkranz-Weg, Kalvarien-Berg sowie einige Kapellen – ursprünglich geplant, um die Wallfahrt wieder zu attraktivieren (Kirche im Freien). Heute wird die Anlage als Naherholungsgebiet genutzt.

Wenn Sie bereit sind, Ihren Pilgerweg fortzusetzen, dann gehen Sie bei der Kirche weiter, vorbei am **Imbiss** (So-Fr 11:00-23:00, Sa Ruhetag) und sehen ein JWS, das Sie nach rechts vorbei an einem **Lebensmittelgeschäft** (Mo-Sa 6:50-19:00) führt. Sie kommen am Musikhaus vorbei und folgen der Landstraße. Es geht vorbei an der Freiwilligen Feuerwehr und über eine Brücke. Bei der Heidestraße biegt der JW nach rechts ab. Nach etwa 1 km führt der Weg hinunter zur Fischa, an der Sie nun entlangspazieren. Der asphaltierte Weg geht über in einen Schotterweg und führt sehr schön entlang der Fischa weiter ❼.

Nach einem 2,2 km langen Wegstück, das Sie mit Sicherheit genossen haben, kommen Sie plötzlich zu einer Autobahnbrücke, die Sie unterschreiten. Kurz nach ihr sehen Sie eine Weggabelung. Sie wählen den rechten, mit dem JWS versehenen Weg entlang der Fischa. Gleich danach gehen Sie an einer Hochwasserschutzanlage vorbei. Der Weg ist nun asphaltiert und geht weiter geradeaus. Folgen Sie dem JWS. Einige Minuten später erreichen Sie Fischamend und stehen bald vor der Pfarrkirche.

Zum Ortszentrum gelangen Sie, wenn Sie der Straße Kirchenplatz an der Kirche vorbei weiter folgen und dann links in die Schulgasse abzweigen.

Fischamend

BANK

Stadtgemeindeamt, Gregerstr. 1, 2401 Fischamend, 022 32/763 23, www.fischamend.gv.at, Mo und Do 8:00-12:00, Di 16:00-19:00

♦ Pilgerbüro in der Pfarre Fischamend, Kirchenplatz 13, 2401 Fischamend, 06 76/525 67 33, pfarre.fischamend@katholischekirche.at, Mo und Mi 9:00-11:00

Hotel Deininger, Wiener Straße/B9 28, 2401 Fischamend, ca. 500 m abseits, 022 32/780 10, www.hotel-deininger.at, office@hotel-deininger.at, ÜF EZ € 52, DZ € 76

Frühstückspension Caltun Elana-Nicoleta, Schulgasse 1, 2401 Fischamend, Zentrum, 022 32/762 79, 06 64/274 49 53, office@pension-fischamend.at, ÜF ab € 61

♦ Privatzimmer Josef Peter, Wiener Straße/B9 17, 2401 Fischamend, fast am Weg, aber Ortsende Fischamend (nach Überquerung der Fischa), 022 32/762 29, 06 76/40 11 35 79, Ü EZ ab € 31, DZ ab € 45

stündlich Schnellbahn (S7) nach Mannswörth und weiter nach Wien

⌘ Der **Fischaturm** ist das Wahrzeichen der Stadt und markiert das Zentrum. Er ist fast 31 m hoch und stammt in seinen ältesten Teilen aus dem 13. Jh. Einer Legende zufolge wurde an der Stadtturmspitze beim Rückgang des Jahrhunderthochwassers im 13. Jh. ein mannsgroßer Fisch aufgespießt, deswegen auch der Name der Stadt. Der wahre Grund der Namensgebung ist jedoch der Zusammenfluss der Fischa mit der Donau im Ortsgebiet. Auf der Spitze des Turmes sehen Sie einen großen Fisch. Heute beherbergt der Turm das Heimatmuseum.

♦ Fischaturm am Hauptplatz, 2401 Fischamend, 06 64/420 56 16, www.heimatmuseum-fischamend.at, auf Voranmeldung

Fischamend liegt am Zusammenfluss von Fischa und Donau. Unter der heutigen Stadt wird ein ausgedehntes römisches Kastell vermutet. Zwischen 1909 und 1921 war hier die k. u. k. Militär-Aëronautische Versuchsanstalt stationiert. Das Gebiet galt aufgrund seiner Versuche mit Ballonen und sonstigen Luftschiffen sowie der Produktion von Motoren und Flugzeugen als Wiege der Luftfahrt in Österreich.

3. Etappe: Von Fischamend nach Wien

26,9 km, 6 Std. 40 Min., ↑ 34 m, ↓ 17 m, ⇧ 149-172m

0,0 km	⇧ 156 m	Fischamend
8,6 km	⇧ 157 m	Mannswörth
10,8 km	⇧ 158 m	Abzweig Schwechat
26,9 km	⇧ 172 m	Wien

Die heutige Etappe beginnt mit Donauromantik und endet in jedem Fall mit einer Stadt. Zunächst wandern Sie aber noch durch die fantastische Auenlandschaft des Nationalparks und werden die Daublerhütten an der Donau bestaunen. Später steht eine Entscheidung an – wollen Sie weiter in die Stadt Schwechat und dort evtl. in Ihrer ersten kirchlichen Pilgerherberge übernachten oder wollen Sie direkt in die Bundeshauptstadt zum Stephansdom. Ihre Entscheidung. Starten Sie jedenfalls rechtzeitig, in der Früh ist die Au am schönsten – außerdem haben Sie (wenn Sie bis nach Wien wandern) einen langen Weg vor sich.

Nachdem Sie Fischamend besucht haben, führt der JW an der Kirche vorbei am Kirchenplatz nach Westen weiter in die Fischagasse. Nach einigen Metern kommen Sie zu einer Weggabelung, wo Sie den Weg nach links nehmen, der über eine kleine Holzbrücke über die Fischa führt. Nach der Brücke gehen Sie den asphaltierten Weg ein Stück weiter und sehen ein JWS, das Ihnen den Weg nach rechts weist.

Sie gelangen zur Rösslgasse und biegen nach rechts ab. Beim Spielplatz geht es dann nach links in den Schneiderweg, vorbei an einer Eisstockbahn. An einem Rastplatz angekommen biegen Sie bei einer modernen Stahlskulptur nach rechts ab und verlassen Fischamend.

Sie unterschreiten die Autobahn und zweigen gleich nach der Brücke beim JWS nach links ab.

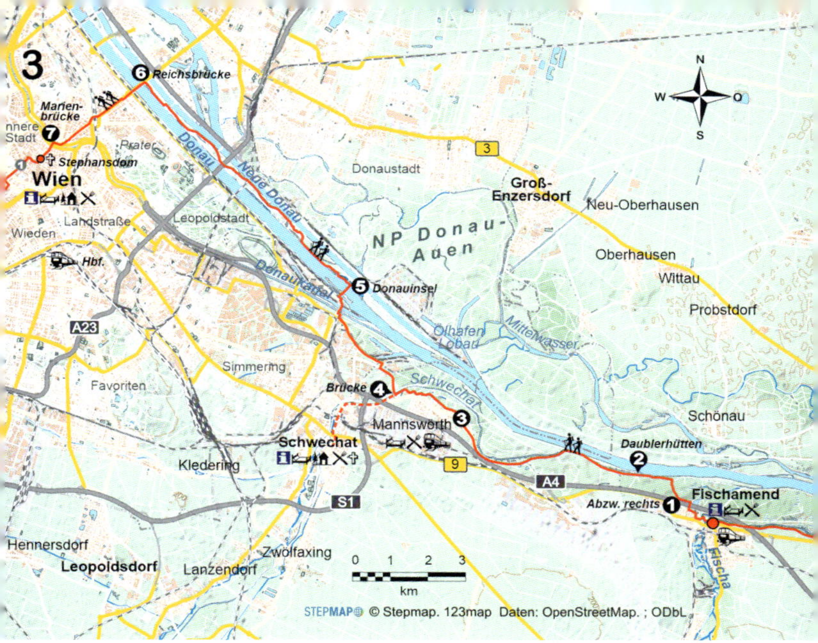

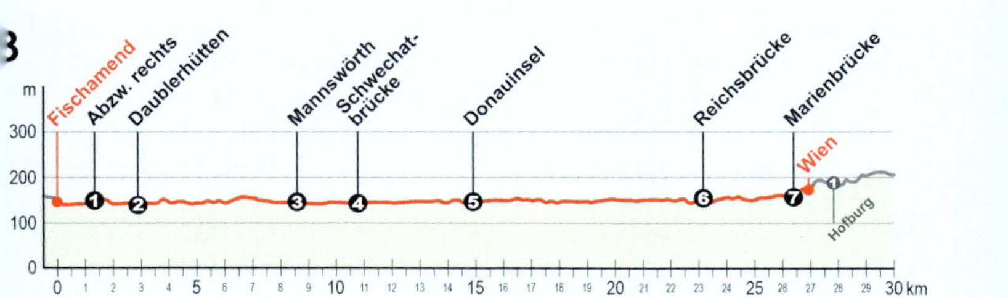

Nach etwa 300 m biegen Sie bei der ersten Möglichkeit nach rechts ab (es gibt hier kein JWS) ❶ und gehen auf diesem schönen Waldweg, bis Sie nach etwa 500 m auf eine quer verlaufende Schotterstraße stoßen. Hier biegen Sie links ab und pilgern entlang der Donau. Sie gelangen nach etwa 1 km zu einigen Fischerhütten ❷.

Die Fischerhütten sind etwas Besonderes, sie heißen hier **Daublerhütten**. Die Daubelfischerei ist eine typisch österreichische Art des Netzfischens. Die Daubel ist ein viereckiges, festes Netz, das auf den Flussgrund abgesenkt wird und nach einiger Zeit wieder hochgehoben wird – hoffentlich mit gutem Fang.

Nach den Hütten zweigt die Schotterstraße nach links ab. Sie gehen jedoch geradeaus der Donau aufwärts folgend weiter – jetzt auf einer Traktorspur. Der Weg führt bei einem Hinweisschild des Nationalparks geradeaus in den Auwald. Etwa 1 km nach den Daublerhütten stoßen Sie auf eine quer verlaufende Erdstraße und folgen dieser nach rechts. Nach etwa 2 km erreichen Sie bei einem Bildstock und einem Gedenkstein eine Kreuzung, hier geht es geradeaus weiter.

Nach ein paar Minuten gelangen Sie zur Kläranlage von Schwechat. Hier folgen Sie der Asphaltstraße. Nach etwa 800 m erreichen Sie die Mannswörther Straße/L2064 und müssen dieser nach rechts folgen. Nach etwa 1,6 km zweigen Sie vor dem Haus mit der Nr. 121 rechts in die Jägerhausgasse ab ❸.

Alle genannten Unterkünfte liegen noch vor Ihnen (höchstens 1 km entfernt), d. h., Sie sollten den Abzweig in die Jägerhausgasse vorerst ignorieren und der Mannswörther Straße geradeaus folgen, falls Sie eine Übernachtung ins Auge fassen.

Mannswörth

Hotel Das Reinisch, Mannswörther Str. 76, 2320 Schwechat, 800 m von der Abzweigung entfernt, ☎ 01/707 04 44, www.dasreinisch.at, office@dasreinisch.at, ÜF EZ 139 Das Reinisch – Just Rooms, Mannswörther Str. 83, 2320 Schwechat, 500 m von der Abzweigung entfernt, ☎ 01/707 04 44, www.dasreinisch.at, office@dasreinisch.at, ÜF EZ € 105, ÜF DZ € 125

♦ Hein-Hotel, Mannswörther Str. 94, 2320 Schwechat, 600 m von der Abzweigung entfernt, ☎ 01/707 19 50, www.heinhotel.at, ÜF EZ € 103,50, DZ € 140

♦ Frühstückspension Eicher, Mannswörther Str. 88, 2320 Schwechat, 650 m von der Abzweigung entfernt, 06 76/707 73 39, ÜF € 45

stündlich Schnellbahn (S7) nach Schwechat und weiter nach Wien

Wenn Sie aber weitergehen wollen, dann folgen Sie der Jägerhausgasse bis zum Hochwasserschutzdamm und gehen dann den Dammweg nach links entlang. Die erste Kreuzung überqueren Sie geradeaus. Sie erreichen das Erholungsgebiet von Schwechat und folgen der Straße, die sich durch diesen schönen Park schlängelt, vorbei an einer Sportanlage und den Stationen der Discgolfanlage.

Etwa 600 m nach Beginn des Erholungsgebiets unterqueren Sie eine Rohrbrücke und erreichen schnell danach eine Gabelung – Sie wählen den rechten Ast Richtung Spielplatz und halten sich auch am Ende desselben (nach ca. 50 m) wieder rechts. 500 m danach erreichen Sie einige Meter vor einer quer verlaufenden Brücke eine entscheidende Kreuzung (10,8 km nach Fischamend):

Hier befinden Sie sich auf dem Jakobsweg nach Wien, der Sie auf einem schönen Weg auf der Donauinsel direkt ins Zentrum von Wien bringt. Sie können von hier aber auch nach Schwechat gehen und haben dort die Möglichkeit, in der Pilgerherberge zu übernachten und vor allem die **Pfarrkirche St. Jakobus d. Ä.** zu besuchen und das Altarbild „Predigt des Hl. Jakob vom Kremser Schmidt“ zu bewundern. Allerdings müssen Sie am nächsten Tag auch wieder zurück an diese Kreuzung. Überlegen Sie es sich – Sie werden es möglicherweise nicht bereuen, wenn Sie nach Schwechat pilgern. Der direkte Weg nach Wien führt hingegen von dieser Kreuzung der Entscheidung aus nach links, der Beschilderung folgend weiter.

Abstecher nach Schwechat: Wenn Sie geradeaus weiter unter der Brücke dem Rad-/Spazierweg (Uferpromenade) folgen, also immer parallel zur Schwechat bleiben, gelangen Sie nach ca. 2,5 km ins Zentrum von Schwechat. Im Abstand von jeweils 500 m nach der Brücke unterqueren Sie dabei zweimal hintereinander eine Autobahn und nach weiteren 500 m die Mannswörther Straße. Einige Hundert Meter später unterqueren Sie die Eisenbahn. Weiter geht es der Schwechat entlang, bis Sie nach weiteren 500 m zur Schwechat-Brücke gelangen. Es befindet sich hier eine auffällige Skulptur (Wirtschaftsbund mit verschiedenen Gewerkstafeln). Hier folgen Sie nun der Wiener Straße nach links und kommen bald schon zum Hauptplatz von Schwechat und zur Pfarrkirche St. Jakobus d. Ä.

Schwechat

Stadtgemeindeamt, Rathausplatz 9, 2320 Schwechat, ☎ 01/701 08-0, www.schwechat.gv.at, Mo, Mi-Fr 8:00-12:00, Di 8:00-17:00

City Hotel Albrecht, Wiener Str. 25B, 2320 Schwechat, ca. 600 m vom Hauptplatz, ☎ 01/707 81 06, www.cityhotelalbrecht.at, ÜF EZ € 80, DZ € 100

♦ Arion Airport Hotel Schwechat, Mühlgasse 30, 2320 Schwechat, ☞ Wegbeschreibung nach Schwechat, 350 m der Mannswörther Straße nach Überquerung der Schwechat Brücke nach Nordwesten folgen www.arionhotelviennaairport.com, ÜF EZ ab € 60

Pilgerherberge Pfarre Schwechat, Hauptplatz 5, 2320 Schwechat, Florian Heumayer (Pilgerverantwortlicher der Pfarre Schwechat und Experte für den Jakobsweg, www.florian-heumayer.at), 06 99/14 90 03 25, condorman@gmx.at, Pfarrbüro: 01/707 64 75, office@pfarre-schwechat.at, Übernachtungsmöglichkeit (16:00-7:00) auf Spendenbasis, Pilgerausweis erforderlich, vorab telef. anmelden – und dann auch kommen!

stündlich Schnellbahn (S7) nach Wien

Sie haben es sich also überlegt und wollen schnurstracks nach Wien. Der direkte Weg nach Wien, führt wie gesagt, von der genannten Kreuzung der Entscheidung nach links der Beschilderung folgend weiter und überquert dann rechts über eine Brücke die Schwechat ❹.

Sie folgen danach der Asphaltstraße – sie heißt **Auf der Ried** – etwa 1 km und gehen dann rechts weiter dem JWS folgend auf die großen Agrarspeicher zu. Vor den Speichern biegen Sie links in den Radweg ein (kurz vor dem Ortsschild von Wien) und nach etwa 750 m mündet dieser in die **Albener Hafenzufahrtsstraße** ein, der Sie nun nach links folgen.

Bald darauf befindet sich rechts neben der Alberner Hafenzufahrtsstraße wieder ein Radweg. Man verlässt die Straße auf dem Radweg, unterquert nach ca. 200 m die Gleise und zur Brücke hoch ist es dann nur ein kurzes Stück von ca. 75 m. Sie steigen über einen Treppenaufgang hinauf auf die **Freudenauer Hafenbrücke**. Sie überqueren den Donaukanal und gehen die Straße entlang, bis Sie rechts zu einer Unterführung kommen. Nach der Unterführung gehen Sie gleich links.

Dort sehen Sie einen Treppenaufgang, der Sie auf die Schleuse des Kraftwerks Freudenau führt. Sie überqueren nun die Donau. Sie sind an der **Donauinsel** (die zwischen Donau und Neuer Donau liegt) angekommen ❺. Sie wenden sich nach links und gehen nun etwa 8 km geradeaus die Donau aufwärts ins Zentrum von Wien. Eigentlich zweigt der Jakobsweg am Donaukanal nochmals rechts ab und führt vorbei am Koloman-Marterl, entlang der Alten Donau und vorbei an der Herz-Jesu-Kirche in Kaisermühlen, den Weg auf der Donauinsel habe ich aber so entspannend gefunden, dass man mir diese Ungenauigkeit bitte verzeihe. Bei der Reichsbrücke treffen Sie wieder auf den offiziellen Jakobsweg.

Der Weg führt weiter direkt zur Reichsbrücke ❻. Bei der Brücke angekommen überqueren Sie nun wieder die Donau und gelangen auf die Südseite (das orografisch rechte Donauufer). Von dort geht es geradeaus in die Innenstadt.

Sie gehen immer geradeaus, zunächst vorbei am Mexikoplatz, dann zur Lasallestraße, der Sie 1 km geradeaus folgen, bis Sie zum Praterstern gelangen. Dort gehen Sie unter den Eisenbahngleisen hindurch und folgen der Praterstraße in Richtung Innenstadt.

Schließlich gelangen Sie zur Unteren Donaustraße und folgen weiter der nun nach rechts entlang des Donaukanals führenden **Praterstraße**. An der **Marienbrücke** ❼ angekommen überqueren Sie den Donaukanal, kommen zur Rotenturmstraße und gehen immer geradeaus weiter, bis Sie nach etwa 800 m vor dem **Stephansdom** stehen. Sie sind im Zentrum der Bundeshauptstadt Wien angelangt.

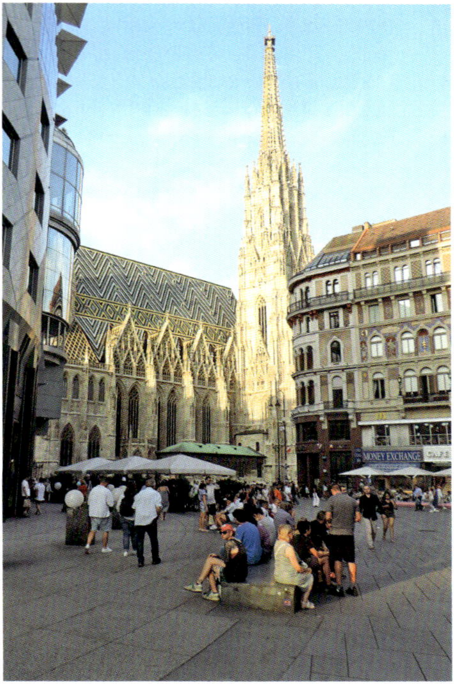

Stephansdom

Wien

ℹ Tourist-Info-Stelle, Albertinaplatz/Maysedergasse, 1010 Wien, sofort hinter der Staatsoper, ☏ 01/245 55, 💻 www.wien.info, tgl. 9:00-18:00

Jugendherberge, Myrthengasse 7, 1070 Wien, zentrumsnah, ☏ 01/523 631 60, ÜF MBZ ab € 20

♦ Seven Vienna, Lindengasse 4, 1070 Wien, Zentrum, fast am Weg, ☞ Wegbeschreibung nächste Etappe – bei der Mariahilfer Straße auf Höhe der U-Bahnstation „Neubaugasse", 📱 06 90/801 28 13, Preis auf Anfrage

♦ Hostel Hütteldorf, Schlossberggasse 8, 1130 Wien, fast am Weg, westliches Ortsende, ☏ 01/877 15 01, Ü ab € 19

- APMS Rooms, Rotenmühlgasse 10, 1120 Wien, in der Nähe von Schloss Schönbrunn, 06 76/500 87 95, Preis auf Anfrage
- Porzellaneum, Porzellangasse 30, 1090 Wien, Zentrum, ☏ 01/317 72 82, Preis auf Anfrage, nur Juli und August
- Wombats City Hostel, Rechte Wienzeile 35, 1040 Wien, beim Naschmarkt, nahe der U-Bahn-Station „Kettenbrückengasse", praktisch am Weg, ☏ 01/897 23 36, www.wombats-hostels.com/vienna, Ü MBZ ab € 27, F € 5,90
- Schnellbahn (S50) vom Wien Westbahnhof nach Purkersdorf und zu weiteren Orten am folgenden Weg

Der **Stephansdom** ist das bekannteste Wiener Wahrzeichen und das bedeutendste gotische Bauwerk Österreichs. Die Entstehungsgeschichte reicht bis ins 12. Jh. zurück. Aus dem 13. Jh. stammen das Riesentor und die Heidentürme. Herzog Rudolf IV. von Habsburg initiierte den Umbau zur gotischen Kirche mit Stern- und Netzrippengewölben sowie den Südturm. Der unvollendete Nordturm erhielt 1557 einen Helm im Stil der Renaissance. Der 137 m hohe Südturm kann bis zur Türmerstube auf über 343 Stufen erklommen werden.

☺⊙ Den Stempel für Ihren Pilgerpass bekommen Sie entweder im Domshop (im Dom halb links) oder im Beichtzimmer (rechts nach dem Eingang). Von 7:00 bis 22:00 Uhr ist hier auch ein Priester anwesend, der Ihnen, wenn Sie möchten, den Pilgersegen spendet.

Das **Schloss Schönbrunn** ist ein prächtiges Schloss und UNESCO-Weltkulturerbe, das einst die Sommerresidenz der Habsburger war.

- Schönbrunner Schloßstraße 47, 1130 Wien, ☏ 01/81 11 30, www.schoenbrunn.at, tgl. 9:00-17:00

⌘ **Hofburg**. Der ehemalige Kaiserpalast ist heute ein Museumskomplex, der Einblicke in das Leben der Habsburger gibt.

- Heldenplatz, 1010 Wien, www.hofburg.com, ☏ 01/587 36 66

⌘ Das **Kunsthistorisches Museum** ist eines der bedeutendsten Kunstmuseen der Welt mit einer umfangreichen Sammlung von Gemälden und Skulpturen aus verschiedenen Epochen.

- Heldenplatz, 1010 Wien, www.khm.at, ☏ 01/52 52 40, Mi-So 10:00-18:00

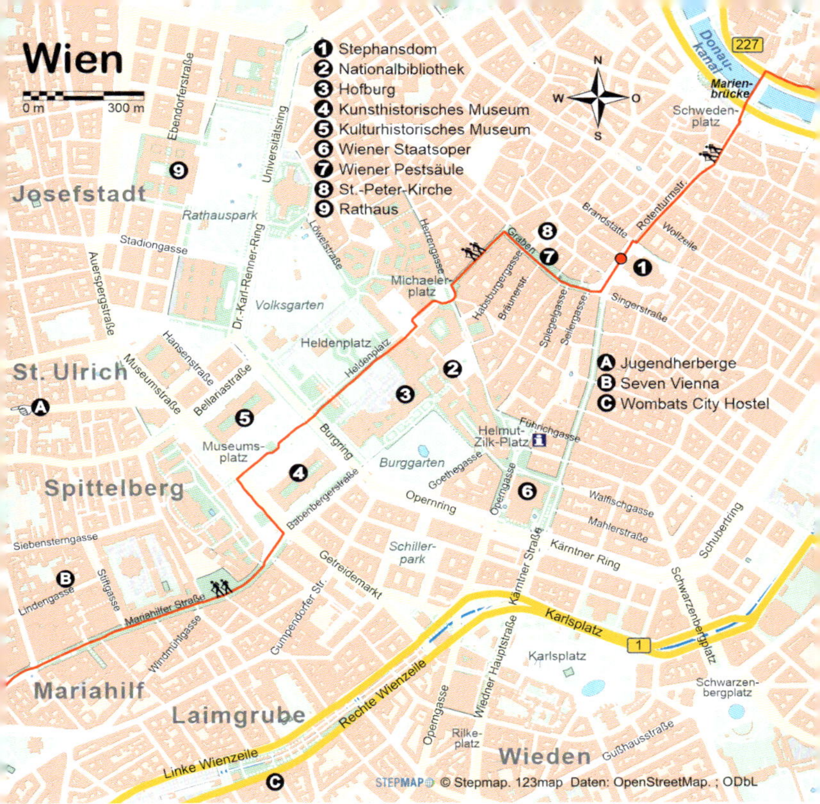

⌘ Die **Österreichische Nationalbibliothek** in Wien ist eine der ältesten und bedeutendsten Bibliotheken Europas. Sie wurde im Jahr 1575 gegründet und beherbergt heute mehr als 12 Millionen Bücher.

♦ Josefplatz 1, 1010 Wien, 💻 www.onb.ac.at, ☏ 01/534 10, 🚪 Di-So 10:00-18:00

Wien ist eine Stadt voller Kultur, Geschichte und Charme. Sie ist berühmt für ihre prachtvolle Architektur, die Wiener Kaffeehäuser, die österreichische Küche und ihre lebendige Kunst- und Kulturszene. Die wichtigsten Sehenswürdigkeiten sind der Stephansdom, die Hofburg, das Kunsthistorische Museum, die Nationalbibliothek und Schloss Schönbrunn, um nur einige zu nennen. All diese Sehenswürdigkeiten werden Sie auf Ihrem Weg durch Wien passieren.

4. Etappe: Von Wien nach Purkersdorf

18,2 km, 4 Std. 30 Min., 87 m, 10 m, 171-248 m

0,0 km 172 m Wien
18,2 km 248 m Purkersdorf

Die 4. Etappe wird sehr überraschend sein. Der erste Teil der Etappe durch Wien ist Sightseeing vom Feinsten und der zweite Teil bietet viel Grün entlang des Wienfluss-Weges. Außerdem habe ich die Etappe kurz gehalten – nehmen Sie sich etwas Zeit für Wien und lassen Sie den Abend in Purkersdorf ausklingen. Ausgehend vom Stephansdom pilgern Sie zunächst durch den Graben und über den Kohlmarkt zum Michaelerplatz. Dann geht es weiter geradewegs durch die Wiener Hofburg zum Heldenplatz, vorbei am Schloss Schönbrunn und entlang des Wienflusses bis Purkersdorf.

Sie verabschieden sich vom Stephansdom und gehen nun in Richtung Süden und sehen das erste JWS, das Sie nun aus dem Zentrum hinausführt. Sie gehen zum **Stock-im-Eisen-Platz** und gleich rechts durch den Graben (eine der bekanntesten Straßen im Zentrum von Wien) weiter. Vorbei an der **Wiener Pestsäule** und am **Josefsbrunnen** geht es weiter, bis Sie das nächste JWS sehen und dann nach links in den **Kohlmarkt** gehen. Am **Michaelerplatz** angelangt sehen Sie das nächste JWS, durchqueren bald darauf die **Hofburg** ❶ und gelangen so zum **Heldenplatz**. Sie durchschreiten das **Burgtor** und kommen zur **Ringstraße**, die Sie überqueren.

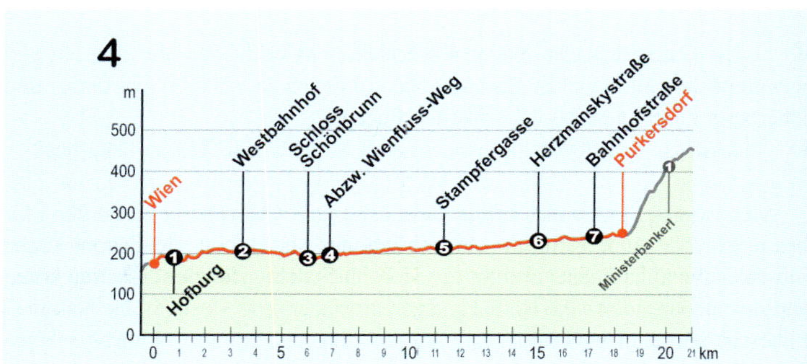

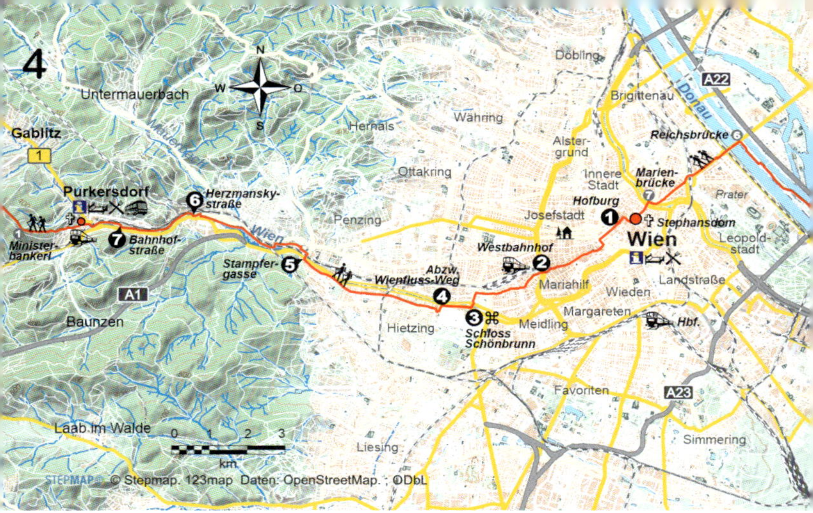

Geradeaus weiter geht es zwischen **Kunsthistorischem** und **Naturhistorischem Museum** hindurch. Sie überqueren die Straße **Museumsplatz** und wenden sich gleich nach dem Überqueren der Straße nach links (JWS). Am **Platz der Menschenrechte** wenden Sie sich nach rechts und folgen dem JWS in die **Mariahilfer Straße**.

Auf der Mariahilfer Straße geht es nun immer weiter geradeaus stadtauswärts. Beim **Westbahnhof** ❷ angelangt überqueren Sie den **Mariahilfer Gürtel** und gehen wieder geradeaus weiter. Sie kommen schließlich zu einer Abzweigung, wo rechts die Linzer Straße abzweigt. Sie gehen jedoch auf der Mariahilfer Straße weiter.

Sie überqueren die Winkelmannstraße und setzen den Weg auf der Mariahilfer Straße fort. Es geht vorbei am **Technischen Museum** und danach überqueren Sie die Mariahilfer Straße. An der Schloßallee angekommen gehen Sie direkt auf das **Schloss Schönbrunn** zu ❸.

Die weitere Wegbeschreibung führt Sie auf dem JW nach Purkersdorf. Einen schönen Teil des Weges pilgern Sie dabei entlang des Wienflusses.

Sie starten vor den Toren von **Schönbrunn** und gehen die Schönbrunner Schloßstraße entlang. Sie gelangen zur U-Bahn-Station **„Hietzing"** ❹. Hier könnten Sie eine Wegvariante nach Purkersdorf wählen, die das ganze Stück auf dem Wienfluss-Weg entlangführt und die ich persönlich viel entspannender finde, als 5 km entlang der Auhofstraße weiterzugehen.

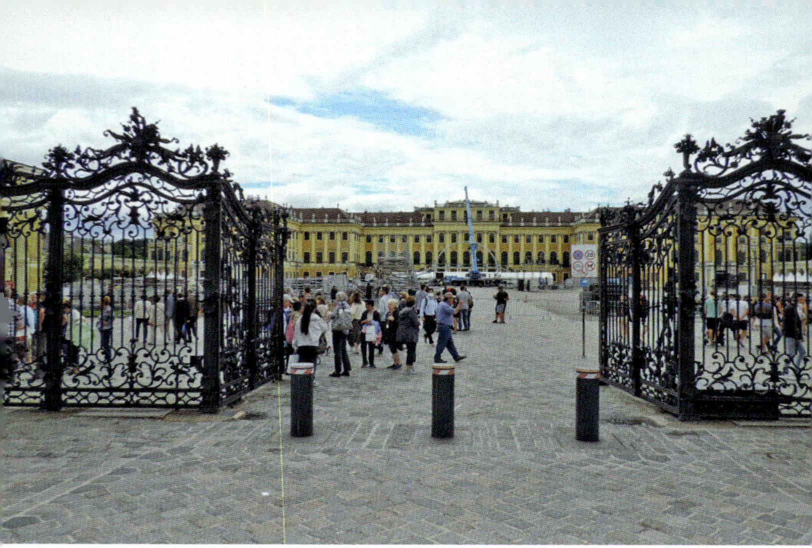

Vor den Toren von Schönbrunn

➪ Variante Wienfluss-Weg: Sie brauchen dazu nur bei der Kennedybrücke (gleich bei der U-Bahn-Station „Hietzing") zum Wienfluss-Weg hinabzusteigen und nach links stadtauswärts dem Wienfluss zu folgen. Der Wienfluss-Weg hat nur folgende Nachteile – er hat nur von der Morgendämmerung bis zum Einbruch der Dunkelheit geöffnet. Genaue Info erhalten Sie unter: ☎ 01/400 09 65 30. Auch dürfen Sie den Radweg bei drohendem Hochwasser nicht betreten – dazu gibt es ein eigenes Warnsystem, das Sie am Weg sehen werden. Die Wegvariante trifft nach etwa 5 km wieder auf den offiziellen Weg (siehe weiter unten im Text).

Wollen Sie jedoch auf dem offiziellen Weg bleiben, so folgen Sie weiter der nun nach links abbiegenden Schönbrunner Schloßstraße. Beim Hietzinger Tor – einem weiteren Eingang zum Schloss Schönbrunn – folgen Sie dem JWS und wenden sich nach rechts. Sie überqueren die Straße Am Platz, danach überqueren Sie gleich die Hietzinger Hauptstraße beim Zebrastreifen. Links gehend, der Hietzinger Hauptstraße folgend, kommen Sie zur Straße Anna-Strauss-Platz und halten sich hier rechts. In der Kurve zweigen Sie ab in die Auhofstraße. Dieser folgen Sie nun über 4 km bis zur Hausnummer 245 und biegen dann rechts in die Stampfergasse ein ❺.

Sie überqueren hier die Wientalstraße und unterqueren die Bahngleise. Beim Kreisverkehr sehen Sie ein JWS, dass Sie links an einem Baumarkt vorbeiführt. Nach dem Baumarkt gelangen Sie in einen kleinen Park und gleich links geht es über eine Fußgängerbrücke. Nach dieser sehen Sie das nächste JWS und folgen ihm nach links. Gleich darauf gehen Sie rechts am Spielplatz vorbei durch den **Ferdinand-Wolf-Park**.

Schließlich verlassen Sie den Park, schwenken in die Lindheimgasse ein und folgen dem JWS. Sie folgen nun auf einem Schotterweg einige Meter den Gleisen und unterqueren sie schließlich bei einem kleinen Durchgang. Nach diesem sehen Sie ein Kreuz und wenden sich hier nach rechts. Weiter geht es nun links auf dem Wienfluss-Weg. Hier trifft nun auch die oben beschriebene Wegvariante wieder auf den offiziellen Weg.

Dem Wienfluss-Weg können Sie nun bis nach Unterpurkersdorf folgen, wo Sie ihn auf der Bahnhofstraße verlassen. Sie pilgern aber zunächst bis zur Mauerbachschleuse, gehen über eine kleine Brücke und folgen dem JWS. Der Weg ist nun ein schöner Schotterweg. Sie gehen geradeaus, überqueren die Badgasse und folgen weiter dem JWS. In der Bahnstraße verlassen Sie den Wienfluss-Weg und folgen dem JWS nach rechts.

Nach 100 m mündet die Bahnstraße in die Hauptstraße, der Sie nach links folgen. Kurz vor dem Kriegerdenkmal überqueren Sie die Hauptstraße und folgen dem JWS in die Herzmanskystraße ❻. Sie kommen vorbei an der Westbahnstation „**Weidlingau**" und es geht weiter entlang des Bachs. Sie kommen vorbei am Bahnhof Purkersdorf Sanatorium (in der Nähe befindet sich die 🛏 Pension Wachter). Sie stoßen später an eine Asphaltstraße – die Wienzeile (↳ links geht es zum 🛏 ✕ Hotel/Restaurant Friedl). Nach ca. 200 m gelangen Sie in die Bahnhofstraße ❼, der Sie nach rechts folgen. Schließlich haben Sie **Purkersdorf** erreicht.

Beim Bahnhof halten Sie sich links und folgen dem JWS entlang der Gleise ins Zentrum des Ortes. Bei der Apotheke folgen Sie dem JWS nach rechts, unterqueren die Eisenbahngleise und gelangen zum Hauptplatz und zur Touristeninformation.

Purkersdorf

ℹ 🛏 ✕ 🛒 BANK ✝ 🚌 🚆

ℹ Stadtgemeindeamt Purkersdorf, Hauptplatz 1, 3002 Purkersdorf, ☏ 022 31/636 01, 💻 www.purkersdorf.at, 🚪 Mo, Mi-Fr 8:00-12:00, Di 8:00-12:00 und 15:00-19:00

♦ Tourismusregion Wienerwald, Hauptplatz 11, 3002 Purkersdorf, ☏ 022 31/621 76, 💻 www.wienerwald.info, 🚪 Mo-Do 9:00-16:00, Fr 9:00-14:00

Hotel/Restaurant Friedl, Wiener Str. 46, 3002 Purkersdorf, fast am Weg, 022 31/634 89-0 und 022 31/638 18-0, hotel-friedl@aon.at, ÜF EZ € 58, DZ € 86

Pension Wachter, Wiener Str. 69, 3002 Purkersdorf, fast am Weg, 022 31/633 86, 06 64/505 10 34, ÜF EZ ab € 40

♦ Haus Feuchtl, Berggasse 11, 3002 Purkersdorf, unmittelbar am Beginn des Weges, 06 64/234 62 57, www.haus-feuchtl.at, info@haus-feuchtl.at, ÜF EZ € 80

♦ Suburb Hostel, Linzer Str. 54, 3002 Purkersdorf, der Linzerstraße vom Zentrum weg 800 m in nordwestliche Richtung folgen, 06 60/675 38 76, Ü ab € 15, sehr, sehr einfache Unterkunft, aber auch sehr günstig

Verbindung nach Ried am Riederberg und zu weiteren Orten am folgenden Weg

✞ **St. Jakobus d. Ä./Wallfahrtskirche Maria Purkersdorf, Trösterin der Betrübten**. Die Kirche stammt ursprünglich aus dem Mittelalter. 1529 und 1683 erfolgte die Zerstörung durch die Türken. 1690 wurde die Kirche wieder instand gesetzt. Der gotische Altarraum ist erhalten geblieben, der Rest stammt größtenteils aus dem Jahr 1842. Anbauten und Vergrößerungen wurden auch im beginnenden 20. Jh. vorgenommen.

Gegründet wurde der Ort Purkersdorf als Waldsiedlung etwa um das Jahr 1000. Die erste urkundliche Erwähnung erfolgte 1130. Bald nach Einrichtung des ständigen Postdienstes Wien-Brüssel (1558) avancierte Purkersdorf zur ersten Poststation (Pferdewechsel) östlich von Wien. Heute ist es ein nettes Städtchen, das nicht nur am Jakobsweg liegt, sondern auch am internationalen Marien-Pilgerweg Tschenstochau – Mariazell.

5. Etappe: Von Purkersdorf nach Siegersdorf

25,7 km, 6 Std. 55 Min., ↑ 402 m, ↓ 442 m, ⇧ 193-503 m

0,0 km	⇧ 248 m	Purkersdorf
12,0 km	⇧ 243 m	Ried am Riederberg
14,4 km	⇧ 211 m	Elsbach
17,9 km	⇧ 200 m	Sieghartskirchen
22,7 km	⇧ 196 m	Dietersdorf
25,7 km	⇧ 204 m	Siegersdorf

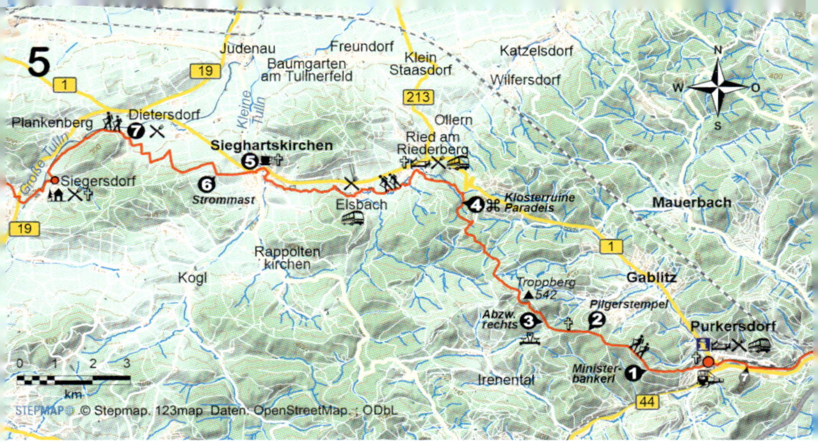

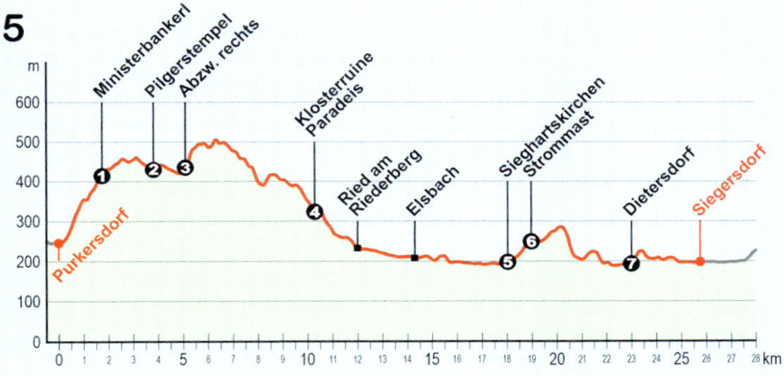

Die heutige Etappe führt von der Wienerwaldstadt Purkersdorf durch die hügelige, mit Laubwald bedeckte Landschaft des wunderschönen Wienerwalds. Wenn Sie auf die Troppbergwarte steigen – was ich Ihnen sehr empfehle – werden Sie einen wunderbaren Ausblick auf den vor Ihnen liegenden Weg der nächsten Tage haben. Ein wenig später kommen Sie zur Klosterruine Paradeis und am Abend werden Sie für die Strapazen des Tages mit einer ganz besonderen Pilgerherberge belohnt. Brechen Sie früh auf, die Etappe ist relativ lang.

Sie starten vor der Jakobskirche am Jakobusplatz und folgen der Kaiser-Franz-Josef-Straße einige Meter nach links und schon sehen Sie schräg gegenüber die ersten Wanderwegweiser. Sie folgen nun der Berggasse leicht bergauf. Ihr nächstes Ziel ist der Troppberg, den Sie nach einer Strecke von etwa 6 km erreichen werden.

Vor der Pension **Feuchtl** führt der JW auf einer Asphaltstraße, die bald in einen Schotterweg übergeht, rechts bergauf. Sie befinden sich nun auf einem Waldweg, was nach der langen Etappe durch den städtischen Bereich sehr wohltuend ist. Sie kreuzen bald eine Forststraße und gehen geradeaus dem JWS folgend weiter. Nach einigen Minuten verlassen Sie den Wald und treffen auf eine Forststraße, der Sie nun folgen.

Ein wenig später mündet diese Forststraße in eine quer verlaufende Straße, an der Sie nach rechts (beim sog. **Ministerbankerl**) ❶ dem JWS folgend weitergehen. Nach etwa 900 m kommen Sie an eine Weggabelung – hier folgen Sie der Forststraße (JWS). Bis zum Troppberg sind es noch etwa 4,4 km.

Nach etwa 600 m auf diesem schönen Naturwanderweg geht es nun geradeaus weiter (JWS). Sie kommen nach weiteren 600 m an eine Weggabelung, bei welcher der JW links in den Wald abzweigt ❷ – übersehen Sie diesen Punkt nicht (hier gibt es auch einen Pilgerstempel). Nach 500 m erreichen Sie das **Rot-Kreuz-Marterl**. Dort queren Sie eine Forststraße und gehen weiter auf dem Weg in den Wald hinein. Nach einigen Minuten sehen Sie ein Hinweisschild zum Bauernladen Hoffmann (06 64/352 09 60, Sa, So 9:00-18:00).

Verpassen Sie nach etwa 200 m nach dem Hinweisschild nicht die Abzweigung rechts in den Wald hinein ❸. Bei der nächsten Weggabelung folgen Sie links der weiß-grün-weißen Markierung. Nach 600 m kommen Sie an eine Kreuzung mit sehr vielen Hinweisschildern.

☺ Sie haben hier die Möglichkeit zur **Troppbergwarte** zu gehen (sie ist nur 5 Min. entfernt). Von der 24 m hohen Plattform hat man einen wunderbaren Ausblick. Nachdem Sie den Aufstieg zur Warte geschafft und den Ausblick genossen haben, kehren Sie zurück zur Kreuzung.

Sie folgen dem JW in Richtung **Ried am Riederberg** (JWS). Nach 1 km verlassen Sie den Wald und gehen entlang des Waldrands auf einer Traktorspur. Der Weg führt leicht bergab und schon bald sehen Sie das nächste JWS. Sie gehen nun über ein Feld, queren eine Traktorspur und sehen an einem Baum den

Wegweiser nach Ried. Der Weg ist hier etwas schwer auszumachen. Nach ein paar Minuten müssen Sie scharf nach links abbiegen (ist nicht zu übersehen). Sie gehen zum Bach hinunter und auf der anderen Seite gleich wieder hinauf.

Sie verlassen den Wald und kommen an eine Schotterstraße, der Sie nach rechts etwa 200 m folgen (JWS). Dann führt der Weg bei einer Markierung wieder in den Wald. Bänke laden hier zu einer kurzen Rast ein. Nach etwa 1,2 km gelangen Sie an eine Kreuzung, wenden sich nach links und gehen in Richtung Ried zur **Klosterruine Paradeis** (folgen Sie der weiß-blau-weißen Markierung). Sie erreichen die Klosterruine und einen netten Rastplatz mit einem Trinkbrunnen ❹.

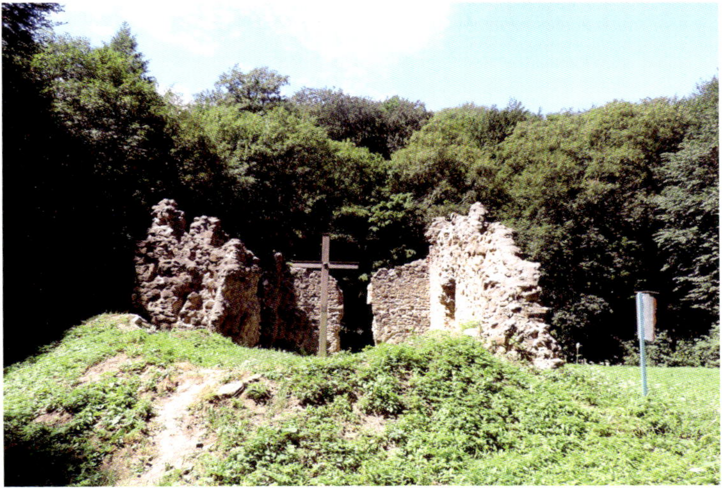

Klosterruine Paradeis

⌘ Die **Klosterruine Paradeis** war früher ein Franziskanerkloster – „ancta Maria in Padadyso (1455-1464 Gründung). 1529 kam es zur Zerstörung durch die Türken. Die zerfallenen Mauern wurden von der Bevölkerung als Baumaterial für ihre Häuser verwendet.

Nach der Ruine kommt eine Abzweigung und Sie gehen hier links (JWS) nach Ried am Riederberg. Nach etwa 1,2 km verlassen Sie den Feldweg, kommen auf eine Asphaltstraße und sehen schon den Kirchturm von Ried.

Ried am Riederberg

Gasthof Schmid, Linzer Str. 11, 3004 Ried am Riederberg, die Kirchenstraße weiter bis zur Linzer Straße (350 m von der Kirche), ☏ 022 71/22 18, ÜF EZ ab € 35, DZ € 55

Verbindung nach Elsbach und zu weiteren Orten am folgenden Weg

Der Weg führt nun weiter über die Ortschaft Elsbach nach **Sieghartskirchen** (5,5 km). Sie gehen nach der Kirche links die Hoffeldstraße entlang (JWS). Ein wenig später endet die Asphaltstraße und der JW zweigt rechts ab. Sie überqueren einen Bach und der JW geht links weiter. Bei einem **gelben Bildstock** wenden Sie sich nach rechts dem JWS folgend. Bei einem Verkehrsspiegel kommt eine Abzweigung nach links, die relativ leicht zu übersehen ist (Bauernhof der Familie Hack).

Sie sind jetzt in Elsbach. Gleich danach überqueren Sie wieder den Bach, dem Sie nach rechts folgen. Nach 100 m kommt eine Abzweigung nach links (Markierung zum Gasthaus Klaghofer in 200 m). Sie queren nochmals eine Brücke und gehen rechts entlang des Elsbachs weiter.

Elsbach

Gasthaus Klaghofer, Wiener Straße 28, 3443 Elsbach, ☞ Wegbeschreibung oben, ☏ 022 71/22 00, Mo, Di, Fr, Sa 8:00-22:00

Verbindung Sieghartskirchen und zu weiteren Orten am folgenden Weg

Nach 600 m kommt erneut eine Brücke, bei der Sie nach links abzweigen (JWS schlecht zu sehen). Sie folgen dem Bach für etwa 1,3 km und gelangen nach Sieghartskirchen. Gleich nach dem Sportplatz zweigt der JW nach links ab und es geht wieder am Elsbach entlang. Sie kommen bei einem Tennisplatz vorbei (JWS) und befinden sich in der Elsbachgasse.

Der markierte Weg geht an der querenden Wassergasse links. Sie gelangen kurz darauf zur Straße Karl Bergerplatz, der Sie nach rechts folgen (kurz darauf rechts befindet sich die Einkehrmöglichkeit Kaffee Konditorei Kadlec).

Hier lohnt es sicher aber, von dem Hauptweg abzuweichen und vor der Brücke rechts ins Zentrum von Sieghartskirchen zu gehen, wo Sie die Möglichkeit haben, sich zu stärken (☺ eine kurze Variante des Hauptweges, die sich aber bezahlt macht).

Um in das Zentrum zu gelangen, gehen Sie also vor der Brücke rechts in die Wassergasse und zweigen nach dem Rathauspark nach links ab. Sie kommen am Rathaus vorbei, halten sich links und gelangen in die Wiener Straße mit Geschäften und Gaststätten. Bei der Einmündung in die Preßbaumerstraße treffen Sie wieder auf den JW, der dann weiter nach Siegersdorf (8 km) führt. An der Linzer Straße kommen Sie zunächst zur **Nepomukstatue** und sehen dann rechts eine **gemauerte Jakobswegmarkierung**. Gleich darauf kommt ein Zebrastreifen, bei welchem Sie die Linzer Straße queren und in die davorliegende Feldgasse (JWS) abbiegen ❺.

Sie sollten vorher beim Jakobswegmonument aber rechts die Stufen rauf zur Pfarrkirche der hl. Margaretha nehmen und dieser schönen Kirche einen Besuch abstatten.

Sieghartskirchen

Gemeindeamt, Wiener Straße 12, 3443 Sieghartskirchen, ☏ 022 74/50 05, www.sieghartskirchen.com, Mo, Di 8:00-12:00, Do 16:00-19:00, Fr 8:00-12:00

Kaffee Konditorei Kadlec, Karl-Berger-Platz 3, 3443 Sieghartskirchen, ☞ Wegbeschreibung oben, ☏ 022 74/69 10, Di-So 7:30-18:00

Verbindung nach Dietersdorf und zu weiteren Orten am folgenden Weg

Nach dem Besuch der Pfarrkirche folgen Sie der Feldgasse und verlassen Sieghartskirchen. Zwischen Feldern geht es nun leicht bergauf. Bei einem markanten Strommast dürfen Sie die Abzweigung nach rechts nicht verpassen (JWS) ❻. Nach ca. 300 m biegen Sie wieder nach links ab (JWS) und nach etwa 1,5 km nochmals nach links. Der JW ist gut markiert, folgen Sie der Beschilderung und ignorieren Sie etwaige nicht markierte Abzweigungen, dann gelangen Sie nach 1 km zu einem **Pfeilerbildstock**, wo auch ein netter Rastplatz ist. Wenn Sie den Weg fortsetzen, sollten Sie nach 300 m nicht die Abzweigung nach links übersehen (JWS).

Bei der darauffolgenden Abzweigung geht es rechts nach Dietersdorf. Hier empfehle ich Ihnen das ✕ **Gasthaus Brandsteidl** als kleinen Zwischenstopp ❼.

Dietersdorf

✕ Gasthaus Brandsteidl, Schlossstr. 9, 3441 Dietersdorf, am Weg, ☏ 022 74/25 32, Getränke, warme Gerichte nur nach Vorbestellung erhältlich, Mo, Di, Do-Sa 8:00-21:00

Verbindung nach Siegersdorf und zu weiteren Orten am folgenden Weg

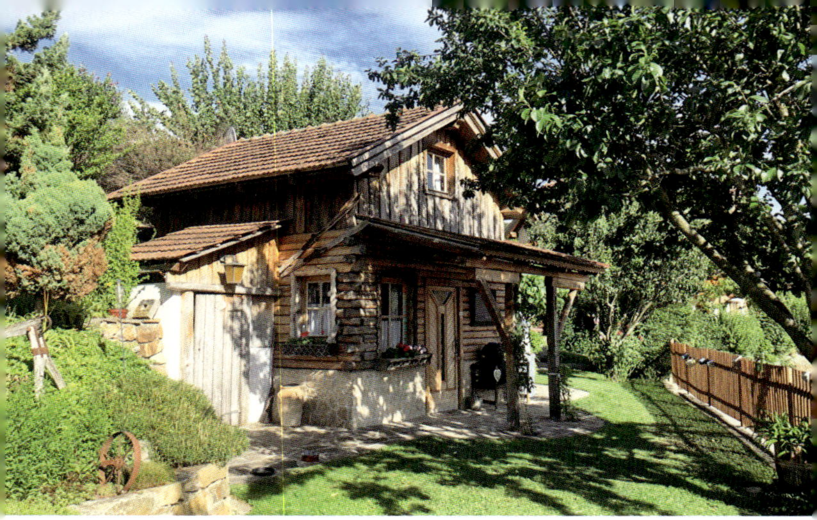

Jakobshütte Siegersdorf

Wenn Sie hier gerade weitergehen, gelangen Sie nach einigen Minuten zur 1848 errichteten, dem hl. Jakob geweihten ✝ **Ortskapelle**.

Über die Lindenhöhe verlassen Sie Dietersdorf. Der Weg führt immer geradeaus weiter, vorbei am Ortsschild von Plankenberg und ein kurzes Stück entlang der Großen Tulln bis zur nächsten Abzweigung nach links. Nach etwa 1 km erreichen Sie eine quer verlaufende Asphaltstraße, biegen links ab und sehen schon das Ortsschild von Siegersdorf.

Siegersdorf

Jakobshütte, Hauptstr. 4, 3041 Siegersdorf, 06 64/820 70 27 oder 06 64/530 08 48 (Gabriela Vogl und Franz Enk). Kurz vor dem Jakobsbrunnen sehen Sie einige Meter unterhalb der Hauptstraße ein kleines Blockhaus. Es wurde in Privatinitiative errichtet und dient als Selbstversorgerhütte für Jakobswegpilgerinnen und -pilger – bis zu 4 Pilgernde finden hier gegen freiwillige Spende Platz. Diese Unterkunft ist wirklich einzigartig.

Restaurant Markthof, Kellergasse 1, 3041 Siegersdorf, der Hauptstraße durch den kleinen Ort folgend, 06 64/815 56 38, www.markthof.at, office@markthof.at, Do 11:00-0:00, Fr, Sa 9:00-0:00, So 11:00-20:00

Verbindung nach Würmla und zu weiteren Orten am folgenden Weg

✝ **Ortskapelle der heiligen Margarethe**. Neubarocker Bau aus dem Jahr 1860

Siegersdorf ist ein hübscher, kleiner Ort. Mit der Jakobshütte finden Sie hier eine sehr gute Übernachtungsmöglichkeit.

6. Etappe: Von Siegersdorf nach Herzogenburg

28,4 km, 7 Std. 10 Min., ↑ 242 m, ↓ 230 m, ⇧ 198-317 m

0,0 km	⇧ 204 m	Siegersdorf
8,6 km	⇧ 226 m	Würmla BANK
14,7 km	⇧ 209 m	Langmannersdorf
25,8 km	⇧ 218 m	St. Andrä
28,4 km	⇧ 228 m	Herzogenburg BANK

Die heutige Etappe führt am Rande des Tullner Beckens entlang bis in das Traisental – ein richtiger Pilgerweg, wie man ihn sich vorstellt, mit sehr netten kleinen Ortschaften. Das ehemalige Kloster St. Andrä wird Sie beeindrucken und am Abend haben Sie die Möglichkeit, in der Pilgerunterkunft im 900 Jahre alten Barockjuwel Stift Herzogenburg zu übernachten – besser geht es fast nicht.

Bildstock „Eiserne Hand"

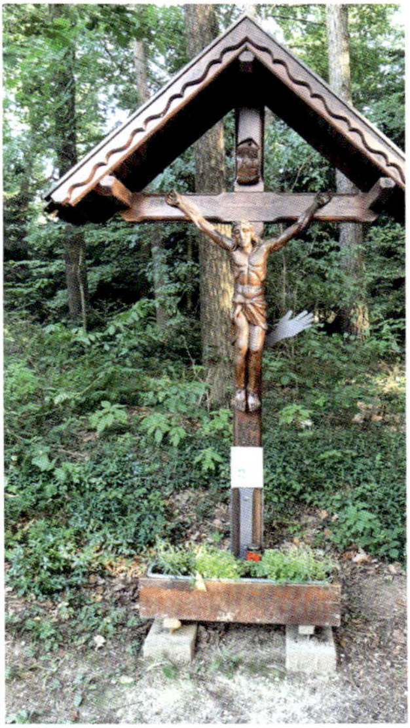

Den netten Ort Siegersdorf verlassen Sie über die Große-Tulln-Straße (bei der Abzweigung im Ort rechts). Vor der Pferdekoppel zweigt der Weg nach rechts ab und führt über die Große Tulln. Gleich nach der Brücke geht es links weiter. Nach einigen Hundert Metern zweigt der JW rechts ab. Sie überqueren die Tullner Straße und setzen den Weg geradeaus fort. Bei der Hauptstraße gehen Sie rechts und dann gleich wieder beim JWS links in die Birkengasse.

Sie können nun entweder durch den schönen Naturerlebnisweg **Landesgarten** spazieren (links neben der Asphaltstraße) oder aber ↳ den Weg in der Birkengasse immer geradeaus fortsetzen. Nach etwa 1,4 km gelangen Sie zu einer Weggabelung, wo die Asphaltstraße in einen Schotterweg übergeht. Der JW geht hier links weiter (das JWS ist hier evtl. leicht zu übersehen). Bald schon führt der hier gut markierte Weg in den Wald hinein. Sie erreichen schließlich an einer Waldlichtung die **Bildeiche** mit einem Bildstock, an dem Sie kurz rasten können ❶. Folgen Sie dem Wegweiser in Richtung Würmla, Ihrem nächsten Ziel. Nach einigen Minuten erreichen Sie den Bildstock „**Eiserne Hand**". (Das Kreuz erinnert an einen Unfall 1814 mit glücklichem Ausgang – ein vollbeladener Wagen überrollte die Hand eines Bauern, der das Kreuz mit der blechernen Hand anbringen ließ.) Von dort sind es noch etwa 3,5 km nach Würmla.

Nach einigen Minuten verlassen Sie den Wald, setzen Ihren Weg zunächst auf einem schönen und gut markierten Feldweg, dann auf einer Asphaltstraße (sie heißt später Am Jakobsweg) fort, bis Sie bald schon die schöne, spätbarocke Landkirche von Würmla sehen. An der Tullner Straße angelangt wenden Sie sich nach links und gelangen kurz darauf in das Ortszentrum von Würmla ❷.

Würmla

Gasthof Burger/Kirchenwirt, Kirchplatz 5, 3042 Würmla, gegenüber der Kirche, ☏ 022 75/82 25, 06 69/18 12 22 65, Gasthof nur Do-So 9:00-14:00, für Pilgernde immer erreichbar, Ü EZ € 42, DZ € 72, F € 6, Kochgelegenheit

Verbindung nach Langmannersdorf und zu weiteren Orten am folgenden Weg

Nachdem Sie Ort und Kirche besichtigt habe, setzen Sie Ihre Etappe zum Stift Göttweig fort. Dazu gehen Sie zurück zur Weggabelung, an welcher Sie nach Würmla gelangt sind, und gehen hier nun geradeaus bis zum Ortsende von Würmla, wo der JW nach links abzweigt. Nach etwa 1,3 km führt der JW links auf einem Kiesweg in ein Wäldchen. Wenig später erreichen Sie wieder eine Asphaltstraße, der Sie nach links folgen. Sie unterqueren bald darauf die Bahngleise der Westbahn. Nach der Unterführung geht der JW zunächst rechts und dann wieder links auf einer Asphaltstraße weiter und Sie befinden sich bald schon vor dem Ortsschild von **Diendorf**. Sie überqueren die Wiener Bundesstraße, halten sich rechts und biegen nach einigen Metern links ab. Ihr nächstes Ziel ist Langmannersdorf in 3,5 km.

Nachdem Sie die Ortschaft Diendorf verlassen haben, erreichen Sie eine Brücke, nach der Sie gleich links auf den Damm abbiegen.

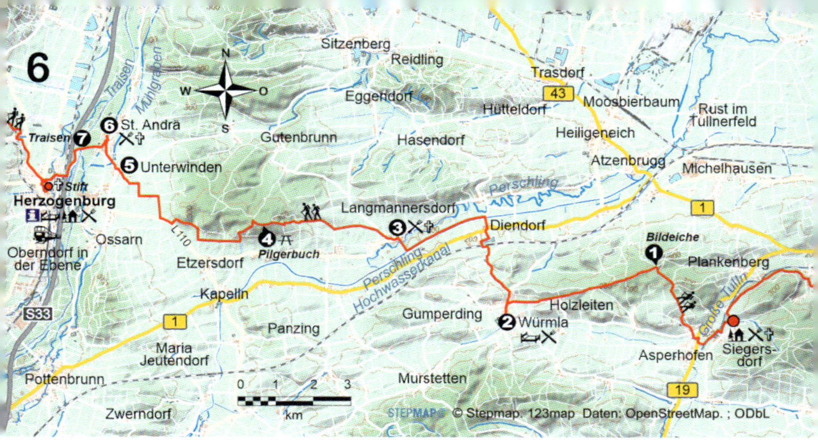

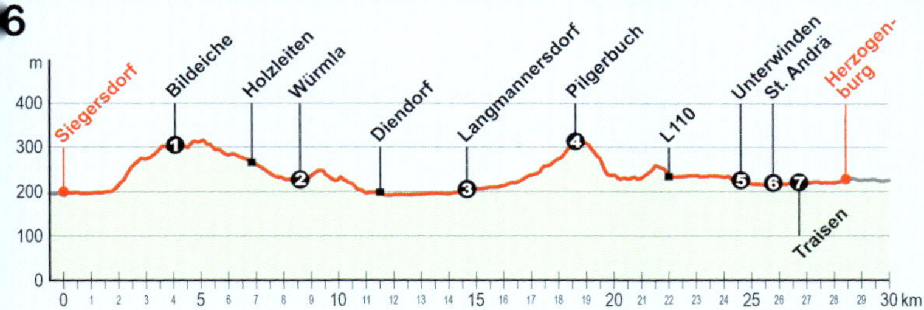

Nach etwa 2,3 km verlassen Sie den **Perschling-Hochwasserkanal** und biegen nach rechts ab. Kurz darauf erreichen Sie die Ortschaft Langmannersdorf. Sie sehen hier die Ortskapelle und einen Jakobsbrunnen, wo Sie Ihre Wasserflasche auffüllen können ❸.

Langmannersdorf

✕ Gastwirtschaft Kern, Dorfplatz 2, 3142 Langmannersdorf, am Dorfplatz gegenüber der Freiwilligen Feuerwehr, ☏ 027 84/22 50, Mi-So 11:30-13:30

Verbindung nach St. Andrä und zu weiteren Orten am folgenden Weg

Links geht es weiter durch den Ort, bis Sie zur Barockstraße gelangen, der Sie nach rechts folgen. Bei einem großen Strommast zweigt der JW nach links in einen asphaltierten Feldweg ab.

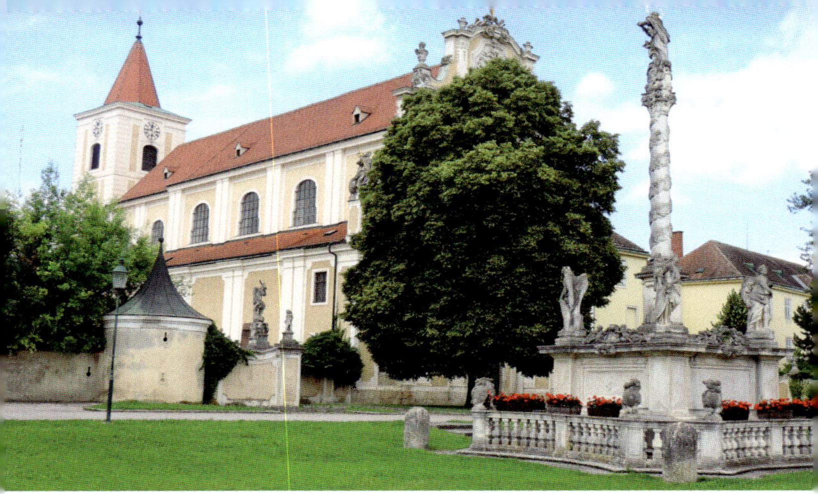

St. Andrä

Sie erreichen eine Kreuzung mit einem Säulenbildstock und einem Wegweiser nach Santiago. Sie folgen dem Weg geradeaus weiter. Entlang von Feld und Flur führt er schließlich geradeaus in ein Wäldchen (das JWS könnte hier verwachsen sein – ansonsten ist der Weg aber gut markiert). Sie finden hier auch einen Rastplatz, wo Sie sich in ein Pilgerbuch eintragen können ❹. Der Waldweg mündet später in eine Forststraße, der Sie nach links folgen, und schließlich gelangen Sie an eine Kreuzung mit JW-Infotafeln. Ihr nächstes Ziel, die Ortschaft **St. Andrä**, ist hier angeschrieben.

Nach einigen Metern zweigt der Weg nach rechts in einen Feldweg ab. Bei einer quer verlaufenden Schotterstraße biegen Sie nach rechts ab und einige Meter später, bei einem Hochstand (das JWS ist leicht zu übersehen), wieder nach links. Der Forstweg gelangt schließlich zur Ortsstraße, an der Sie ein kurzes Stück nach rechts gehen, bis Sie nach etwa 300 m rechts in einen Feldweg abbiegen. Nach etwa 600 m müssen Sie links abzweigen (kein JWS). Die nächste Abzweigung nach rechts ist wieder markiert. Beim nächsten Feld geht es wieder nach links und Sie peilen direkt die Kirche von Herzogenburg an. Ihr nächstes Ziel ist aber St. Andrä, weshalb der JW kurz darauf bei einem Weinkeller nach rechts leicht abfallend abbiegt und Sie in den Katzenbergweg gelangen. Nach Überquerung der Hauptstraße (Barockstraße) durchqueren Sie die kleine Ortschaft **Unterwinden** ❺, überschreiten die Mühlgrabenbrücke und befinden sich am Ortsanfang von St. Andrä an der Traisen und gelangen schließlich zum Kloster St. Andrä ❻.

St. Andrä

Haasis Hexenstüberl, Ortsstraße 26, 3130 Herzogenburg, am Weg, 06 64/114 21 52, Di-Fr 15:30-22:00, Sa 9:00-0:00, So 9:00-20:00

Verbindung nach Herzogenburg und zu weiteren Orten am folgenden Weg

St. Andrä an der Traisen. Die ehemalige Stifts- und heutige Pfarrkirche, geweiht dem hl. Andreas, fand ca. 1091 erstmalig Erwähnung. Die Gründung eines Klosters durch die Augustiner-Chorherren erfolgte 1160. Kloster und Kirche wurden zweimal durch Türkeneinfälle verwüstet (1529 und 1683). Der Wiederaufbau des Klosters und der Neubau der Kirche erfolgten Ende des 17. Jh. Die Aufhebung des Klosterbetriebs fand im Jahr 1783 statt. Besonders sehenswert sind die Deckenfresken von Paul Troger (um 17030/31) sowie die prunkvoll vergoldete Kanzel von Joseph Matthias Götz (1737).

Nach der Besichtigung des ehemaligen Klosters führt der Weg weiter nach Herzogenburg (2,5 km). Sie verlassen St. Andrä über die Birkengasse und gelangen auf den Radweg. Bei einer Brücke überqueren Sie die Traisen ❼ und gehen in Richtung Schnellstraße (nicht an der Traisen entlang). Bei einer Kleingartenanlage unterqueren Sie die Schnellstraße und stehen bald schon vor den Mauern des Stifts Herzogenburg. Vorbei am Stift und entlang des Parkplatzes gelangen Sie zu einem Kreisverkehr. Sie biegen links ab in die Kremser Straße und kurz darauf links in die Kaisergasse, die Sie ins Zentrum von Herzogenburg führt.

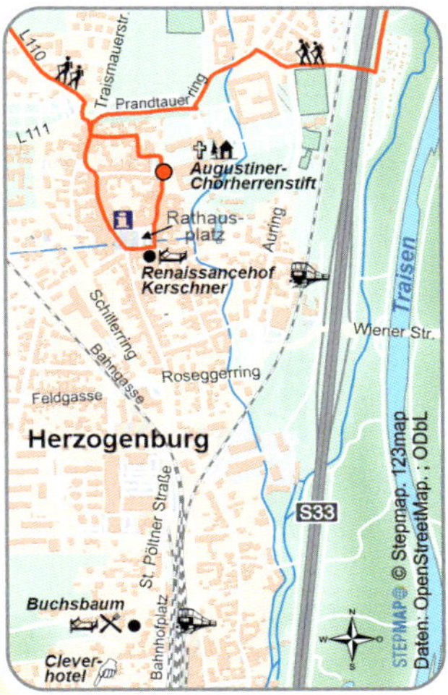

Der schönste und kürzeste Weg in die Stadt geht direkt durch das Stift. Im Innenhof führt eine Türe rechts gleich auf den Kirchenplatz und weiter ins Zentrum der Stadt.

Herzogenburg

Tourismusbüro der Stadtgemeinde, Rathausplatz, 3130 Herzogenburg, 027 82/833 21, www.herzogenburg.at, Mo-Fr 8:00-12:00, Mo auch 13:00-15:45, Mi auch 13:00-18:30

Gasthof Buchsbaum, Bahnhofsplatz 6, 3130 Herzogenburg, etwa 1 km südlich vom Zentrum beim Bahnhof, 027 82/832 77, office@ghbuchsbaum.at, ÜF EZ € 45,60, DZ € 79,20

♦ Cleverhotel GmbH, Hotelstraße 2, 3130 Herzogenburg, 2 km südlich vom Zentrum, 06 64/111 67 11, office@cleverhotel.at, ÜF EZ € 54, DZ € 68, mit Gasthaus Mahlzig (027 82/207 01)

Renaissancehof Kerschner, Rathausplatz 19, 3130 Herzogenburg, zentral, 06 64/151 88 08, renaissancehof@aon.at, ÜF EZ € 46, DZ € 82

Pilgerherberge im Stift Herzogenburg, 3130 Herzogenburg, 027 82/831 12 35, tourismus@stift-herzogenburg.at, sehr zu empfehlen, 8 Betten, Dusche, Aufenthaltsraum, Kühlschrank, Frühstück, Abendessen, am besten am Vortag anrufen, gegen Spende

Verbindung über Krems nach Paudorf und zu weiteren Orten am folgenden Weg

Zug nach St. Pölten und Anschluss Richtung Wien oder Linz, Regionalzug nach Paudorf

✞ **Augustiner-Chorherrenstift Herzogenburg**. Das Stift wurde 1112 gegründet, der heutige Bau wurde 1714 bis 1740 errichtet. Die Stiftskirche St. Georg und Stephan wurde 1743 bis 1785 erbaut.

♦ Besichtigungen Anfang April bis Ende Oktober 11:00, 14:00, 15:30 (Treffpunkt Klosterladen)

⌘ **Bürgerhäuser** am Rathausplatz, v. a. Reither-Haus aus dem Jahr 1550

Herzogenburg wurde wahrscheinlich 764 von Tassilo III. gegründet (sicher aber schon früher besiedelt). Die erste urkundliche Erwähnung kann auf 1014 zurückgeführt werden. 1927 erfolgte die Stadterhebung.

7. Etappe: Von Herzogenburg nach Mautern

21,1 km, 5 Std. 50 Min., ↑ 458 m, ↓ 483 m, ⇧ 202-422 m

0,0 km	⇧ 228 m	Herzogenburg ✞ ⌘
8,3 km	⇧ 399 m	Maria Ellend
11,6 km	⇧ 258 m	Paudorf
15,7 km	⇧ 422 m	Stift Göttweig ✞
21,1 km	⇧ 203 m	Mautern ✞ ⌘

Auf dieser Etappe wandern Sie von einem wunderschönen Stift zum nächsten imposanten Stift, und zwar zum Stift Göttweig, dem österreichischen Montecassino. Der Prälatensteig, der zum Stift hinauf auf den Göttweiger Berg führt, hat es allerdings in sich. Weiter geht es dann durch Weingärten nach Mautern an der Donau. Sie befinden sich im wohl berühmtesten Weinbaugebiet Österreichs – in der Wachau. Die Kulturlandschaft Wachau ist seit 2000 UNESCO-Weltkulturerbe. Genehmigen Sie sich am Abend ein Gläschen – und lassen Sie die Eindrücke des Tages Revue passieren.

Vom Kloster folgen Sie dem Weg zur Kremser Straße, über die Sie Herzogenburg verlassen. Sie überqueren den großen Kreisverkehr, und folgen dem Radweg. Bei einer Abzweigung nach etwa 900 m folgen Sie dem JWS nach links auf einen ansteigenden Asphaltweg, der bald schon in einen Kiesweg mündet, der zwischen Feldern und Weinstöcken durchführt. Vorbei am Stiftsweingut Schelling gelangen Sie in die kleine Ortschaft **Wielandsthal** und folgen dem JWS nach rechts.

Bei der nächsten Abzweigung gehen Sie links in einen asphaltierten Feldweg (das JWS ist leicht zu übersehen). Beim **Ederdinger Kreuz** ❶ zweigt der JW nach rechts in Richtung **Walpersdorf** ab.

Ein Höhepunkt dieser Etappe ist die Stiftskirche in Göttweig

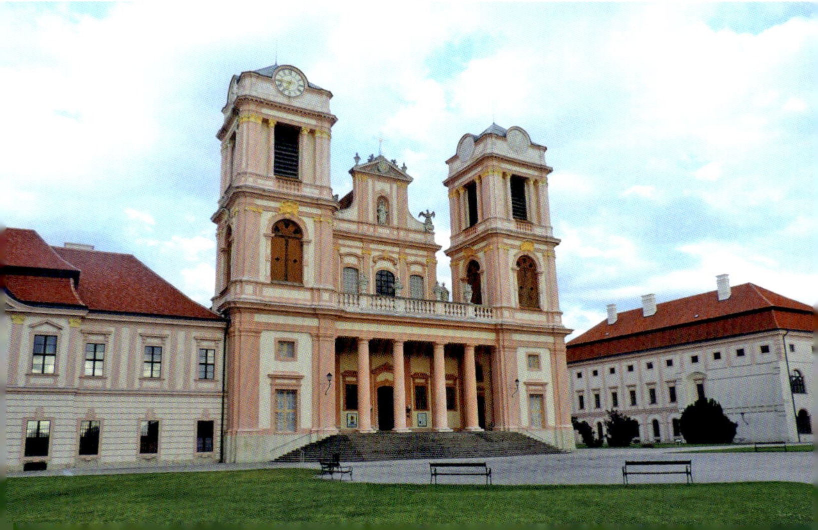

Vor dem Schloss Walpersdorf zweigt der JW nach rechts ab, führt durch den Ponygarten und verlässt das Schlossareal wieder durch das Burgtor. Sie überqueren die Kremser Straße und folgen dem JWS nach links in die Kellergasse. Bei **Anzenberg** biegen Sie links ab und nach Durchschreiten der Ortschaft geht es rechts in den Sonnenweg leicht ansteigend an Weinstöcken vorbei. Beim Bildstock **Rampelkreuz ❷** auf der erreichten Anhöhe setzen Sie Ihren Weg geradeaus fort und erreichen in 2 km die Kapelle **Maria Ellend ❸**. Von dort gehen Sie die Asphaltstraße weiter und kommen gleich am ✕ Gasthaus Zur schönen Aussicht vorbei – die schöne Aussicht ist zutreffend, Sie sehen nämlich von hier schon das prächtige Stift Göttweig.

Maria Ellend

günstige Appartements Michael Fluch, Maria Ellend 2, 3508 Höbenbach, direkt am Weg, 06 76/605 19 78, voralpenblick@osterhaus.at, Ü EZ € 33, DZ € 62, F nur Fr-So im Gasthaus € 8

♦ Appartement zur Eibe, Gabriele Osterhaus, Maria Ellend 3, 3508 Höbenbach, direkt am Weg, office@zur-eibe.at, ÜF € 32, F nur Fr-So im Gasthaus € 8

✕ Gasthaus Osterhaus Zur schönen Aussicht, Maria Ellend 1, 3508 Höbenbach, direkt am Weg, 027 36/73 19, www.osterhaus.at, Mi-So 10:00-23:45

Vorbei an mehreren Bildstöcken geht es nun auf der Asphaltstraße in Richtung Paudorf. Sie folgen der JW-Markierung. Ca. 1,5 km nach Maria Ellend überqueren Sie die Landstraße und zweigen etwa 500 m später nach links ab. Am Ortsanfang von Paudorf angekommen erreichen Sie, beim Bildstock „Umgehendes Kreuz" links gehend, den Hellerhof. Mit Pfarrkirche, zwei Museen und dem Schaugarten ist hier das kulturelle Zentrum der Gemeinden und hier befindet sich auch **die Pilgerherberge Hellerhof ❹**.

Paudorf

Hellerhof, Hellerhofweg 7, 3508 Paudorf, am Ortsanfang, liegt am Weg, 06 64/634 61 76 (Pilgerbruderschaft St. Altmann), Pilgerherberge mit Dusche, Kochplatte, Kühlschrank, gegen freiwillige Spende. Die Bausubstanz des Hellerhofes reicht zurück bis ins 13. Jh. (Kern des Hauptgebäudes und der Kapelle).

✕ Gasthof Robineau (Tankstelle), Kremserstraße 200, 3508 Paudorf, Wegbeschreibung unten, 027 36/67 09 70, www.robineau.com, office@robineau.com, Übernachtungspreise auf Anfrage

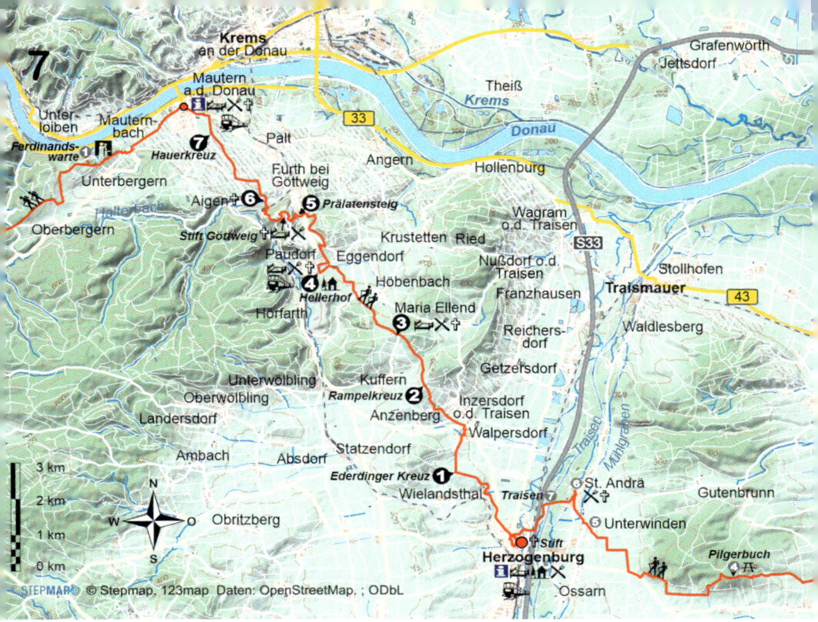

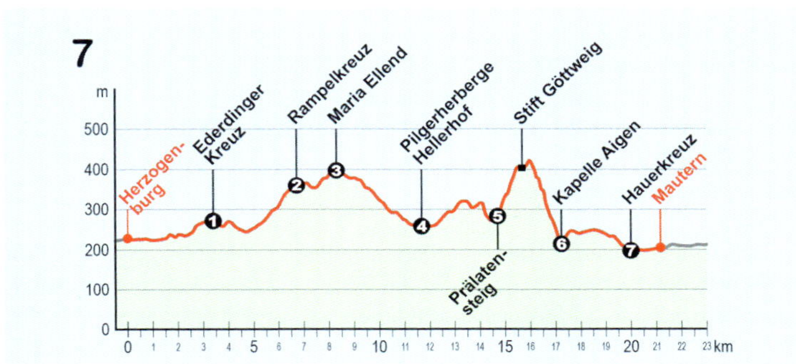

Verbindung nach St. Göttweig

Verbindung nach Mautern und zu weiteren Orten am folgenden Weg

Weiter geht es vom Hellerhof den Hellerhofweg entlang bis zur querenden Eggendorferstraße.

↳ Wenn Sie hier links weiter bis zur Kremserstraße gehen (380 m) und hier nochmals links der Kremserstraße folgen (300 m), gelangen Sie zur Übernachtungsmöglichkeit Gasthof Robineau.

Sie folgen der Eggendorferstraße 300 m nach rechts. Dann biegen Sie links ab und setzen Ihren Weg zum Stift Göttweig im Eggendorfer Kellergraben leicht ansteigend fort. Bei einem Bildstock treffen Sie auf die Landstraße, überqueren diese und gehen dem JWS folgend auf einer Traktorspur, die neben der Straße beginnt, leicht ansteigend bergauf. Bei der ersten Weggabelung gehen Sie geradeaus weiter (das JWS könnte verwachsen sein). Auf einem schmalen Wiesen-Wald-Weg geht es nun weiter. Die Abzweigungen nach rechts beachten Sie nicht. Sie kommen aus dem Wald heraus und gehen entlang einer Marillenplantage, an deren Ende das JWS nach links zeigt. Sie gelangen wieder zur Landstraße, unterqueren diese und gehen geradeaus auf das Stift Göttweig zu. Um es zu erreichen, müssen Sie aber noch den Berg erklimmen. Sie gelangen an die Landstraße und wenden sich dort nach links und gleich darauf bei der **Panholzsiedlung** wieder nach rechts. Am Ende der Siedlung sehen Sie links einen Schotterweg mit dem JWS. Nun geht es auf dem **Prälatensteig** ❺ steil bergauf durch den Wald, bis Sie zum Stift Göttweig gelangen.

Stift Göttweig

Stift Göttweig, Stift Göttweig 1, 3511 Furth bei Göttweig, ☏ 027 32/85 58 10, www.stiftgoettweig.at, Pilgerzimmer ÜF EZ € 51,50

Stiftsrestaurant, Stift Göttweig 1, 3511 Furth bei Göttweig, ☏ 027 32/85 58 12 25, tgl. 10:00-18:00

Verbindung nach Mautern

Stift Göttweig wurde 1083 vom Passauer Bischof Altmann gegründet. Seit 1094 beten und arbeiten Benediktiner am Göttweiger Berg. Während im Mittelalter selten mehr als 25 Mönche im Stift arbeiteten, so sind es heute 40 Mönche, die zurzeit mehr als 30 Pfarren in den Diözesen Wien und St. Pölten betreuen.

Am Ende des großen Parkplatzes von Stift Göttweig starten Sie zum letzten Teil dieser Etappe. Der nächste Ort, den Sie erreichen werden, ist Mautern. Sie folgen der Markierung durch den Wald bergab. Zu Beginn ist der Weg leicht felsig. Achten Sie auf die JW-Markierung und auf die gelb-weiß-gelbe Markierung.

Wenn Sie wieder in der Ebene angekommen sind, unterqueren Sie zunächst die Gleise der Eisenbahn und gehen geradeaus auf einem Wiesenweg weiter.

Vorbei an der **Kapelle Aigen ❻** gelangen Sie zur **Terschmühle** und überqueren den Bach. Der Weg führt nun in die Aignerstraße und bei einer Statue biegen Sie in den Güterweg Gottschelle ab. Eine gepflasterte Straße geht es zunächst bergauf und dann den Zellergraben hinab. Bei einer quer verlaufenden Asphaltstraße zweigen Sie nach rechts ab. Nach etwa 600 m gehen Sie vor einer Kurve links weiter den Kellerweg entlang (nicht in den Katzengraben). Einige Minuten später führt der Weg am **Hauerkreuz ❼** rechts vorbei. Zwischen Weinrieden und Feldern führt der Weg bergab nach Mautern. Vorbei an der Raabkaserne und dem Kreisverkehr (mit Jakobsweginformation) folgen Sie der Sankt Pöltner Straße bis ins Zentrum von Mautern.

Mautern

Gemeindeamt Mautern, Rathausplatz 1, 3512 Mautern, ☏ 027 32/831 51, www.mautern.at, Mo-Fr 8:00-12:00, Di zusätzlich 13:00-18:00

Gasthof Zum grünen Baum, Rathausplatz 2, 3512 Mautern, am Weg, 06 76/440 35 12, ÜF EZ ab € 69

Severinhof, Frauenhofgasse 12, 3512 Mautern, fast am Weg, ☏ 027 32/846 43, 06 64/579 26 49, www.severinhof.at, ÜF ab € 35

♦ Weingut am Römerweg, Mauternbach 11, 3512 Mautern, direkt am Weg, knapp 2 km hinter Mautern-City, ☏ 027 32/728 48, 06 76/351 14 90, www.duerauer.at, ÜF EZ ab € 32

♦ Weingut Jakob, Familie Buchinger, Mauternbach 25, 3512 Mautern, am Weg, ☏ 027 32/750 85, 06 76/951 64 25, www.jakob.wine, office@jakob.wine, ÜF EZ € 82, DZ € 98

♦ Haus Gerlinde, Dietz-Hollensteiner, Mauternbach 30, 3512 Mautern, am Weg, 06 76/351 56 32 und 06 64/111 69 08, ☏ 027 32/862 11, www.hausgerlinde.at, hausgerlinde16@gmail.com, ÜF EZ € 48, DZ € 76

Wirtshaus Hofer, Südtiroler Platz 3, 3512 Mautern, am Weg, 06 64/73 93 11 00, www.wirtshaus-hofer-mautern.at, Fr-Di 9:00-20:00, Mi ab 13:00

Verbindung nach Maria Langegg

Verbindung nach Aggsbach und zu weiteren Orten am folgenden Weg

✞ barockisierte Kirche **St. Stephan** (Kremser Str.) mit Kreuzweg des Kremser Schmidt

⌘ Sehenswert sind die Bürgerhäuser in der Kirchengasse, der St. Pöltner, der Kremser Straße und der Uferstraße. Zeugen der Römerzeit sind die Reste der römischen Stadtmauern sowie eines Römerturms.

⌘ **Römermuseum Mautern**

♦ Schloßgasse 12, 3512 Mautern, ☏ 027 32/811 55, 💻 www.mautern.at,
Do-Sa 10:00-12:00 und 15:00-17:00, So 10:00-12:00

Bereits die Keltinnen und Kelten siedelten hier. Im 1. Jh. errichteten die Römer das Legionslager Favianis. Gegen Ende des 5. Jh. wirkte (und starb) St. Severin (Missionar, Klostergründer) in Mautern. Heute bestimmen Weinbau (Mautern markiert mit Krems den östlichen Beginn der Wachau) und Tourismus das Geschehen. Neben Carnuntum ist es sicher die am besten dokumentierte Römersiedlung Österreichs.

8. Etappe: Von Mautern nach Aggsbach-Dorf

25 km, 7 Std. 15 Min., ↑ 751 m, ↓ 706 m, ⇧ 202-681 m

0,0 km	⇧ 203 m	Mautern
17,7 km	⇧ 509 m	Maria Langegg
25,0 km	⇧ 224 m	Aggsbach-Dorf

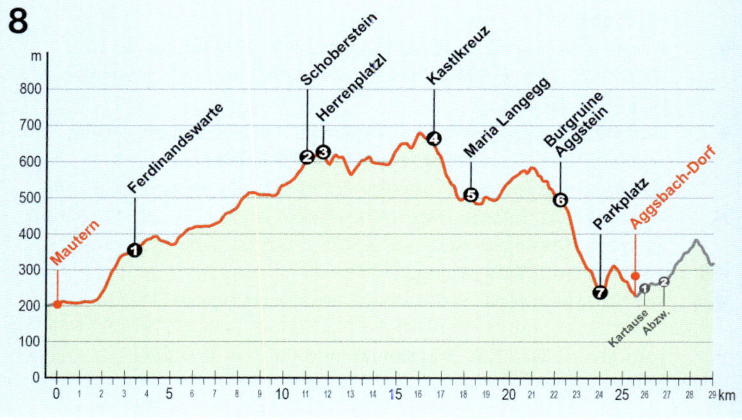

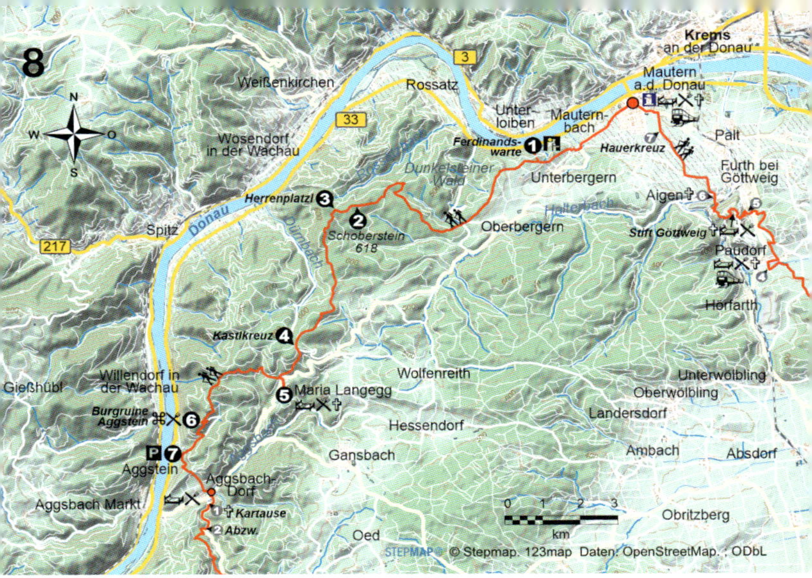

Die heutige Etappe ist etwas für Waldliebhaberinnen und Waldliebhaber. Sie wandern fast den gesamten Weg durch den wunderbaren, dichten Dunkelsteiner Wald. Nehmen Sie sich ausreichend Jause mit – es gibt sehr schöne Plätze zum Verweilen. Maria Langegg wird Sie verzaubern – es handelt sich um einen ganz speziellen, verträumten Wallfahrtsort, scheinbar abgeschieden vom Rest der Welt. Vorbei an der berühmten Ruine Aggstein, geht es hinab zur Donau. Zu Abschluss dieser Etappe erreichen Sie den friedlichen Ort Aggsbach-Dorf mit der Kartause Aggsbach.

Nachdem Sie sich Mautern angesehen haben und dabei vielleicht zur Donau spaziert sind, setzen Sie Ihren Weg nun beim Rathaus fort. Links neben dem Torbogen bei der Melkerstraße geht es weiter. Sie kommen an der Volksschule vorbei und erreichen bald schon das Ortsende von Mautern. Ihr nächstes Ziel ist Maria Langegg. Zunächst gelangen Sie in die Ortschaft **Mauternbach** und zweigen dort am Ortsende bei einer Kapelle nach rechts ab. Auf einem Waldweg geht es zunächst steil bergauf, dann bei einer Abzweigung nach rechts wieder flacher weiter. Folgen Sie der Markierung. Nach dem Wald gelangen Sie auf eine asphaltierte landwirtschaftliche Straße. Sie erreichen eine Abzweigung mit Rastplatz. Der JW geht geradeaus weiter, ↳ nach 300 m geht es rechts es zur **Ferdinandswarte** (5 Min.) ❶. Machen Sie den kurzen Abstecher, die Aussicht über die Wachau lohnt sich.

Wenn Sie keine Lust dazu haben, gehen Sie immer geradeaus weiter und gelangen nach etwa 800 m zum **Dunkelsteiner Wald**. Zunächst folgen Sie noch kurz einer asphaltierten Straße. Sie wandern nun auf einer Forststraße und gelangen zu einer Schranke, die Sie umgehen. Gehen Sie geradeaus weiter, etwaige Abzweigung nach rechts ignorieren Sie, der Weg ist gut beschildert. Etwa 5,5 km nach Eintritt in den Wald kommt eine Abzweigung, wo Sie in Richtung **Schoberstein** weitergehen, den Sie nach 800 m erreichen ❷. Etwa 600 m später kommen Sie ans **Herrenplatzl** ❸. Der JW führt hier in einer Linkskurve bergab. Kurz darauf erreichen Sie eine Abzweigung nach rechts, die nach Maria Langegg führt.

Etwa 2,7 km nach dem Herrenplatzl gelangen Sie zum **Kreuzberg** (597 m). Der JW geht rechts weiter. Nach Maria Langegg sind es noch ca. 4 km. Gleich bei der nächsten Abzweigung gehen Sie links weiter. Nach etwa 800 m erreichen Sie einen kleinen Rastplatz, wo Sie links abzweigen. Es geht nun wieder in den Wald hinein, wobei der Weg etwas verwachsen sein könnte. Am Ende dieses leicht abenteuerlichen Wegstücks erreichen Sie eine Forststraße, der Sie nach rechts folgen. Schließlich erreichen Sie das **Kastlkreuz** ❹. Sie folgen hier der Markierung und gehen die Sandstraße nach links weiter. Kurz darauf sehen Sie ein JWS, das nach rechts führt. Sie gelangen erneut auf einen (recht verwachsenen) Waldpfad, dem Sie etwa 800 m folgen, bis Sie zu einer Asphaltstraße gelangen, der Sie nach links folgen. Sie kommen schließlich zur Landstraße und erreichen Maria Langegg ❺.

Maria Langegg

- e2 Privatzimmer, Eva Exenberger, Maria Langegg 32, 3642 Aggsbach Dorf, im Ort, 06 76/770 03 33, info@e2-privatzimmer.at, ÜF EZ € 80, DZ € 140, Pool
- ♦ YahWeh Roi, Biblische Pilgerherberge, Dieter Beyer, Maria Langegg 2/1, 3642 Aggsbach Dorf, im Ort am Weg, 06 76/445 47 61, office@eu-solar.at, ÜF € 35
- Langegger-Hof, Maria Langegg4, 3642 Aggsbach Dorf, im Ort, 027 53/295, www.langegger-hof.at, Do-So 10:00-19:00
- Verbindung nach Mautern

✞ Die entgegen der Regel von Nord nach Süd ausgerichtete Pfarr- und Wallfahrtskirche (Mariä Geburt bzw. Maria, Heil der Kranken) wurde zwischen 1765 und 1773 errichtet. Die barocke Innenausstattung – hauptsächlich marianischer Stil (v. a. Deckenfresken) – wurde erst 1800 abgeschlossen. Aus Kostengründen wurde von der Gestaltung plastischer Altäre abgesehen, man wählte monumentale malerische Lösungen – in dieser Dimension ziemlich einzigartig und in jedem Fall sehenswert.

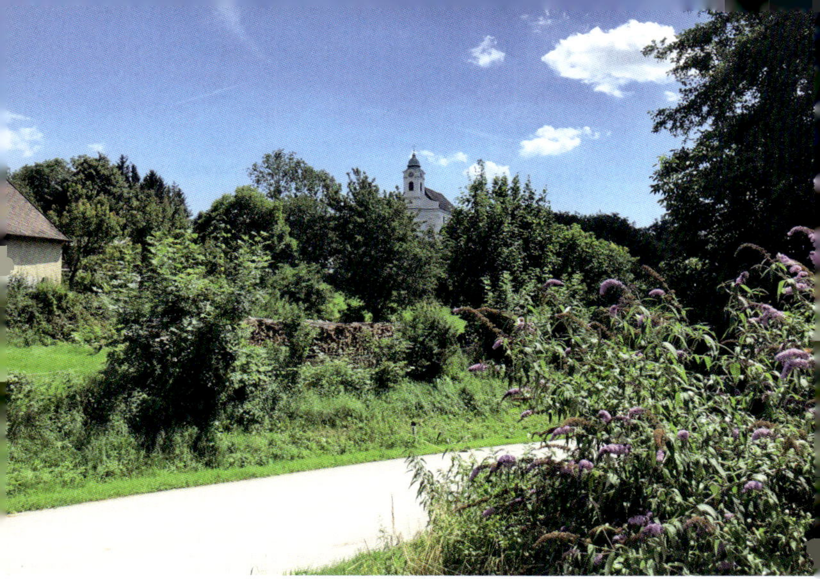

Im Hintergrund die Kirche in Maria Langegg

⌘ Neben der Kirche befindet sich auch ein **Wallfahrtsmuseum**.
♦ Maria Langegg 1, 3642 Aggsbach Dorf, 06 76/410 52 25, museum@maria-langegg.at, nach Voranmeldung

Maria Langegg ist ein beliebter Wallfahrtsort und gleichzeitig eine verborgene Schönheit. Abseits vom Tourismus liegen Wallfahrtskirche und Kloster inmitten der Landschaft des Dunkelsteiner Waldes.

Um 1600 stiftete der salzburgisch-erzbischöfliche Verwalter Matthäus Häring nach der wunderbaren Heilung seines Kindes eine Kapelle und das Gnadenbild. Seit den Zeiten der großen Pestepidemien gilt Maria Langegg als religiöses Zentrum und Zufluchtsort der Kranken und Bedrängten. 330 Jahre lang betreuten die Serviten die Wallfahrenden. Sie errichteten das Kloster und die spätbarocke Wallfahrtskirche Maria, Heil der Kranken. 1974 verließen die Serviten Maria Langegg. Seit 1993 wird das Kloster von der Gemeinschaft der Seligpreisungen betreut.

Nachdem Sie Maria Langegg besichtigt haben, gehen Sie wieder zurück zum Rastplatz an der Landstraße und setzen den Weg zur **Ruine Aggstein** (488 m) auf gut markierten Wegen fort ❻.

⌘ ✗ Die Burgruine **Aggstein** befindet sich auf einem Felssporn in ca. 300 m Höhe über der Donau. Sie wurde zu Beginn des 12. Jh. errichtet, ist während ihres langen Daseins mehrmals abgebrannt und wieder aufgebaut worden. Es gab mehrmalige Besitzerwechsel, heute ist sie in Privatbesitz. Die Burg ist ein Wahrzeichen der Wachau und ein Symbol für Mittelalter und Raubrittertum. Allein wegen des Ausblicks über die Donau bzw. Wachau ist sie einen Besuch wert.

♦ ☏ 027 53/82 28, 💻 www.ruineaggstein.at, der Besuch der Ruine (und somit auch der Gastwirtschaft/Taverne) ist kostenpflichtig, € 7,90, 🚪 März bis Anfang November 9:00-18:00.

Vorbei an der Ruine führt der JW den Hinweisschildern folgend bergab. Nach etwa 1,7 km ist ein Parkplatz erreicht ❼, bei welchem der JW nach links weiter in Richtung Aggsbach-Dorf führt.

Nach etwa 1,3 km sehen Sie ein Hinweisschild, das zum ehemaligen Gasthof Zur Kartause zeigt. Dort zweigt der JW nach links ab und führt auf einem engen Pfad durch den Wald. Ein paar Meter weiter geht es am Schwimmbad vorbei und dann noch über die Aggsbach-Brücke und Sie sind in Aggsbach Dorf angekommen.

Aggsbach-Dorf 🛏 ✗ ⌘

🛏 ✗ Gasthof-Pension Haidn, Hartlweg 5, 3642 Aggsbach Dorf, 500 m westlich von der Aggsbach-Brücke, ☏ 027 53/82 77, 💻 www.pension-haidn.at, ÜF EZ ab € 42, DZ ab € 70

✗ Restaurant Domingo, Badgasse 1, 3642 Aggsbach Dorf, vor der Aggsbach-Brücke der Badgasse 300 m folgen, ☏ 027 53/83 53, 🚪 Mo, Di, Do, Fr 10:00-15:00 und 17:00-23:00, Sa, So 10:00-23:00

🚌 Verbindung nach Melk

⌘ Die **Hammerschmiede – Aggsbach Dorf** (Museum) stammt aus dem 16. Jh., ist funktionstüchtig und einzigartig in Mitteleuropa.

♦ Hauptstraße 24, 3642 Aggsbach Dorf, 📱 06 76/526 86 61, 🚪 auf Anfrage

Aggsbach-Dorf gehört seit 1970 zur Gemeinde Schönbühel-Aggsbach und ist bekannt für die Kartause – ein ehemaliges Kloster der Kartäuser (siehe nächste Etappe).

9. Etappe: Von Aggsbach-Dorf nach Melk

19,9 km, 5 Std. 35 Min., 504 m, 514 m, 208-476 m

0,0 km	224 m	Aggsbach-Dorf
7,6 km	423 m	Gerolding
12,5 km	209 m	Schönbühel
19,9 km	218 m	Melk BANK

Die heutige Etappe führt weiter durch den Dunkelsteiner Wald und zunächst zur Ortschaft Gerolding, die aufgrund ihrer Lage sehr speziell ist (als Wanderin oder Wanderer, der durch tiefe Wälder streift, empfindet man das zumindest so). Später gelangen Sie wieder zurück zur Donau und kommen zum krönenden Abschluss des Tages zum Stift Melk (UNESCO-Weltkulturerbe), das Sie schon von Weitem in der Abendsonne leuchten sehen.

Das nächste Ziel ist Gerolding. Dazu geht es zunächst ein Stück an der Kartausenstraße entlang in Richtung **Ruine Wolfstein**. Nach einigen Minuten gelangen Sie zur **Kartause Aggsbach** ❶. Hier sollten Sie unbedingt eine Pause einlegen.

✞ Die **Kartause Aggsbach** wurde 1380 von Heidenreich von Maissau und seiner Gattin Anna gestiftet. Nach der Kartause Mauerbach (1313) und der Kartause Gaming (1330) war die Kartause Aggsbach die dritte und letzte Ordensniederlassung der Kartäuser in Österreich. 1782 wurde das Kloster geschlossen und ist heute in Privatbesitz. Sofort nach der Abzweigung Wolfstein sehen Sie die Kartause. (Die Kirche Maria Himmelfahrt kann besichtigt werden.)

Der ehemalige Zellentrakt des Kartäuserklosters wurde nach der Aufhebung des Klosters abgetragen. An seiner Stelle entstand ein Meditationsgarten.

Weiter geht es etwa 900 m auf der Kartausenstraße bis zu einem Trafohäuschen, wo Sie rechts abzweigen und auf einem Schotterweg weitergehen ❷. Nach Gerolding sind es ca. 6,3 km. Nach etwa 2 km stößt der Weg wieder auf die Landesstraße, die Sie zuvor verlassen haben. Hier gehen Sie rechts weiter und nach weiteren 1,3 km verlassen Sie die Straße wieder beim Güterweg Raintal, der rechts nach Gerolding abzweigt. Auf dem schönen Waldweg kommen Sie nach etwa 1,3 km zu einem Rastplatz ❸ und gehen geradeaus weiter.

Bei der nächsten Abzweigung mit dem Bildstock gehen Sie links und bald schon sehen Sie das Ortsschild von Gerolding. Von der Heitzingerstraße biegen Sie links in den Weg Am Ried ab und gelangen schließlich zu Kirche ❹, Dorfplatz und Gasthof.

Gerolding

Marchhart/Kirchenwirt, Am Kirchenberg 5, 3392 Gerolding, im Ort, ☏ 027 52/82 00, 06 64/392 98 80, ÜF EZ € 32

♦ Gasthof Hirschenwirt, Nölling 6, 3392 Gerolding, der Straße am Kirchenberg in Richtung Nölling folgen (ca. 300 m ab Kirche), ☏ 027 52/82 08, 06 64/153 99 26, ca. 200 m abseits, ÜF EZ € 48, DZ € 84

Verbindung nach Melk

Von der Kirche gehen Sie zurück und links am Pfarrhof vorbei. Sie kommen vorbei am Gemeindeplatz und folgen der Graf Geroldstraße (einige Meter später heißt sie Hohenwartherstraße). Auf der Hohenwarterstraße (L5355) verlassen Sie Gerolding und gehen auf dem JW in Richtung Melk weiter. Ihr nächstes Ziel ist die Ortschaft Schönbühel an der Donau, die Sie auf dieser Straße nach einer Strecke von etwa 4,5 km erreichen. Auf dem Weg dorthin gibt es in Berging beim Mostheurigen der Familie Bitter (☏ 027 52/829 18, Do-So 15:00-22:00) eine Rastmöglichkeit. Schließlich gelangen Sie am Schloss vorbei nach Schönbühel.

Schönbühel

Marktgemeinde Schönbühel-Aggsbach, Hauptstraße 43, 3394 Aggsbach-Dorf, ☏ 027 52/86 19, www.schoenbuehel.at, Mo-Fr 8:00-12:00

Verbindung nach Melk

Beim modernen Marktplatz von Schönbühel ❺ starten Sie Ihr nächstes Wegstück nach Melk. Sie überqueren die Melker Straße und biegen dann gleich nach dem **Wiesbauerkreuz** rechts in die nur kurze Marterlgasse ab, dann links in die Geroldinger Straße und nach 100 m wieder rechts in die Straße Am Jakobsweg.

Bei der Brücke über den Siecherbach (6,5 km bis Melk) halten Sie sich links. Nach einigen Metern auf der Traktorspur geht es links auf einem Waldpfad steil ansteigend weiter.

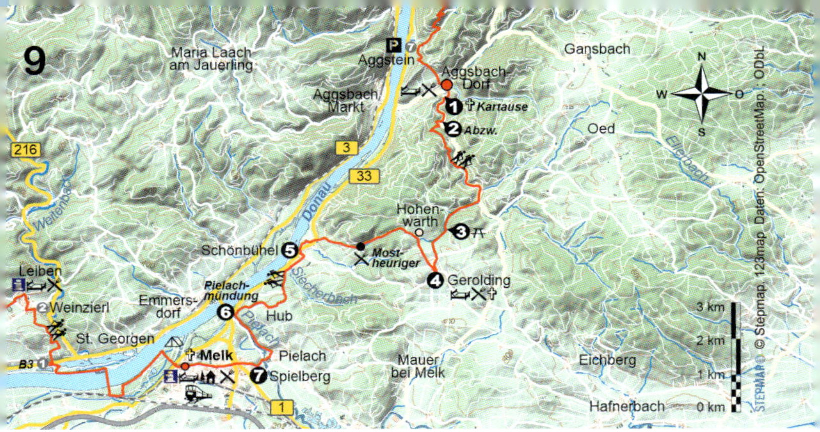

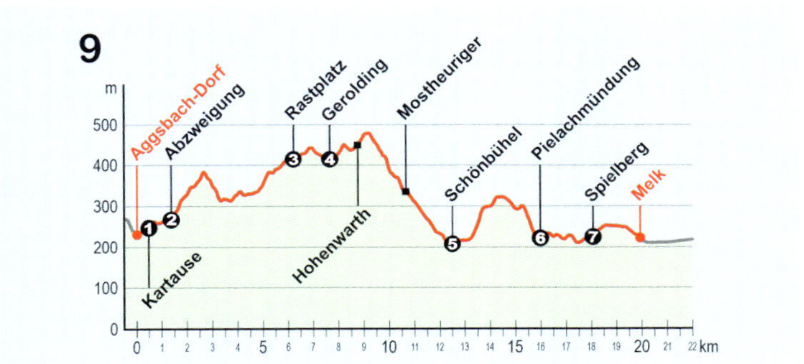

Nach etwa 700 m treffen Sie bei einem Gehöft auf die Landesstraße, der Sie nun folgen. Beim Wegkreuz Hub (304 m) gehen Sie weiter (5,5 km bis Melk). Nach einigen Hundert Metern durchqueren Sie die Ortschaft Hub und haben hier einen wunderbaren Blick auf das Donautal. Es geht zunächst auf einem schönen Feldweg und dann ein kurzes Stück durch den Wald weiter, bis Sie steil bergab die Einmündung der **Pielach** ❻ in die Donau erreichen. Von dort aus folgen Sie der Pielach flussaufwärts, bis Sie in der Ortschaft Pielach die Pilachberger Straße erreichen und dort rechts abbiegen.

Vor dem Musikverein Melk biegen Sie wieder rechts zur Pielach hin ab und überqueren diese. Nach der Brücke geht es links weiter und Sie sind in **Spielberg** angelangt ❼.

Sie durchqueren diese hübsche Ortschaft und kommen zur Landesstraße B1 und zur Landesstraße 3a, die Sie beide beim Zebrastreifen überqueren. Sie haben Melk erreicht und gehen geradeaus auf der Spielberger Straße weiter. Bei der einmündenden Wiener Straße gehen Sie weiter geradeaus, haben hier aber auch die Möglichkeit, ↳ in die Himmelreichstraße zur Jugendherberge Junges Hotel Melk abzuzweigen oder ↳ links zurück in die Wiener Straße zum Gästehaus Hubert Horak. Gehen Sie auf dem Hauptweg weiter, so haben Sie bald schon das beeindruckende Stift Melk vor sich und gelangen in das alte Zentrum von Melk.

↳ Vom Rathausplatz führt über die Sechsergasse auf „goldenen" Pflastersteinen ein Weg zum Stift hinauf.

Melk

- Wachau Info-Center Melk, Kremser Straße 5, 3390 Melk, ☏ 027 52/511 60, melk@donau.com, Mai bis September Mo-Fr 9:30-18:00, Sa 9:30-17:00, So 9:30-15:30
- Pension Weißes Lamm, Linzer Str. 7, 3390 Melk, nahe Hauptplatz, 06 64/231 52 97, pension.weisses.lamm@hotmail.com ÜF EZ € 46, DZ € 80
- ♦ Pension Medelicke, Linzer Str. 18a, 3390 Melk, nahe Hauptplatz, ☏ 027 52/512 20, www.pensicn-medelicke.at, pension.medelicke@gmail.com, ÜF ab € 39, DZ ab € 58
- ♦ Haus Nibelungenlied, Kremser Str. 6, 3390 Melk, in der Nähe vom Info-Center, 06 76/504 76 70, berger8@gmx.at, ÜF EZ ab € 39, DZ ab € 78
- ♦ Gästehaus Hubert Horak, Wiener Str. 82, 3390 Melk, Ortsanfang (☞ Wegbeschreibung oben), 06 76/748 60 06, tischlerei.horak@kabsi.at, Privatzimmer, Ü EZ € 44, DZ € 66
- Gästehaus Stift Melk, Abt-Berthold-Dietmayr-Straße 1, 3390 Melk, wegen Ü und Preisen im Stift anfragen bei Gastpater Andreas Janisch, gastpater@stift-melk.at
- ♦ Junges Hotel Melk (Jugendherberge), Abt-Karl-Straße 42, 3390 Melk, 1 km abseits (☞ Wegbeschreibung oben), aber günstig, ☏ 027 52/526 81, www.melk.noejhw.at, ÜF Mehrbettzimmer € 29, EZ € 41
- Campingplatz Melk, Kolomaniau 3, 3390 Melk, an der Donau (☞ Wegbeschreibung unten), 06 76/84 47 15 65 40, Ü ab € 11,50
- Busverbindung nach Leiben
- Zugverbindung nach St. Pölten mit Anschluss Richtung Wien oder Linz

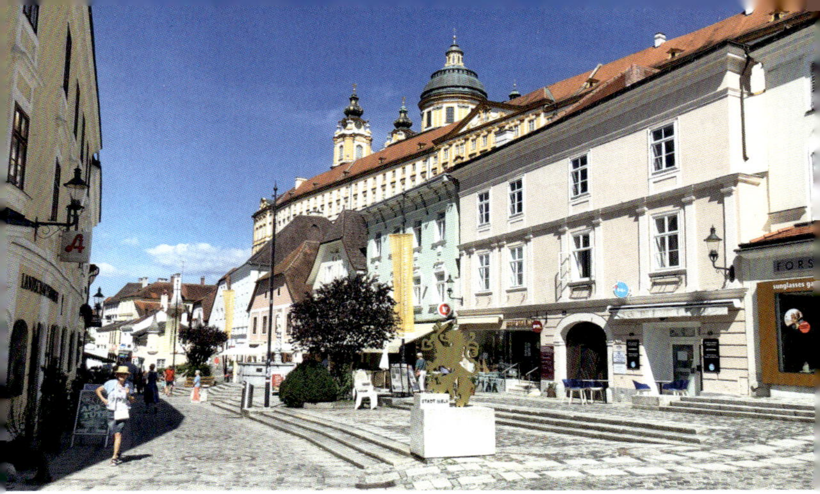

Melk

✝ Das über der Stadt auf einem Felsen thronende **Stift Melk** wurde als Babenberger-Festung erbaut und 1089 in ein Kloster (Benediktiner) umgewandelt. Der heutige Bau wurde zwischen 1702 und 1736 von Jakob Prandtauer errichtet und ist der bedeutendste Barockbau Mitteleuropas. Architektonischer wie künstlerischer Höhepunkt ist die Stiftskirche St. Petrus u. Paulus. „Ut in omnibus glorificetur deus" (= „damit in allem Gott verherrlicht werde", 1. Petrus 4,11) – auf keine Kirche Österreichs trifft dies deutlicher zu.

Zusätzlich zum Stift ist besonders der Stiftspark interessant, der noch im 18. Jh. als Wein- und Obstgarten genutzt wurde. Später wurde der Park nach dem damals vorherrschenden paradiesischen Vorbild in einen barocken Garten umgestaltet. Ein besonderer Blickfang im Stiftspark ist der barocke Gartenpavillon.

⌘ Melk – das Tor zur Wachau. Die Altstadt – Kremser Straße, Sterngasse, Hauptplatz, Hauptstraße, Rathausplatz und Wiener Straße – ist ein Freiluftmuseum. Die Kerne der Häuser gehen teilweise auf das 15. Jh. zurück.

Zur Römerzeit lag an der Mündung der Pielach das Kastell Namare. Die erste urkundliche Erwähnung Melks stammt aus dem Jahr 831 („Medilica"). Ab 984 residierte hier der Babenberger Luitpold I. (Melk war bis 1089 „Hauptstadt" Ostarrichis), 1227 erhielt Melk das Marktrecht, 1898 das Stadtrecht.

10. Etappe: Von Melk nach Maria Taferl

19,5 km, 5 Std. 20 Min., ↑ 423 m, ↓ 208 m, ⇧ 207-445 m

0,0 km	⇧ 218 m	Melk
8,6 km	⇧ 286 m	Leiben
14,6 km	⇧ 378 m	Artstetten
19,5 km	⇧ 443 m	Maria Taferl

Die Etappe heute spielt sich zur Abwechslung auf der gegenüberliegenden Donauseite ab. Sie verlassen Melk, kommen vorbei am Schloss Artstetten und genießen hier entweder die Brombeeren (wenn Sie im Spätsommer unterwegs sind) oder den fantastischen Blick auf das Alpenvorland (ganzjährig). Die Etappe endet nach einer schönen Wanderung in Maria Taferl. Die Kirche ist unglaublich beeindruckend und der Ort für eine Übernachtung wunderschön oberhalb der Donau gelegen.

Sie starten im alten Zentrum von Melk beim Kolomanibrunnen und gehen entlang der die Hauptstraße in Richtung Donau, vorbei an den zahlreichen kleinen Geschäften und Gaststätten. Sie überqueren den Hauptplatz und kommen in die Kremser Straße (hier ist auch die Touristeninformation). Sie überqueren die Straße Nibelungenlände/Räcking (B1) beim Zebrastreifen und gehen über die Leopoldbrücke. Rechts geht es gleich darauf zum Campingplatz – Sie gehen hingegen geradeaus weiter in den Auwald hinein und folgen dem JWS. Bei der Schiffsanlegestelle gehen Sie links auf der Uferpromenade weiter. Nach ca. 2 km erreichen Sie das Donau-Kraftwerk Melk, überqueren die Donau und haben hier einen wunderbaren Ausblick zurück auf das Stift Melk.

Am anderen Ende der Brücke halten Sie sich links, gehen durch ein Fußgängertor und folgen dem asphaltierten Treppelweg. Nach ca. 100 m ignorieren Sie die rechts rückwärts abzweigende Straße und bleiben parallel zur Donau. Nach etwa 1 km ignorieren Sie wieder eine rechts abzweigende Straße und gehen geradeaus weiter. Schnell tut sich nun rechts eine große Wiesenfläche auf und am Ende derselben (einige Minuten nach der eben erwähnten rechts abzweigenden Straße) zweigt direkt am Waldrand eine Traktorspur nach rechts ab.

Nachdem man hier abgebogen ist, biegt man (nach einer leichten Rechtskurve des Weges) rechts ab, erreicht einen breiteren Weg und geht auf diesem links zu einer Brücke.

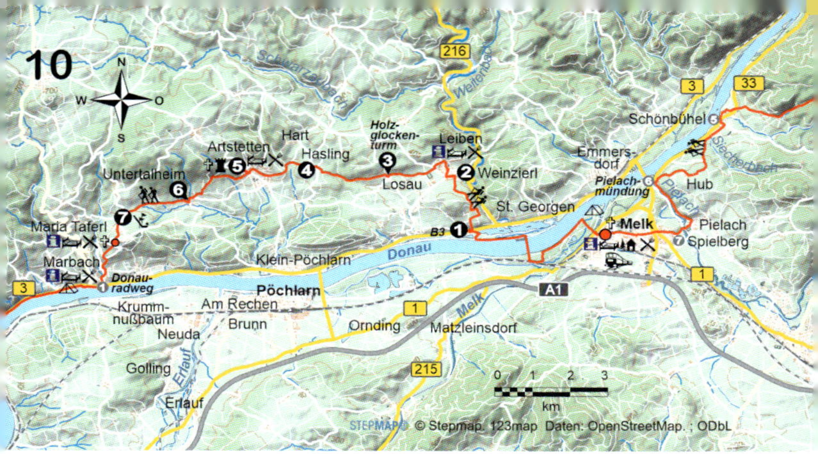

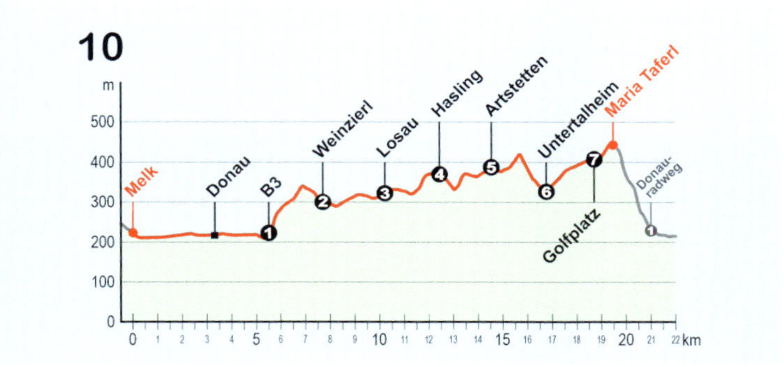

Hier queren Sie das Bächlein bzw. den Altarm und schon stehen Sie an der Landesstraße (ca. 5,5 km ab Melk) ❶. An der anderen Straßenseite sehen Sie ein großes, aus Natursteinen erbautes Gebäude (Weitenegg 8). Sie gehen rechts an diesem vorbei und halten sich an seinem Ende an der quer verlaufenden Straße wieder rechts. Nach etwa 50 m nehmen Sie am Ende des Hauses Nr. 3 die links hinaufführende Stiege, queren nach wenigen Augenblicken die Eisenbahngleise und folgen dann dem in Serpentinen (teils ziemlich steil) ansteigenden Waldweg. Sie erreichen beim Haus Am Henzing 1 eine Asphaltstraße und halten sich auf dieser links. Bereits nach wenigen Metern erreichen Sie wieder eine quer verlaufende Asphaltstraße und halten sich auf dieser rechts.

Sie bleiben nun knapp 2 km auf dieser durch Wiesen und Felder hindurchführenden Asphaltstraße – mal eben, mal leicht ansteigend –, gehen bei der Ortstafel Leiben noch geradeaus weiter und halten sich bei der nach 100 m erreichten Ortstafel Weinzierl links (auch die Straße heißt Weinzierl) ❷.

Beim nach 200 m erreichten Kreisverkehr halten Sie sich rechts in die Betriebsstraße. Nach weiteren 200 m zweigen Sie bei der nächsten quer verlaufenden Asphaltstraße (Hauptstraße) links ab und gelangen nach 300 m in das Zentrum von Leiben.

Leiben

BANK

Marktgemeindeamt, Hauptstraße 34, 3652 Leiben, 027 52/700 42, www.leiben.gv.at, Mo 7:30-12:00 und 15:00-18:00, Di-Fr 7:30-12:00

Gasthof Hochstöger/Zur Traube, Hauptstraße 38, 3652 Leiben, im Ort am Weg, 027 52/712 52, 06 64/253 31 06, office@hochstöger.com, Preis auf Anfrage

Verbindung nach Melk

Auf dem Weg nach Artstetten

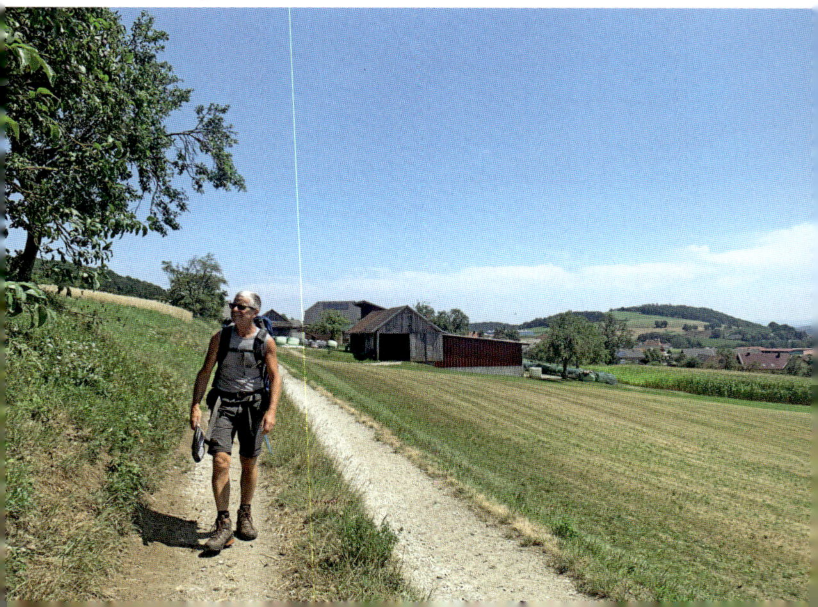

Weiter geht es von Leiben nach Maria Taferl. Sie starten beim Gemeindeamt, folgen der Hauptstraße in eine Linkskurve und gelangen zur quer verlaufenden Fürnbergstraße, gehen links und zweigen gleich wieder nach rechts ab in die Sportplatzstraße. Kurz darauf verlassen Sie Leiben und erreichen nach 1 km die Ortschaft **Losau**. An der Kreuzung mit dem **Holzglockenturm** ❸ (wird täglich geläutet) biegen Sie rechts ab. Auf der Straße **Am Jakobsweg** verlassen Sie Losau und pilgern auf dem Schotterweg nach Maria Taferl. Etwa 1,5 km nach der Ortschaft Losau erreichen Sie eine Abzweigung. Hier führt der Weg zum Bach hinab (nicht geradeaus weitergehen) und könnte etwas verwachsen sein. Bald aber sehen Sie schon wieder ein JWS. Nach etwa 800 m erreichen Sie **Hasling** ❹. Sie durchqueren die kleine Ortschaft und halten sich bei der Abzweigung im Ort links. Es geht nun immer auf dieser Straße weiter, bis Sie nach 1 km nach Artstetten gelangen. Bald schon erreichen Sie die Kirche und das Schloss Artstetten ❺.

Artstetten

Gemeindeamt, Schlossstraße 1, 3661 Artstetten-Pöbring, ☏ 074 13/82 35, www.artstetten.at, Mo-Fr 8:00-12:00

Schlossgasthof, Schlossstr. 2, 3661 Artstetten-Pöbring, im Ort am Weg, ☏ 074 13/83 03, www.schlossgasthof.at, office@schlossgasthof.at, Übernachtungspreis auf Anfrage

Familie Temper – Ferienhaus, Am Jakobsweg 8, 3661 Artstetten-Pöbring, kurz vor Ortsanfang am Weg, 06 64/73 90 13 03, www.privatzugast.at/ferienhaus-am-jakobsweg, karl.temper@aon.at, Ferienhaus Ü € 70

Verbindung nach Maria Taferl

✝ **Pfarrkirche St. Jakob**. Ursprünglich war die Kirche eine baulich vom Schloss getrennte Kapelle. Ab 1691 wurde der gotische Baukern umgestaltet, das Schiff an der Westseite mit dem Schloss verbunden sowie die gesamte Kirche barockisiert. Die heutige Einrichtung geht großteils auf Sammelobjekte Erzherzog Franz Ferdinands zurück.

Schloss Artstetten. Das Schloss wurde erstmals 1263 erwähnt. Im Laufe der Zeit, aber vor allem im 16. Jh. wurden mehrere Umgestaltungen vorgenommen. 1823 wurde Schloss Artstetten von den Habsburgern erworben. Es folgten weitere Umbauten ab 1869 unter Erzherzog Franz Ferdinand.

Hier befindet sich auch die letzte Ruhestätte von ihm und seiner Gemahlin Sophie (gestorben beim Attentat von Sarajevo 1914).

♦ Schlossplatz 1, 3661 Artstetten, ☏ 074 13/80 06, www.schloss-artstetten.at, April bis November tgl. 10:00-16:30

Von der Kirche Artstetten geht es entlang des Schlossgartens weiter und es folgen einige Bankerl zum Verweilen. Nach etwa 4,5 km haben Sie dann Maria Taferl erreicht.

Auf dem Weg dorthin kommen Sie in die Ortschaft Untertalheim ❻ und später vorbei am Golfplatz Wachau ❼. Der Weg nach Maria Taferl ist sehr gut markiert.

Maria Taferl

Markgemeindeamt, Maria Taferl 35, 3672 Maria Taferl, ☏ 074 13/70 40, www.mariataferl.at, Mo-Fr 8:00-12:00, Do zusätzlich 13:00-16:00

Goldener Löwe, Maria Taferl 6, 3672 Maria Taferl, unmittelbar neben der Basilika, ☏ 074 13/340, www.freyswirtshaus.at, info@freyswirtshaus.at, Pilgerwirtshaus, ÜF EZ ab € 42, DZ € 84

Haus Regina, Frühstückspension, Maria Taferl 42, 3672 Maria Taferl, im Ort, ☏ 074 13/266, 06 64/213 32 36, www.hausregina.at, info@hausregina.at, ÜF EZ € 50, DZ € 85

Café Maria Theresia, Maria Taferl 9, 3672 Maria Taferl, im Ortszentrum, ☏ 074 13/70 33, cafe-maria-theresia@gmx.at, Di-Sa 10:00-20:00, So 9:00-20:00

Verbindung nach Marbach

✞ **Wallfahrtsbasilika Zur Schmerzhaften Muttergottes.** Dieser Wallfahrtsort zeichnet sich durch einige erstaunliche Außergewöhnlichkeiten aus. In erster Linie ist hier die Tatsache zu nennen, dass die penibel zur Zeit des Geschehens aufgezeichnete Gründungsgeschichte heute noch in den Archiven Maria Taferls, St. Pöltens und Passaus im Original nachzulesen ist. Selbst der „heidnische" Vorläufer – ein keltischer Kultstein – kann noch neben der Kirche besichtigt werden. Um diesem ein christliches Gegengewicht zu geben, wurde inmitten des damaligen Föhrenwaldes an einer neben dem Stein befindlichen, verdorrten Eiche ein Kreuz auf einem Holzbrett (ein Taferl) befestigt. Am 14.1.1633 wollte der Viehhirte Thomas Pachmann die Eiche irrtümlich fällen, verletzte sich schwer, bemerkte seinen Irrtum, betete inbrünstig und wurde wieder geheilt.

Der Krummnussbaumer Ortsvorsteher Alexander Schinagl wurde Mitte der 1640er-Jahre von quälenden Depressionen geheilt, als er sein eigenes, vom Hausaltar stammendes Vesperbild (Pieta-Skulptur, Original des heutigen Gnadenbildes) der schmerzhaften Muttergottes zur selben Eiche brachte.

1651 begann die verdorrte Eiche wieder zu grünen, es kam zu weiteren Wundern (Gebetserhörungen, Heilungen). Zwischen 1658 und 1661 kam es für verschiedene Personen zu 30 Erscheinungen (meist weiß gekleidete Wallfahrer-/Engel-Prozessionen, amtskirchlich noch nicht anerkannt). Die ganze Angelegenheit wurde schließlich von der zuständigen Diözese Passau untersucht und es wurde beschlossen, eine große Wallfahrtskirche zu errichten; aus selbem Jahr ist auch eine Kapelle urkundlich belegt. Die erste Messe fand bereits 1660 (Fest des hl. Josef) unter der Teilnahme von 1.000 Wallfahrenden statt.

Ungewöhnlich ist die Nord-Süd-Ausrichtung des Bauwerkes (im Gegensatz zur üblichen Ost-West-Achse). Sie rührt daher, dass man von Vornherein auf eine imposante Fernwirkung Wert legte.

Die Bauarbeiten dauerten aufgrund von Pest und Kriegswirren 60 Jahre und wurden während der Hochrenaissance (nurmehr die Sakristei-Ausstattung aus 1661 zeugt davon) vom kaiserlichen Architekten Georg Gerstenberg aus Wien (die Basilika ist sein Hauptwerk) begonnen und erst im Hochbarock vom größten österreichischen Barockbaumeister Jakob Prandtauer aus Stanz/Tirol beendet (dieser zeichnet v. a. für die von außen nicht sichtbare Kuppel verantwortlich). Die Mittel für den Bau wurden von Wallfahrenden aufgebracht.

Die Gewölbefreskierung wurde von Antonio Beduzzi aus Prag zwischen 1713 und 1718 durchgeführt und ersetzte die ursprüngliche Stuckausstattung. Der praktisch von jedem Punkt im Inneren zu sehende Hochaltar stammt aus dem Jahr 1734 und wurde von Johann Michael Prunner realisiert. Die Gemälde der Seitenaltäre in den Querschiffen stammen von 1775 vom „Kremser Schmidt“. Die beeindruckende vergoldete Kanzel stammt aus dem Jahr 1727 vom M. Tempe, sein Vorbild war die 1721 in Wien geschaffene Kanzel des Passauer Domes. 1947 erfolgte die spirituelle Erhöhung zur Basilika (minor) durch Papst Pius XII.

Letztendlich ist noch die fantastische Aussicht auf die Donau und über das Mostviertel/Alpenvorland zu erwähnen.

♦ Info bzw. Anmeldungen für Führungen, ☏ 074 13/278, 💻 www.basilika.at

Maria Taferl ist der wichtigste Wallfahrtsort in Niederösterreich. Der herrliche Ausblick auf die Donau und die umliegenden Berge sowie die beeindruckende Basilika sind wirklich etwas Besonderes.

11. Etappe: Von Maria Taferl nach Neustadtl

28,6 km, 7 Std. 50 Min. 619 m, 561 m, 216-570 m

0,0 km	443 m	Maria Taferl
1,7 km	216 m	Marbach
6,8 km	223 m	Gottsdorf
9,3 km	224 m	Persenbeug
28,6 km	505 m	Neustadtl

Die heutige Etappe ist relative lang, aber es wird nie langweilig, denn es tut sich einiges auf diesem Weg. Zunächst geht's einmal hinab zur Donau und auf dem Donauradweg weiter. Dort wo die Donau dann eine Schlinge macht, nehmen Sie zwischen Gottsdorf und Persenbeug eine Abkürzung. Auf der anderen Donauseite pilgern Sie auf stillen Wegen und Forststraßen und kommen an den Fuß des Hengstberges. Über die Hochfläche der Neustadtler Platte, einem Ausläufer der über die Donau reichenden Böhmischen Masse, erreichen Sie die Ortschaft Neustadtl mit ihrer Jakobsstatue und Kirche. Neustadtl ist einer meiner Lieblingsorte auf dem Jakobsweg in Österreich. Wer hier lebt, darf sich wirklich glücklich schätzen – Sie werden sehen.

Nachdem Sie die wunderschöne Wallfahrtsbasilika besichtigt haben, geht es nun hinab nach Marbach (2 km). Direkt vom Kirchenplatz führt der Weg die Treppen hinab zum **Landesehrenmal** und dann weiter auf dem Bußweg nach Marbach an der Donau.

Marbach

Markgemeindeamt, Marktstraße 28, 3671 Marbach an der Donau, 074 13/70 45, www.marbach-donau.at, Mo-Do 8:00-12:00 und 13:00-15:00, Fr 8:00-12:00

Landgasthof Zur schönen Wienerin, Marktstraße 1, 3671 Marbach an der Donau, im Ort, 074 13/70 77, www.wienerin.co.at, ÜF EZ € 70, DZ € 104

Frühstückspension Familie Loidhold, Marktstraße 40, 3671 Marbach an der Donau, im Ort, 074 13/342, pensionloidhold@aon.at, ÜF EZ € 35, DZ € 66

Camping Marbach, Campingweg 2, 3671 Marbach an der Donau, am Weg, etwa 1 km nach Erreichen des Donauradwegs, 074 12/207 33, Ü € 17,70

Verbindung nach Gottsdorf

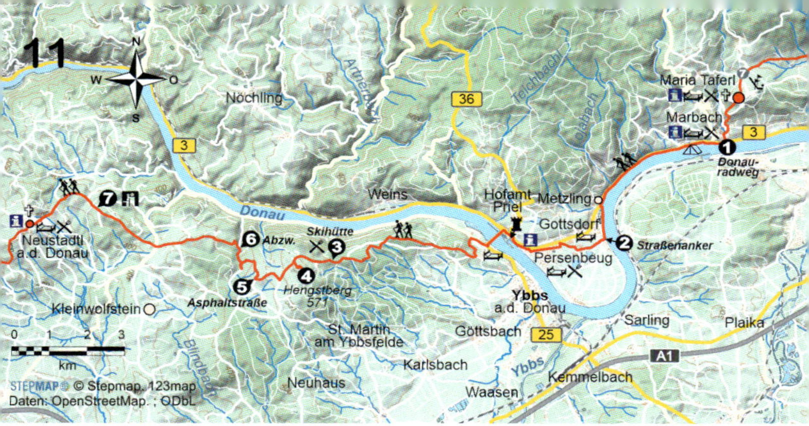

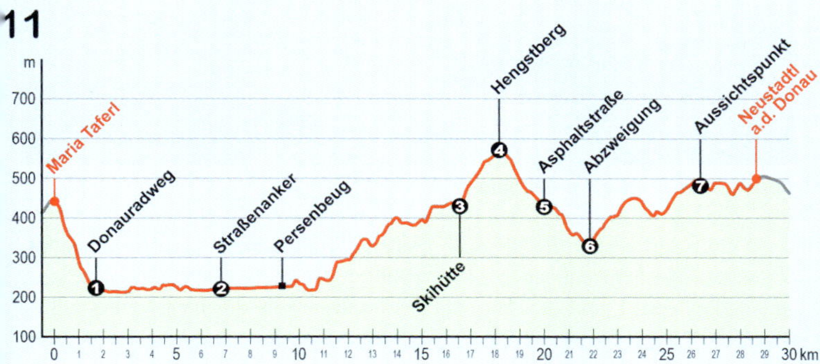

Von Marbach aus folgen Sie dem Donauradweg der Donau aufwärts ❶. Nach etwa 4 km kommen Sie in die Ortschaft Metzling. Hier zweigt der JW von der Straße ab und führt zum Treppelweg nach Gottsdorf.

Gottsdorf

i Marktgemeindeamt, Rathausplatz 1, 3680 Persenbeug, ☏ 074 12/522 06, www.persenbeug-gottsdorf.gv.at, Mo-Fr 7:00-12:00, Mi auch 13:00-16:00

Anna Köck, Donaustraße 34, 3680 Persenbeug, im Ort, ☏ 074 12/528 43, Preis auf Anfrage

Frühstückspension WieseldeCasa, Gerlinde Wieselmayer, Donaustraße 33, 3680 Persenbeug, am Jakobsweg, 06 64/917 12 52, urlaub@josefwieselmayer.com, ÜF EZ € 48, DZ € 38

Verbindung nach Persenbeug, Ybbs an der Donau Bahnhof

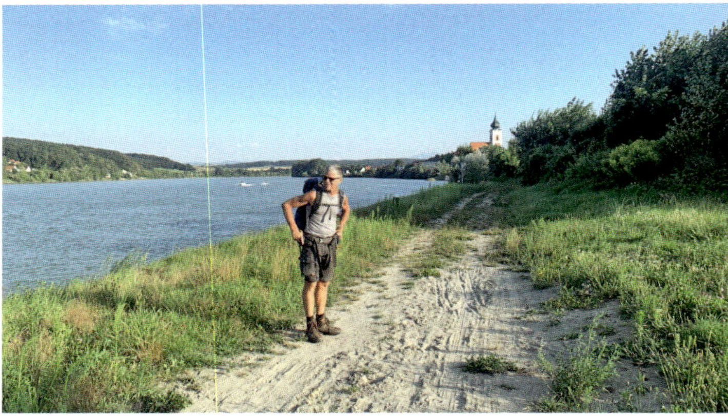

Entlang der Donau bei Gottsdorf

In Gottsdorf zweigt der JW beim großen „**Straßenanker**" nach rechts ab ❷. Nächstes Ziel ist Persenbeug in 2 km. Vorbei an der Kirche und etwas später auch am Friedhof vorbei führt der Weg auf einer Asphaltstraße durch ein kleines Industriegebiet. Folgen Sie dem JWS und verlassen Gottsdorf, so erreichen Sie über einen Feldweg schon wieder die ersten Häuser von Persenbeug. Entlang der Schubertstraße kommen Sie vorbei an der modernen Pfarrkirche mit dem freistehenden Kirchturm und erreichen kurz darauf das Zentrum von Persenbeug.

Persenbeug

BANK

Marktgemeindeamt, Rathausplatz 1, 3680 Persenbeug, 074 12/522 06, www.persenbeug-gottsdorf.gv.at, Mo-Fr 7:00-12:00, Mi auch 13:00-16:00

Gasthof Böhm, Hauptstr. 16, 3680 Persenbeug, im Ort am Weg, 074 12/589 30, www.gasthof-boehm.at, info@gasthof-boehm.at, Ü EZ € 60, DZ € 90, Frühstücksbuffet € 15

Maria Slawitscheck, Nibelungenstraße 62, 3680 Persenbeug, etwas abseits am Ortsbeginn, 074 12/589 55, Preis auf Anfrage

♜ **Schloss Persenbeug** (907 erstmals erwähnt). Es gab häufige Besitzerwechsel durch die Jahrhunderte. 1800 wurde das Schloss von Kaiser Franz I. erworben. Der letzte Kaiser Österreichs – Karl I. – wurde hier am 17.8.1887 geboren. Das Schloss befindet sich nach wie vor in Privatbesitz der Familie Habsburg-Lothringen, eine Besichtigung ist nicht möglich.

Von Persenbeug geht es erneut über die Donau. Sie setzen den Weg beim Rathausplatz fort und gehen entlang der **Schlossstraße** hinauf zum Schloss. Sie folgen dort der Donau Bundesstraße (B3) für 300 m und überqueren auf der **Donaubrücke Persenbeug** die Donau. Gleich nach der Brücke zweigt der JW rechts in Richtung **Neustadtl** ab.

↳ Falls Sie in Ybbs übernachten wollen, gehen Sie jedoch nach links. Der Ort befindet sich am orografisch rechten/südlichen Donauufer. Alle Unterkünfte befinden sich mindestens 2 km abseits. Einzige Ausnahme ist die Unterkunft Wohnen beim Bäcker Weinberger.

🛏 Wohnen beim Bäcker Weinberger, Stauwerkstraße 85, 3680 Persenbeug, 100 m links der Donaubrücke, ☎ 074 12/555 55 15, 💻 www.frischamtisch.com, Ü EZ € 44, DZ € 71, F extra zu bezahlen

Vorbei am Kraftwerksgelände zweigt der JW 500 m nach der Brücke nach links bergauf führend ab (Weitwanderweg 08). Nach 600 m erreichen Sie ein Gehöft (hier sehen Sie das Ortsendeschild von Ybbs) und folgen dort dem JWS nach rechts. Das nächste Ziel ist der **Hengstberg,** den Sie in etwa 3 km erreichen. Der Weg dorthin geht durch den Wald und ist etwas spärlich markiert (achten Sie auf den GPS-Track und auf die Beschreibung). Nach etwa 900 m auf dem Waldweg erreichen Sie die Hengstbergstraße, folgen ihr ein Stück und gehen dann wieder auf einem Waldweg weiter (JWS). Nach etwa 1,2 km mündet der Waldweg in eine Forststraße, der Sie nach links folgen (JWS vorhanden, aber schwer erkennbar).

Nach 200 m überqueren Sie die asphaltierte Hengstbergstraße und gehen geradeaus weiter. Bald mündet der Waldweg in eine quer verlaufende Forststraße, der Sie nach rechts folgen. Bei einem Gehöft führt der JW der Markierung folgend nach links wieder in den Wald. Versäumen Sie es nicht, kurz darauf wieder rechts vom Forstweg der Markierung folgend weiterzugehen (auf einer Traktorspur). Schließlich gelangen Sie wieder auf die Hengstbergstraße und folgen dieser.

Sie kommen vorbei an der ✕ Skihütte Hengstberg, die zu einer Stärkung einlädt (06 76/87 83 51 37, Sa u. So ab 10:00, Do u. Fr ab 16:00) ❸. Einige Zeit später erreichen Sie die Hengstberghöhe und haben hier die Möglichkeit, zum **Hengstbergkreuz** zu gehen. Es ist mitten im Wald gelegen (571 m) und bietet ein hübsches Rastplätzchen (5 Min. Umweg) ❹.

Zurück von diesem ruhigen Platz kommen Sie wieder an die Hengstbergstraße, die nun bergab führt. Nach 700 m verlassen Sie bei einem Gehöft die Asphaltstraße und folgen dem JWS nach rechts. Vorbei an einem **Steinmarterl** geht es geradeaus weiter (die JW-Markierung könnte etwas irritierend sein). Nach einem Gehöft erfolgt eine Abzweigung nach rechts auf eine kurz rücklaufende, asphaltierte Straße ❺, die später bei einem Gehöft durch eine **schöne Toreinfahrt** führt. Sie gehen quer über den Hof und auf einem markierten Feldweg weiter bergab in Richtung Wäldchen. Vorbei am ersten Waldstück sehen Sie auf einem markanten Baum eine rot-weiß-rote Markierung, auf die Sie zugehen. Anschließend gehen Sie auf einer betonierten Traktorspur am Rande eines Feldes bergab. Beim Hochstand gehen Sie wieder in den Wald hinein und erreichen wieder die asphaltierte Hengstbergstraße, auf der Sie nach rechts dem JWS folgend weitergehen.

Nach 500 m und kurz vor einem alten Haus zweigt der JW auf einer Straße links ansteigend ab ❻. Vorbei an mehreren Bildstöcken und einer schönen Aussicht geht es auf der Landstraße weiter. Nach etwa 2,5 km erreichen Sie eine Kreuzung und setzen Ihren Weg geradeaus fort. Nach weiteren 2 km kommen Sie aus einem Waldstück heraus und haben hier schon einen schönen Ausblick auf die Ortschaft Neustadtl an der Donau ❼. Sie folgen einfach der Landstraße, kommen an zwei großen Gehöften vorbei und haben immer Neustadtl im Blick. Ganz kurz vor der Ortschaft erreichen Sie eine T-Kreuzung, an der Sie nach rechts abzweigen. 200 m später biegen Sie links in die Jakobstraße und erreichen so die Pfarrkirche. Neustadtl an der Donau ist ein sehr hübscher Ort und wunderbar auf einer Anhöhe gelegen (allerdings 4 km von der Donau entfernt).

Neustadtl

i Marktgemeindeamt Neustadtl, Marktstr. 16, 3323 Neustadtl an der Donau, ☏ 074 71/22 40, www.neustadtl.at, Mo-Mi, Fr 8:00-12:00, Di auch 14:00-19:00

✕ Gasthof Rosenthaler, Marktstraße 5, 3323 Neustadtl an der Donau, bei der Kirche, ☏ 074 71/27 55, 06 64/444 28 82, ÜF € 30

Christoph Kürner, Marktstr. 11/5, 3323 Neustadtl an der Donau, Ortszentrum, 06 64/99 27 00 34, ÜF € 35

Verbindung nach Kollmitzberg

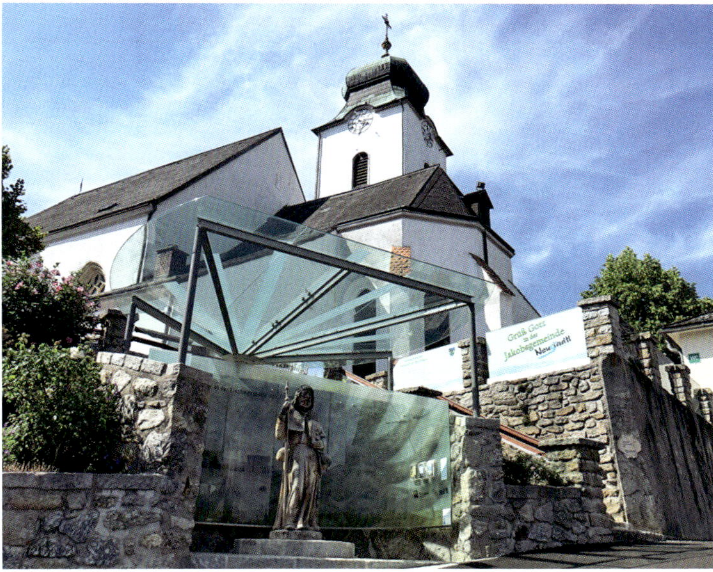

Neustadtl

✝ Spätgotische Kirche **Hl. Jakobus d. Ä.** (15. Jh.). Auffallende Sandsteinskulpturen befinden sich beiderseits des Tabernakels. Zu den Schmuckstücken zählt der Taufstein aus dem 15. Jh., die spätbarocke Muttergottesskulptur (um 1700) und die Kielbogenfenster aus dem Jahr 1508.

⌘ **Georgsäule**. Die 9 m hohe frühbarocke Säule steht am höchsten Punkt der Gemeinde (am Friedhof, um 1664)

⌘ Die **Säule des Marterls** am Marktplatz ist der ehemalige Pranger.

Die erste urkundliche Erwähnung stammt aus dem Jahr 1215 („Niwenstat"/„Neue Stätte"), 1603 bekam der Ort das Marktrecht, seit 1970 ist er eine Großgemeinde. In Neustadtl ist Jakobus in vielen Facetten lebendig. Die hölzerne, mit Glas überdachte Jakobsstatue am Rande des Kirchplatzes stammt aus jüngster Zeit und markiert den Beginn/das Ende des Jakob-Themenweges.

12. Etappe: Von Neustadtl nach Wallsee

25,7 km, 7 Std., 557 m, 744 m, 243-512 m

0,0 km	505 m	Neustadtl
3,9 km	467 m	Kollmitzberg
7,5 km	275 m	Ardagger Stift
13,4 km	286 m	Zeillern
25,7 km	277 m	Wallsee

Die heutige Etappe ist auch wieder eher lang. Jedoch sind die Orte, die Sie hier kennenlernen, alle ganz besonders und unterschiedlich. Kollmitzberg liegt einzigartig auf der Anhöhe – und vor allem mit so schöner Aussicht. Ardagger besticht durch die wunderschöne Kirche. Zeillern ist einfach ein sehr hübscher Ort, den man gerne besucht, und Wallsee liegt an der Donau – was gibt es da mehr zu sagen?

Vorbei an der Kirche von Neustadtl folgen Sie der Marktstraße, verlassen den Ort und gehen nun nach Kollmitzberg (ca. 4 km). Kurz vor dem Ortsendeschild zweigt der JW links ab und führt am Sportplatz vorbei. 700 m nach dieser Abzweigung zweigt der JW vor einem Betriebsgebäude nach rechts in eine landwirtschaftliche Straße ab. 150 m nach dem Reithof gelangen Sie an eine Landstraße, der Sie rechts 1 km bis zu einer quer verlaufenden Landstraße folgen. 800 m später zweigen Sie rechts ab in die Ortschaft Kollmitzberg.

Kollmitzberg

Gasthof Alpenblick, Kollmitzberg 3, 3321 Kollmitzberg, kurz vor der Kirche, 074 79/75 15, 06 64/36 13 665, www.gasthof-alpenblick.cc, office@gasthof-alpenblick.cc, ÜF EZ € 62,50, DZ € 99,20

St.-Ottilien-Kirche. Die Kirche wurde 1260 erstmals erwähnt. Der Chor stammt aus dem Jahr 1490, das Langhaus wurde Mitte des 18. Jh. errichtet. Zu beachten ist die spätgotische Sitzfigur der hl. Ottilie. Seit dem Mittelalter ist die St.-Ottilien-Kirche eine beliebte Pilgerstätte.

Kollmitzberg gilt nicht nur als einer der schönsten Aussichtspunkte der Gegend – freie Sicht in alle Himmelsrichtungen –, sondern ist auch bekannt für seinen Kirtag (seit dem 15. Jh.) Ende Oktober (Wochenende um den Ottilien-Tag), der größte österreichische Kirtag (30.000 Besucherinnen und Besucher und 300 Ausstellende).

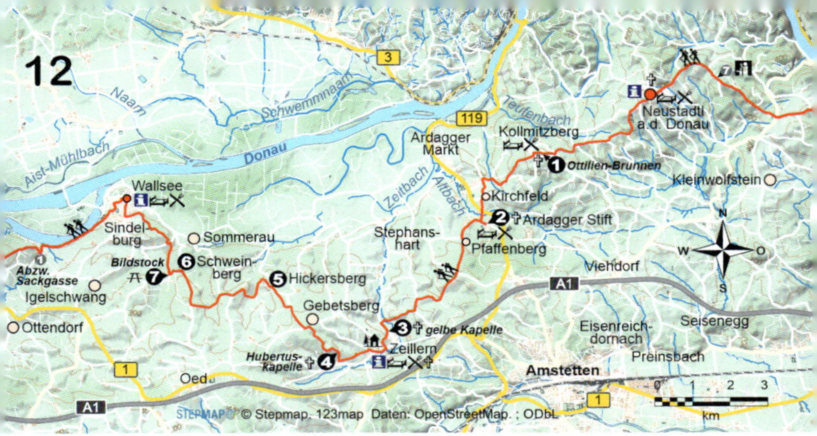

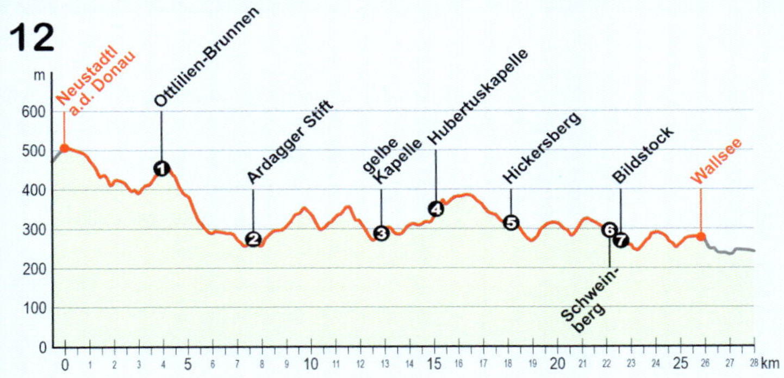

Gleich beim Gasthof Alpenblick entspringt das „**Ottilienwasser**", dem seit jeher eine heilende Wirkung zugeschrieben wird ❶. Benetzen Sie Ihre Augen und setzen Sie den Weg fort, indem Sie in Richtung Kirche gehen. Sie gehen an der Kirche und dem Kindergarten vorbei und folgen dem JWS über einen Wiesenweg bergab, mit wunderbarem Ausblick auf die Donau. Beim nächsten Gehöft angekommen führt der Weg auf einer Asphaltstraße weiter bergab. Vorbei am Bauernhof der Familie Haunschmied führt der JW in den Wald hinein. Sie treffen auf eine mit einem JW-Holzschildchen markierte Asphaltstraße und gehen hier weiter, bis Sie das Örtchen **Kirchfeld** erreichen. Wenige Minuten später gelangen Sie an die Greiner Straße und sehen schon das Ortsschild von Ardagger Stift.

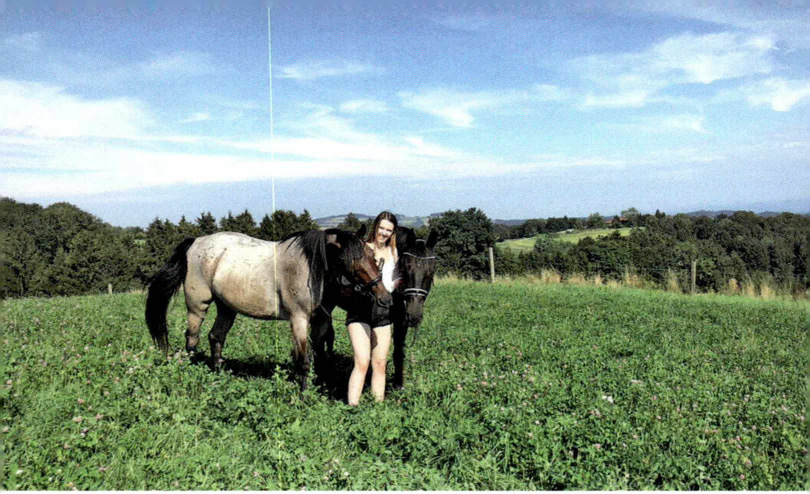

Bei Kolmitzberg

Sie kommen vorbei an der **Figur des hl. Johannes Nepomuk** und überqueren die Brücke über den **Altbach**. Kurz danach erreichen Sie eine Abzweigung, wo es rechts weiter auf dem JW zur Ortschaft **Pfaffenberg** geht. Links kommen Sie jedoch zum Stift ❷ und zur einzigen und sehr empfehlenswerten Übernachtungsmöglichkeit im Ort bei der 🛏 ✕ Familie Brandstetter im **Baumgartenhof**.

Ardagger Stift 🛏 ✕ ✞

🛏 ✕ Baumgartenhof, Stift 10, 3321 Ardagger Stift, bei der Kirche, ☎ 074 79/73 93, 📱 06 64/174 13 13, 💻 www.baumgartenhof.at, ✉ info@baumgartenhof.at, ÜF € 30

✞ **Stiftskirche St. Margareta**. Die Architektur der Kirche ist spätromanisch und es gibt eine unterirdische Säulenkrypta. Hinter dem Hochaltar der Kirche verbirgt sich das Margaretenfenster – das älteste kirchliche Glasfenster in Mitteleuropa. Es entstand während der Amtszeit des Propstes Heinrich I. (1225 bis 1236), der das Fenster stiftete.

Nachdem Sie die wunderschöne Stiftskirche besucht haben oder auch im Ort genächtigt haben, geht es nun weiter nach Zeillern. Sie kehren zurück zur Abzweigung und gehen dann auf der Straße weiter. Vorbei an mehreren Bildstöcken führt die Straße bergab.

Bei einem Bushäuschen erreichen Sie eine quer verlaufende Straße, der Sie ein Stück nach links folgen. In der nächsten Linkskurve sehen Sie ein JWS und zweigen rechts in eine Wirtschaftsstraße ab. Wenig später sehen Sie schon die Pfarrkirche von Zeillern. Bei einer quer verlaufenden Asphaltstraße (**Schörghof 3**) überqueren Sie die Straße und folgen ihr nach links. Bei einer **kleinen, gelben Kapelle** zweigt der JW wieder nach rechts ab ❸ und Sie gehen zwischen Feldern weiter, bis Sie zum Friedhof von Zeillern gelangen. Weiter auf der Friedhofstraße und dann auf der Marktstraße erreichen Sie das Zentrum von Zeillern.

Zeillern

Marktgemeindeamt/Tourismus-Info, Schlossstr. 31, 3311 Zeillern, ☏ 074 72/281 88, www.zeillern.at, Mo, Di, Do, Fr 8:00-12:00, Di zusätzlich 13:00-18:00

Schloss-Hotel Zeillern, Hauptstr. 1, 3311 Zeillern, gegenüber der Kirche, folgen Sie dem Roten Platz nach links, ☏ 074 72/655 01, www.schloss-zeillern.at, ÜF € 52,50

Kirche von Zeillern

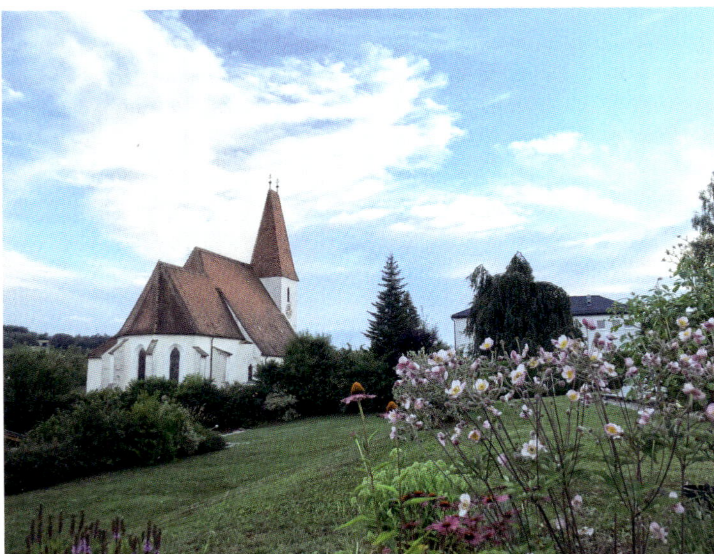

Pilgerherberge. Eine Vorreservierung ist nicht notwendig, bei der Ankunft vorne im Pfarramt (Schulstraße 4, 3311 Zeillern) in der Pfarrkanzlei, bei Michael Kammerhuber (Schulstraße 4, ☏ 074 72/649 75 oder 06 76/826 68 80 41) oder auf der anderen Straßenseite bei Familie Wierrani (Jakobstraße 1, ☏ 074 72/645 65) klingeln. Freiwillige Spende

Verbindung nach Wallsee

✞ Die dreischiffige gotische Hallenkirche **Hl. Jakobus d. Ä.** geht zurück auf das 12. Jh. Die Bauarbeiten wurden um 1500 beendet, 1896 erfolgte die Regotisierung. Sehenswert sind das original gotische Taufbecken und der Opferstock. Altäre, Kanzel, Chorstühle und Glasmalereien sind neugotisch, es gibt schönen Rokokostuck an der Empore.

Die Limesstraße der Römer verlief durch Zeillern. Der erste urkundliche Nachweis stammt bereits aus dem Jahr 863.

Der Rote Platz zwischen der Kirche und dem Schloss wurde 2011 unter Einbeziehung der Bevölkerung realisiert.

Von Zeillern geht es weiter nach Wallsee. Sie starten bei der Kirche und gehen auf der Marktstraße weiter, vorbei am Gasthof Zur Schlossinsel. Bei der ersten Straßengabelung zweigen Sie rechts ab in die Pyhrastraße in Richtung Wallsee und kurz darauf wieder links auf einen Feldweg.

Nach 800 m zweigt der JW bei einem Schilderbaum rechts ansteigend ab. Vorbei an der **Hubertuskapelle ❹** führt der Weg in den Wald hinein. Nach etwa 1,2 km gelangen Sie an eine quer verlaufende Asphaltstraße und folgen dem JWS nach links. Sie gehen durch die kleine Ortschaft **Edla** und zweigen nach etwa 700 m links durch ein kleines Wäldchen von der Straße ab. Der Feldweg mündet später wieder in eine Asphaltstraße, der Sie nach links folgen. Sie erreichen die kleine Ortschaft **Hickersberg ❺** und der JW zweigt bei der Kapelle links ab. Nach 700 m gelangen Sie zu einem Gehöft, wo der JW auf einer betonierten Traktorspur weiterführt. Nach etwa 600 m ist eine quer verlaufende Asphaltstraße erreicht, der Sie ein Stück nach links folgen. Bei einem Gebäude mit Nussbaum zweigen Sie wieder rechts ab. In der nächsten Rechtskurve zweigt der JW links in einen Feldweg ab (nach Wallsee sind es 5,5 km). 900 m später zweigt der JW beim **Haus Pyhra Nr. 1** rechts ab. Wenig später erreichen Sie die kleine Ortschaft **Schweinberg ❻**, wo Sie links in die **Mühlenstraße** einbiegen (JWS schwer zu sehen).

Beim Bildstock mit Rastplatz zweigt der JW in einer Kurve nach rechts ab ❼. Nach ca. 900 m überqueren Sie eine Asphaltstraße, gehen links beim Gebäude vorbei und setzen Ihren Weg beim JWS auf einem Wald-Wiesen-Weg und später auf dem **Hummelweg** fort. Sie erreichen die Ardaggerstraße, gehen hier nach links und bei der quer verlaufenden **Sankt Severinstraße** nach rechts ins Zentrum von Wallsee.

Wallsee

Marktgemeindeamt, Marktplatz 22, 3313 Wallsee-Sindelburg, ☏ 074 33/22 16, www.wallsee-sindelburg.gv.at, Mo-Fr 8:00-12:00, Di zusätzlich 16:00-18:00

Gasthof Sengstbratl, Marktplatz 21, 3313 Wallsee-Sindelburg, direkt im Zentrum, ☏ 074 33/22 03, www.sengstbratl.at, landgasthof@sengstbratl.at, ÜF € 50, DZ € 81

♦ Wallseer-Hof, Alte Schulstraße 12, 3313 Wallsee-Sindelburg, Straße verläuft parallel zum Marktplatz, ☏ 074 33/22 23, www.patzalt.at, office@patzalt.at, ÜF EZ € 55, DZ € 96

♦ Gasthof Grünling, Marktplatz 7, 3313 Wallsee-Sindelburg, direkt im Zentrum, ☏ 074 33/22 31, www.gasthof-gruenling.at, info@gasthof-gruenling.at, Ü ab € 74

♦ Gasthof Hehenberger, Sindelburgerstraße 1, 3313 Sindelburg, in Sindelburg bei der Kirche, 500 m abseits vom Weg, ☏ 074 33/22 07, office@gasthof-hehenberger.at, ÜF EZ € 55, DZ € 96

Verbindung nach Strengberg

⌘ **Römermuseum**. Die Ausgrabungen in der Römerwelt Wallsee sind Teil des Weltkulturerbes Donaulimes.

♦ Donauberg 1, 3313 Wallsee-Sindelburg, ☏ 074 33/23 80, www.wallsee-sindelburg.gv.at, Mai bis September Mi 18:00-19:00

Das Donautal bei Wallsee ist der Strudengau – einstmals bei den Donauschiffern wegen seiner gefährlichen Wasserwirbel gefürchtet. Das Gebiet war bereits in der Steinzeit besiedelt. Gegen Ende des 1. Jh. war Wallsee ein römisches Limeskastell (wahrscheinlich Adiuvense), im 5. Jh. wurde das Kastell aufgegeben. Der Kern Wallsees steht auf römischen Fundamenten. Es kam zum wirtschaftlichen Aufschwung im Mittelalter durch Salz- und Eisenhandel, ab 16. Jh. auch durch die Mühlsteinindustrie (Export bis ans Schwarze Meer). Der letzte hier gefertigte Mühlstein kann am Haus Marktplatz 19 bewundert werden. Wallsee besitzt auch einen schönen Marktplatz mit Immaculatasäule (1710).

13. Etappe: Von Wallsee nach Mauthausen

27,8 km, 7 Std. 10 Min., ↑ 298 m, ↓ 356 m, ⇧ 230-359 m

0,0 km	⇧ 277 m	Wallsee
6,7 km	⇧ 357 m	Strengberg
21,6 km	⇧ 241 m	St. Pantaleon
25,6 km	⇧ 250 m	Abzweigung St.-Florian-Weg
27,8 km	⇧ 243 m	Mauthausen

Die heutige Etappe führt noch weiter durch das schöne Mostviertel, das Sie so wie ich wahrscheinlich lieb gewonnen haben. In St. Pantaleon müssen Sie in der Kirche unbedingt zur Krypta hinuntergehen – die alten romanischen Säulen haben mich irgendwie verzaubert. Auch das ehemalige Kloster in Erla hat eine eigene Ausstrahlung. Später kommen Sie zu einer Kreuzung, wo der St.-Florian-Weg abzweigt. Die heutige Etappe endet jedoch in Mauthausen an der Donau.

Ihr nächstes Ziel ist die Ortschaft Strengberg. Sie starten am Marktplatz von Wallsee bei der Mariensäule und gehen in die Frenzlgasse, dann links in die Alte Postgasse und hier sehen Sie ein JWS, das Sie aus dem Ort hinausführt. Sie gehen die Josefstraße bergab bis zur Abzweigung nach links. Am Kindergarten vorbei biegen Sie links in die Altarmstraße. Der JW führt nun etwa 1,5 km entlang des Donaualtarms und zweigt dann bei einem JWS ab. Sie kommen über eine Brücke und folgen bei einem Gehöft dem JW rückläufig leicht bergauf ❶.

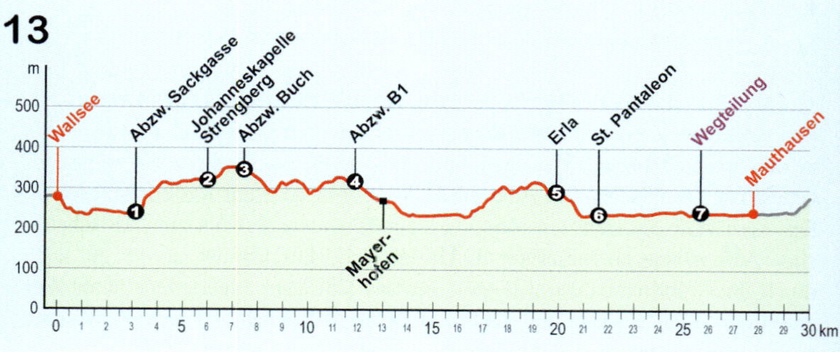

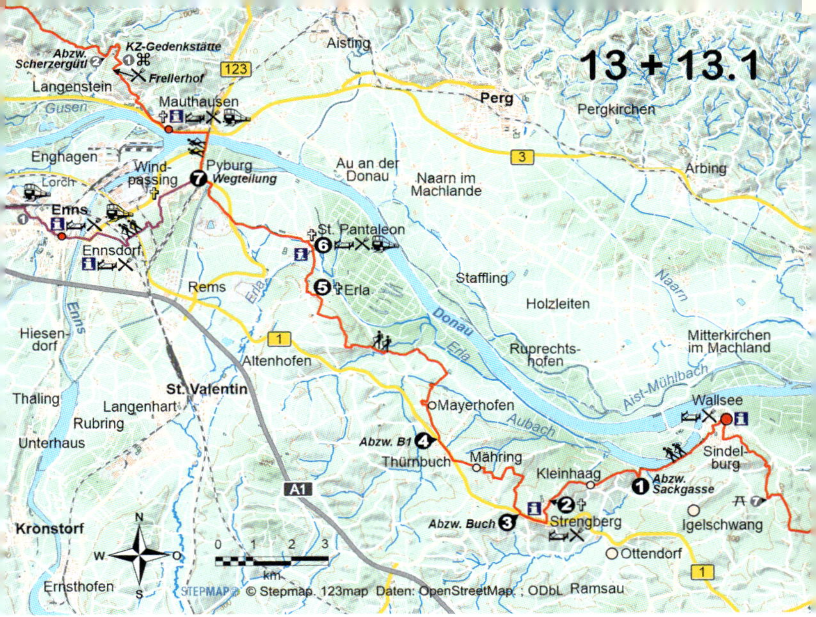

Bei der Sackgasse zweigen Sie links ab und gehen den Feldweg leicht ansteigend hinauf. Vorbei an einer Schweinezucht geht der Weg weiter. Wenig später überqueren Sie in **Kleinhaag** die Asphaltstraße und gehen bald auf einem Schotterweg über Felder und Wiesen weiter. Nach 500 m treffen Sie wieder auf eine Asphaltstraße, der Sie nach links folgen. Vorbei an der **Johanneskapelle ❷** gehen Sie auf der Limbachstraße weiter und erreichen die Marktgemeinde Strengberg und bald schon die Pfarrkirche.

Strengberg

Marktgemeinde Strengberg/Gäste-Info, Strengberg 10, 3314 Strengberg, ☏ 074 32/22 14, www.strengberg.gv.at, Mo 8:00-12:00, Di 8:00-12:00 und 13:00-18:00, Mi 8:00-12:00 und 13:00-16:00, Do 8:00-12:00, Fr 8:00-12:00

Gasthof Zum schwarzen Rössl (Pambalk-Blumauer), Markt 34, 3314 Strengberg, Zentrum, ☏ 074 32/22 24, 06 64/933 32 88, www.pambalk-blumauer.at, wirt@pambalk-blumauer.at, Mi-Mo 18:00-24:00, ÜF € 51

♦ Hotel Vösenhuber, Ramsau 40 (= Hauptstr. 25), 3314 Strengberg, kurz vor dem Abzweig nach Buch, ☏ 074 32/23 07, 06 64/639 73 26, ÜF EZ € 38, DZ € 68

Verbindung nach St. Pantaleon

✞ **Pfarrkirche Strengberg Maria Himmelfahrt.** Spätgotischer Bau mit Stern- und Netzrippengewölbe (16. Jh.), Taufstein aus dem 12. Jh.

⌘ **Postgebäude mit Rokokofassade**. Neben Papst Pius VI. nächtigten hier auch Mozart, Kaiser Franz Joseph I., Kaiserin Maria Theresia und Napoleon.

Schon die Römer hatten hier ein Lager. 1225 erfolgte die erste Erwähnung als Markt. Strengberg war einst eine bedeutende Poststation auf der Strecke Wien – Innsbruck.

Bei der Kirche angekommen führt der JW rechts weiter. Sie verlassen Strengberg auf der Wiener Straße (B1) und zweigen nach 700 m in den **Güterweg Buch** nach rechts ab ❸. Sie erreichen ein Gehöft, an dem der JW links vorbeiführt, und kurz darauf führt der Weg bei einer querenden, betonierten Traktorspur links ansteigend weiter. Folgen Sie nun den Markierungen des JW und Sie erreichen nach 2,6 km wieder die Wiener Straße (B1), der Sie ein Stück auf dem Gehweg folgen müssen.

Gewitterstimmung bei Strengberg

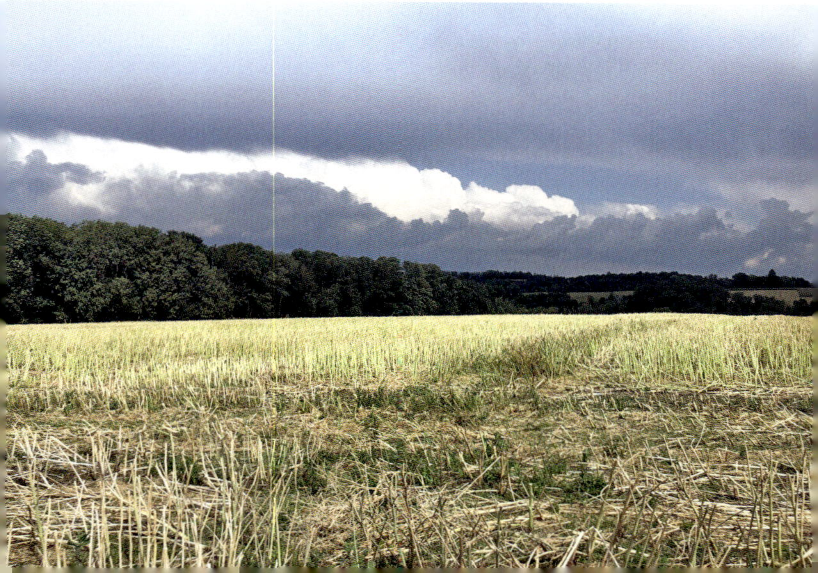

Sie durchqueren die kleine Siedlung **Thürnbuch** und müssen nach 700 m aufpassen, denn hier zweigt der JW rechts von der B1 ab (Achtung, ich habe hier keine Markierung gesehen) ❹.

Folgen Sie nun der Traktorspur an einem schönen, geziegelten Bauernhof vorbei und später auf einer asphaltierten Straße bergab. Beim nächsten Gehöft, das Sie erreichen, führt der Weg links vorbei und über eine Brücke. Wenig später erreichen Sie eine quer verlaufende Asphaltstraße (L6106) – dieser folgen Sie ca. 600 m, zweigen dann rechts von ihr ab und erreichen sie nach einem weiteren Kilometer wieder. Sie erreichen wenig später eine kleine Brücke mit einem Kreuz und es geht links der JW-Markierung folgend auf einem Waldweg weiter. Nach 1 km kommen Sie an ein schönes Gehöft, an dem der JW vorbeiführt. Kurz danach kommen wieder zwei Höfe, nach denen der JW rechts von der Wirtschaftsstraße abzweigt. Nach 900 m führt der JW links auf einer anfangs betonierten Traktorspur vor einem Bauernhof vorbei. Bei der quer verlaufenden Asphaltstraße beim Pferdegestüt geht der JW rechts weiter hinunter nach Erla. Folgen Sie der JW-Markierung und besuchen Sie die wunderschöne Kirche in Erla ❺.

✞ Die **Pfarrkirche Erla** war ehemals eine Klosterkirche. Das Benediktinerinnenkloster wurde bereits um 1050 gegründet. Im 15. Jh. erfolgte der Neubau der Kirche und 1583 die Aufhebung des Klosters nach den Türkenkriegen.

Der JW geht links am ehemaligen Kloster vorbei. Sie überqueren die Landstraße und gehen links dem JWS folgend und gleich hinter dem Sportplatz rechts weiter. Bald erreichen Sie das Ortsende von Erla und setzen Ihren Weg fort. Sie überqueren die Erla und sehen bald schon das Ortsschild von St. Panthaleon. Bei einem Bildstock erreichen Sie die Hauptstraße und folgen dieser in die Ortsmitte ❻.

St. Pantaleon

Gemeindeamt, Ringstr. 13, 4303 St. Pantaleon, ☏ 074 35/72 71, www.st-pantaleon-erla.gv.at, Mo-Fr 8:00-12:00, Di auch 13:00-18:00

Landgasthof Winklehner, Ringstr. 14, 4303 St. Pantaleon, bei der Kirche, ☏ 074 35/75 84, www.landgasthof-winklehner.at, Preis auf Anfrage

Verbindung nach Mauthausen, nach Ennsdorf und zu weiteren Orten am folgenden Weg

✝ **Pfarrkirche St. Pantaleon** (1150 erstmals urkundlich erwähnt). Bis heute erhalten sind die Westapsis und die Krypta. Das aktuelle Erscheinungsbild geht zurück auf das Jahr 1500. Die Unterkirche zählt zu den ältesten Österreichs. Ab 1891 erfolgte die Regotisierung der Kirche. Die zentrale Holzplastik am Altar (St. Pantaleon) stammt aus dem Jahr 1470. Im Herz-Jesu-Altar befindet sich eine wertvolle Krippendarstellung von J. Bachlechner.

In St. Pantaleon gibt es Funde aus der Jungsteinzeit, der Bronze- und der Römerzeit. Im 2. Jh. n. Chr. befand sich hier das größte römische Kastell in Österreich.

In St. Panthaleon führt der Weg am 🛏 ✕ Landgasthof Winklehner vorbei über eine kleine Brücke und zweigt dann gleich links ab. Sie treffen zunächst auf die Moosbachstraße und biegen kurz darauf links in die Moosstraße ab, der Sie nun immer geradeaus folgen. Nach 2 km erreichen Sie die Sankt Valentiner Straße (123a), überqueren diese und gehen weiter in die Sackgasse. Der asphaltierte JW führt neben einem Feld entlang und geht in einen Wiesenweg über. Beim Ennskraftwerk stößt der Feldweg auf einen Schotterweg. Sie gelangen wieder zur Bundesstraße (B123a) und gehen links über die Brücke. Weiter der Straße folgend gelangen Sie nach Pyburg.

✋ Nun teilt sich der Weg in zwei gleich gut beschilderte Äste: Rechts führt der eine Hauptweg über Linz, Kürnberger Wald, Hörsching zum Traun-Radweg südlich von Hörsching (im Folgenden **Linz-Weg** genannt) ❼.

Links weiter umgehen Sie Linz via Enns, St. Florian, Ansfelden/Haid am anderen Hauptweg (im Folgenden **St.-Florian-Weg** genannt) und stoßen ebenfalls auf den Traun-Radweg südlich von Hörsching. Der Linz-Weg ist um ca. 25 km und eine Übernachtung länger als der St.-Florian-Weg.

☞ Wenn Sie bei der Kreuzung den St.-Florian-Weg wählen, dann blättern Sie vor auf Seite 114.

Kurz nach den Eisenbahngleisen in Pyburg geht der Weg rechts weiter. Sie verlassen den Ort und überqueren auf der Mauthausener Brücke die Donau. Sie verlassen über die Treppe die Brücke und gehen danach links weiter nach Mauthausen.

Mauthausen

🛈 Marktgemeindeamt Mauthausen, Marktplatz 7, 4310 Mauthausen, ☏ 072 38/225 50, 💻 www.mauthausen.at, 🚪 Mo-Fr 8:00-12:00, Di auch 14:00-18:00

🛏 ✕ Gasthof Maly, Machlandstr. 1, 4310 Mauthausen, beim Bahnhof Mauthausen (500 m abseits), 📱 06 99/10 09 80 68, 💻 www.maly.co.at, ÜF ab € 37

♦ Gasthof Zur Traube, Heindlkai 15, 4310 Mauthausen, im Zentrum, ☏ 072 38/20 23, ✉ gh.traube@mauthausen.at, ÜF EZ ab € 48, DZ € 76

🛏 Anita Peterseil – Peterseil's Rad'l Zimmer, Reiferdorf 11, 4310 Mauthausen, 300 m abseits, am Ende der Donaubrücke rechts, 📱 06 76/680 30 63, ✉ kontakt@zimmer-mauthausen.at, Ü EZ ab € 44, DZ ab € 66

♦ Frühstückspension/Bauernhof Kurz, Reiferdorf 1, 4310 Mauthausen, 400 m abseits, am Ende der Donaubrücke rechts, ☏ 072 38/36 60, 📱 06 99/17 20 52 34, ✉ jsf.kurz@gmail.com, ÜF EZ ab € 39, DZ ab € 66

🚆 Zugverbindung nach St. Valentin mit Anschluss nach Linz im 2-Stunden-Takt und Anschluss nach Enns

✞ **Pfarrkirche Mauthausen Hl. Nikolaus**. Die Pfarrkirche wurde im spätgotischen Stil errichtet und im 17. und. 18. Jh. barockisiert. Das Hochaltarbild stammt vom Kirchenmaler Kremser Schmidt. Noch bedeutender ist der Karner mit Wandmalereien (Reste) aus der Erbauungszeit (zweite Hälfte 13. Jh.) einzuschätzen.

⌘ Mauthausen ist durch das KZ-Lager (1938-45) untrennbar mit den Schrecken des Nationalsozialismus verbunden. Der Pilgerweg führt zur KZ-Gedächtnisstätte, die Pilgernde an die dunkelsten Seiten der europäischen Geschichte erinnern soll.

♦ Erinnerungsstraße 1, 4310 Mauthausen, 💻 www.mauthausen-memorial.org, 🚪 1. März bis 26. Oktober tgl. 9:00-15:45

Das Siedlungsgebiet reicht zurück bis in die Steinzeit. Der Ort hatte früher Bedeutung als Handelsknotenpunkt, einerseits wegen der Donauschiffsroute von West nach Ost (entlang der alten römischen Reichsgrenze) und andererseits als Ort an der Salz- und Eisenstraße von Süden in Richtung Böhmen und Mähren. Der gesamte Ortskern ist sehenswert.

Variante 13.1: Von Wallsee nach Enns

➲ 30,8 km, ⌛ 7 Std. 55 Min., ↑ 305 m, ↓ 301 m, ⇧ 230-359 m

0,0 km	⇧ 277 m	Wallsee
6,7 km	⇧ 357 m	Strengberg
21,6 km	⇧ 241 m	St. Pantaleon
25,6 km	⇧ 250 m	Abzweigung St.-Florian-Weg
30,0 km	⇧ 250 m	Ennsdorf
30,8 km	⇧ 281 m	Enns

Die heutige Etappe führt noch weiter durch das schöne Mostviertel, das Sie so wie ich wahrscheinlich lieb gewonnen haben. In St. Pantaleon müssen Sie in der Kirche unbedingt zur Krypta hinuntergehen – die alten romanischen Säulen haben mich irgendwie verzaubert. Auch das ehemalige Kloster in Erla hat eine eigene Ausstrahlung. Später kommen Sie zu einer Kreuzung, wo der St.-Florian-Weg abzweigt. Von dort geht es nun nach Ennsdorf und schließlich nach Enns. Dort verlassen Sie das Bundesland Niederösterreich, von dem Sie nun schon einiges kennengelernt haben, und kommen nach Oberösterreich.

☞ Die Wegbeschreibung bis zum Abzweig des St.-Florian-Weges finden Sie bei der 13. Etappe ab S. 108.

Kurz nach den Eisenbahngleisen in Pyburg ❼ gehen Sie links an der Mauthausner Straße entlang, verlassen St. Pantaleon bzw. Pyburg und gelangen in die Ortschaft Windpassing. Bei der Brunner Kapelle (auf der rechten Straßenseite) biegen Sie links ab in den Waldweg. Der Asphaltweg geht in einen Schotterweg über. Sie bleiben auf diesem gut markierten Weg – er ist gleichzeitig auch als **Ennsdorfer Psalmenweg** markiert. Bald schon sehen Sie den Stadtturm von Enns.

Sie verlassen den Feldweg und kommen auf einen asphaltierten Wirtschaftsweg, auf welchem Sie Bundesstraße und Gleise der Eisenbahn und etwas später auch die der Westbahn unterqueren.

Sie gelangen nach Ennsdorf – die Straße heißt **Raaderstraße**.

Ennsdorf

Gemeindeamt Ennsdorf, Amtshausstr. 5, 4482 Ennsdorf, ☏ 072 23/820 12, www.ennsdorf.at, Mo-Fr 8:00-12:00, Di auch 13:00-17:30, Mi auch 13:00-16:30

3.1

☞ Karte 13/13.1, Seite 109

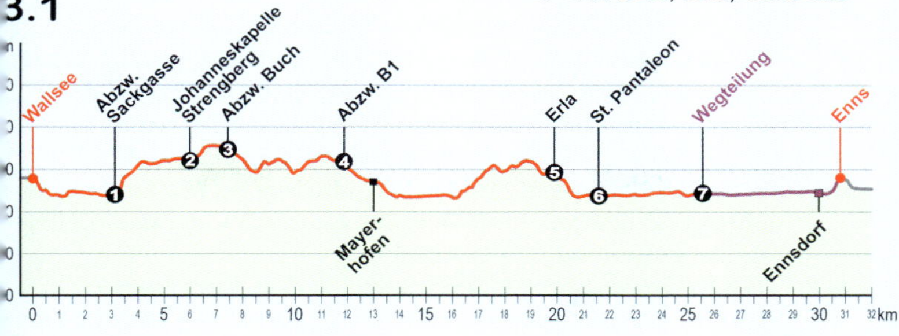

Gasthof Zum grünen Baum/Stöckler, Wiener Straße 5, 4482 Ennsdorf, an der Kreuzung zur Westbahnstraße, ☏ 072 23/826 00, www.gasthof-stoeckler.at, office@gasthof-stoeckler.at, Preis auf Anfrage

Privatzimmer Schmidthaler, Sperlinggasse 9, 4482 Ennsdorf, ca. 2 km abseits, im Süden der Stadt, 06 76/524 62 44, franz.schmidthaler@aon.at, www.zimmer-schmidthaler.at, Ü EZ € 26, DZ € 41

Verbindung nach Enns und zu weiteren Orten am folgenden Weg

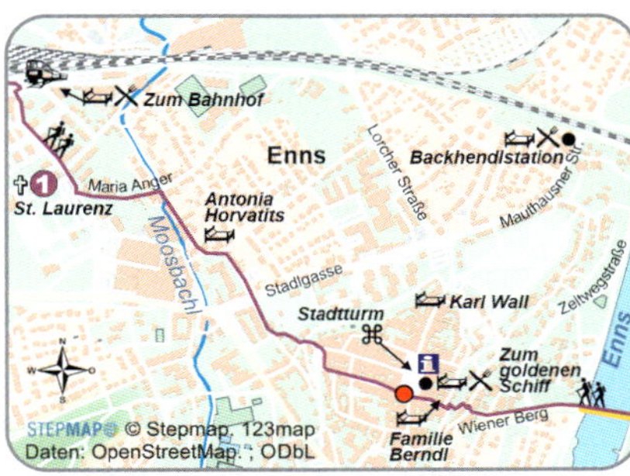

Wenn Sie die Raaderstraße weitergehen, treffen Sie auf die Landstraße. Hier gehen Sie nach links und kommen am Gasthof Stöckler vorbei. Hier gehen Sie rechts und überqueren die Enns. Damit haben Sie Niederösterreich verlassen und befinden sich nun in Oberösterreich. Sie kommen nun in die Stadt Enns.

Nach der Brücke gehen Sie rechts auf dem Fußweg weiter und in die **Reintalgasse**. Dort führt eine Stiege hinauf zum Hauptplatz. Der Weg ist etwas anstrengend, aber recht praktisch, denn Sie kommen direkt im Zentrum an.

Enns

Tourist-Information, Hauptplatz 19, 4470 Enns, ☏ 072 23/827 77, www.tse-enns.at, Mo-Fr 8:00-12:00, Do auch 14:00-18:00

- Gasthof Zum goldenen Schiff, Hauptplatz 23, 4470 Enns, beim Stadtturm, ☏ 072 23/860 86, www.hotel-brunner.at, ÜF EZ ab € 72, DZ ab € 100
- Gasthof Zum Bahnhof, Eckl-Platz 5, 4470 Enns, ☞ Wegbeschreibung nächste Etappe, ☏ 072 23/828 66, walter.wurdinger@liwest.at, ÜF EZ € 32, DZ € 48
- Gasthof/Backhendlstation, Mauthausnerstr. 37, 4470 Enns, 750 m abseits, 06 60/772 94 41, www.ennserpfandlstube.at, ÜF EZ € 62, DZ € 92
- Privatzimmer Familie Berndl, Stiegengasse 3, 4470 Enns, am Weg, kurz bevor Sie zum Hauptplatz gelangen, 06 64/978 74 89, kein Frühstück, aber genügend Möglichkeiten am Hauptplatz, Ü EZ € 24, DZ € 36
- Privat-Zimmer Antonia Horvatits, ehem. Gasthof Rosenhof, Bahnhofweg 16, 4470 Enns, 300 m hinter dem Hauptplatz, ☏ 072 23/853 17, ÜF EZ € 40, DZ € 62
- Frühstückspension Karl Wall, Mauthausnerstraße 11, 4470 Enns, Hauptplatznähe, ☏ 072 22/38 25 32, ÜF ab € 22,50, DZ ab € 45
- Verbindung nach nach Asten und Linz

⌘ **Stadtplatz**. Der Stadtplatz weist eine prächtige barocke Bausubstanz auf. Hauptattraktion ist der 60 m hohe Stadtturm am Hauptplatz. Erbaut wurde der Turm unter Kaiser Maximilian I. von 1564 bis 1568 als Glocken-, Wach- und Uhrturm. Er stellt architektonisch eine einzigartige Verbindung von Gotik und Renaissance dar. Zu erwähnen ist auch der Frauenturm (Mauthausner Str., 4470 Enns, nördliches Ende des Hauptplatzes), der über einzigartige Fresken aus den Jahren 1320-1360 verfügt.

⌘ Das **Museum Lauriacum** verfügt über eine der bedeutendsten Römersammlungen Österreichs.

- Hauptplatz (bei der Tourist-Info), 4470 Enns, www.museum-lauriacum.at, ☏ 072 23/853 62, 22. April bis 31. Oktober Mo-So 9:00-17:00

Enns, die mittelalterliche Stadt (1212), ist die älteste Stadt Österreichs. Im Zentrum steht das Wahrzeichen von Enns, der frei stehende Stadtturm.

Die ersten Siedlungen dürften hier bereits vor ca. 4.000 Jahren angelegt worden sein. Um 400 v. Chr. siedelten hier Keltinnen und Kelten, später erbauten die Römer ein Lager (für bis zu 6.400 Soldaten) und die Zivilstadt Lauriacum (212 n. Chr.) (bis zu 30.000 Ew., Hauptstadt der Provinz Noricum, heute Lorch). Am 4.5.304 erlitt der hl. Florian hier seinen Märtyrertod (er wurde in der Enns ertränkt). Um 370 wurde eine frühchristliche Basilika in Lauriacum errichtet (bis 488 Bischofsitz). 1344 entstand auf deren Fundament die jetzige Basilika St. Laurentius.

Im 12. Jh. wurde das heutige Enns planmäßig als Markt angelegt. 1193 wurde die Stadtmauer aus alten römischen Steinen errichtet und mit dem Lösegeld für Richard Löwenherz finanziert. 1212 erfolgte die Stadterhebung. Es folgte ein enormer wirtschaftlicher Aufschwung durch die Münzstätte (silberner „Ennser Pfenning") sowie den Handel mit Salz, Eisen und Wein. Ab 1501 war Enns Amtssitz von Kaiser Maximilian I. Mitte des 16. Jh. wurde Enns protestantisch. Während der Zeit der Gegenreformation war die Stadt von einem starken wirtschaftlichen Abschwung geprägt. Diese Entwicklung setzte sich auch in Folge des Maria-Theresianischen Erbfolgekriegs und des Kriegs gegen die Franzosen fort.

Nach dem Zweiten Weltkrieg fanden viele Sudetendeutsche in Enns eine Heimat (Stadtteil Neu-Gablonz) und dadurch fand auch die nordböhmische Schmuckindustrie aus Jablonec in Form der Gablonzer Genossenschaft Eingang ins Österreichische.

Variante 13.2: Von Enns nach Ansfelden

➲ 18,9 km, ⌛ 4 Std. 55 Min., ↑ 226 m, ↓ 209 m, ⇧ 246-369 m

0,0 km	⇧ 281 m	Enns
6,0 km	⇧ 255 m	Asten
10,4 km	⇧ 296 m	St. Florian
18,9 km	⇧ 282 m	Ansfelden/Haid

Die Etappe von Enns nach Ansfelden gibt Ihnen einen guten Eindruck von dem Gebiet des Floriander Landls. Es ist eine ländlich geprägte, sanft hügelige Landschaft mit den typischen großen Vierkanthöfen. St. Florian ist natürlich der Höhepunkt dieser Etappe. Machen Sie eine Besichtigung und vielleicht ergibt sich die Möglichkeit, die Bruckner-Orgel live zu hören.

Nachdem Sie Enns besichtigt haben, überqueren Sie den Hauptplatz (von der Stiegengasse kommend nach Westen) und gelangen in die **Bräuergasse**. Am Ende der Bräuergasse geht es rechts in die Straße Dingolfinger Platz und dann gleich wieder links in die Linzer Straße. In der Kurve gehen Sie geradeaus weiter und verlassen Enns wieder über eine Stiege. Unten angekommen gehen Sie geradeaus weiter, erreichen den Bahnhofweg und gehen weiter in Richtung Bahnhof. Bei einem Säulenbildstock gehen Sie links weiter. Die Straße heißt Maria Anger. Sie kommen zum Friedhof Lorch und zur Basilika St. Laurenz ❶.

✝ **Basilika St. Laurenz** (im Stadtteil Lorch). Im 4. Jh. wurde auf den Resten römischer Vorgängerbauten eine frühchristliche Kirche errichtet (das älteste Bauwerk – eine römische Villa – stammt aus dem 2. Jh.; im Keller ist noch der Originalverputz zu sehen). Während der Romanik (Mitte 10.-Mitte 13. Jh.) entstand ein erster größerer Kirchenbau aus den Resten des römischen Lauriacum, aus dieser Zeit stammt noch der Turm. Gegen Ende des 13. Jh. wurde der heutige, gotische Bau errichtet (1344 vollendet). 1628 stürzte die Decke ein und das aktuelle Stichkappengewölbe wurde errichtet. 1884-1902 erfolgte eine umfangreiche Sanierung und es kam zur Entdeckung eines Steintroges mit den Überresten der (40) heiligen Gefährten des hl. Florian.

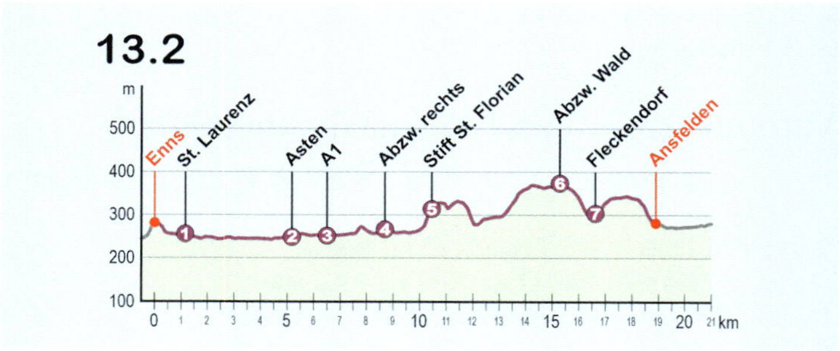

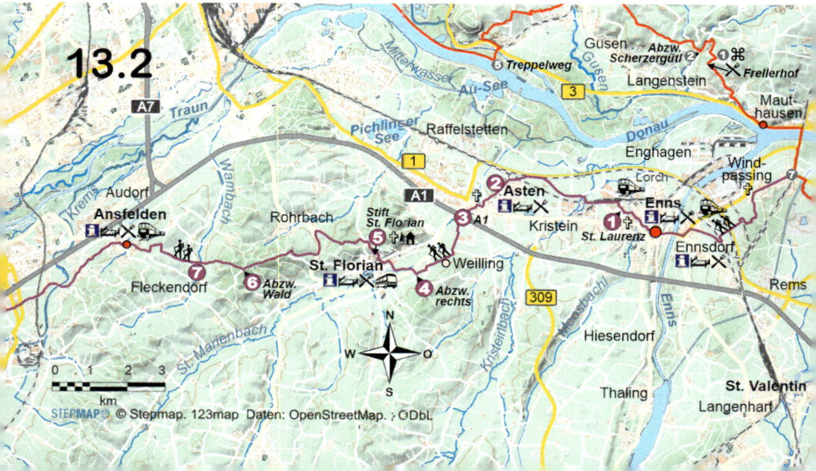

Sie gehen vorbei an der Basilika und gelangen zum Ennser Bahnhof.

↳ Gleich rechts kommen Sie zum Gasthof zum Bahnhof.

Beim Bahnhof gehen Sie links weiter, vorbei an den Lagerhäusern, und unterqueren schließlich die Gleise. Sie folgen der Straße, halten sich bei der Abzweigung links und kommen zur Landstraße, der Sie ebenfalls nach links folgen. Kurz vor der Kurve zweigt der JW rechts in den Erlengraben ab. Nach einiger Zeit unterqueren Sie die Gleise und kommen gleich darauf zum Ortsschild von Asten ❷.

Asten

Marktgemeinde Asten, Marktplatz 2, 4481 Asten, ☏ 072 24/663 81, www.asten.ooe.gv.at, Mo-Fr 7:30-12:30, Mo, Do auch 13:30-18:00

Gasthof Stögmüller, Wiener Str. 13, 4481 Asten, ☞ Wegbeschreibung unten, 06 64/433 63 26, www.gasthaus-stoegmueller.at, ÜF EZ € 60, DZ € 82

♦ Gasthof Reisinger Zur Goldenen Krone, Wiener Str. 6, 4481 Asten, ☞ siehe Wegbeschreibung unten, ☏ 072 24/661 22, goldenekrone@gmx.at, ÜF EZ € 45, DZ € 74

Verbindung nach St. Florian

Regionalzug nach Linz

✞ Die **Kirche St. Jakobus („Alte Pfarrkirche“,** Kirchengasse 2) wurde 1724 erbaut (eine Vorläuferkirche ist bereits aus dem 15. Jh. bekannt). Am 28.11.1982 wurde die ebenfalls dem hl. Jakob unterstellte „Neue Pfarrkirche“ (Marktplatz 1) geweiht. Die spätgotische Nikolausstatue stammt aus der Alten Pfarrkirche und stellt ein „Verbindungsglied“ zu dieser dar.

Sie gehen nun auf der Einsiedlstraße weiter, bis Sie zur Landstraße gelangen (gleich links ist der Gasthof Stögmüller). Dort gehen Sie rechts weiter und biegen beim Gasthof Zur Goldenen Krone links in die Ipfbachstraße. Sie überqueren einen Bach und verlassen Asten.

Sie unterqueren die Autobahn ❸ und kommen zum hauseigenen Museum eines großen Bäckereibetriebs. Der Weg geht vorbei an einer Lagerhalle nach Weilling. Sie kommen am Sumerauerhof, einem Freilichtmuseum, vorbei.

⌘ Sumerauerhof, Samesleiten 15, 4490 St. Florian, 06 64/60 07 25 23 91, 7. Mai bis 29. Oktober Di-So, Fei 10:00-18:00.

Beim Sumerauerhof führt der Weg weiter nach St. Florian. Zunächst kommen Sie aber noch in die kleine Ortschaft Weilling. Vor sich sehen Sie schon das Stift St. Florian. Beim Ortsschild von Weilling gehen Sie links und gleich wieder rechts weiter. Beim nächsten JWS zweigen Sie nach rechts auf das Stift zu ab ❹. Sie müssen die stark befahrene Landstraße vorsichtig überqueren und setzen Ihren Weg auf der anderen Straßenseite beim JWS fort. Beim nächsten JWS zweigen Sie rechts ab und Sie haben St. Florian erreicht.

Sie gehen am Dorfbrunnen vorbei, dann auf der Stiege hinauf zum Stift ❺ und durchqueren den Friedhof. Am Ende des Friedhofs gelangen Sie links zur Stiftskirche und gleich rechts führt eine Treppe hinauf, über die Sie später das Stift St. Florian wieder verlassen können.

St. Florian

Marktgemeindeamt St. Florian, Leopold-Kotzmann-Straße 1, 4490 St. Florian, ☏ 072 24/42 55, www.st-florian.at, Mo-Fr 8:00-12:00, Di zusätzlich 15:00-18:00

Gasthof Florianerhof + Gasthof Erzherzog Franz Ferdinand, Marktplatz 12-13, 4490 St. Florian, im Zentrum, ☏ 072 24/42 54-0, www.florianerhof.com, ÜF EZ € 56,50, DZ € 107

♦ Gasthof Zur Kanne, Marktplatz 7, 4490 St. Florian, im Zentrum, ☏ 072 24/42 88, www.gasthof-koppler.at, ÜF EZ € 66, DZ € 110

♦ Gasthof Pfistermüller (Märzenkeller), Am Bäckerberg 1, 4490 St. Florian, ca. 2 km abseits/östlich vom Marktplatz, ☏ 072 24/42 76, www.pfistermueller.at, ÜF EZ € 45, DZ € 80

Gästehaus im Stift. St. Florian mit Restaurant Stiftskeller, Stiftstraße 1, 4490 St. Florian, ☏ 072 24/89 02, www.stift-st-florian.at/besucherinfo/gaestehaus.html, ÜF EZ € 65, DZ € 110

Busverbindung nach Linz und Ansfelden

✝ Augustiner-Chorherrenstift St. Florian

Während der Christenverfolgung unter Kaiser Diokletian wurden 304 in Lauriacum (Lorch/Enns) 40 Christen eingekerkert. Florian war ein ehemals hoher Beamter in Lauriacum und lebte in Cetium (St. Pölten). Er kam den Eingekerkerten zu Hilfe, wurde ebenfalls verhaftet, gefoltert und – da er seinem Glauben nicht abschwören wollte – mit einem Mühlstein (kann in der Krypta der Stiftskirche besichtigt werden) in der Enns ertränkt. Die Legende besagt weiter, dass der Leichnam ans Ufer gespült wurde, von der Witwe Valeria (ebenfalls Heilige,

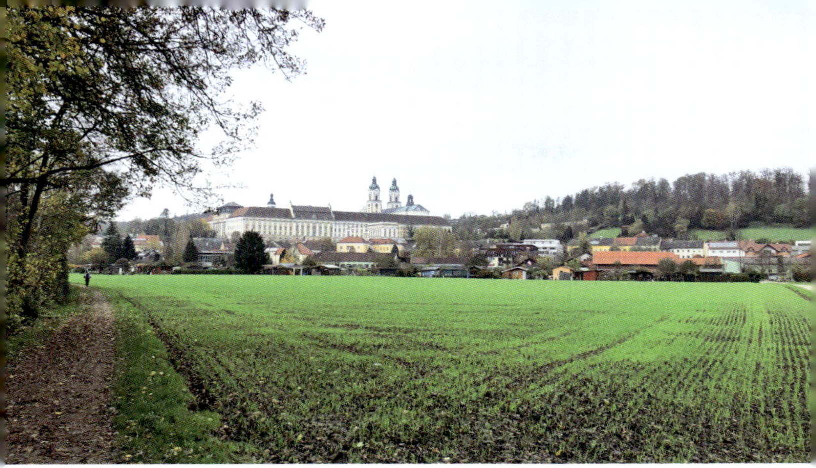

Blick auf St. Florian

bestattet in Lorch) geborgen und auf ihrem Gut begraben wurde. Mit höchster Wahrscheinlichkeit wurde eine hölzerne Kapelle errichtet; wahrscheinlich gefolgt von einer Kirche aus Stein. Später entstand an dieser Stelle eine Klosteranlage.

St. Florian ist Schutzpatron Oberösterreichs (an diesem Tag ist in Oberösterreich schulfrei), der Kaminkehrerinnen und -kehrer und der Schmiede und hilft gegen Feuergefahr. Seine Gebeine sind in Rom, Krakau, St. Florian, Zeiselmauer und Lorch aufbewahrt. Das Stift St. Florian ist eines der größten Barockklöster Österreichs. Bereits seit 1071 besteht hier die Gemeinschaft der Augustiner-Chorherren. Das Kloster in seiner heutigen Form wurde 1750 fertiggestellt.

Die heutige barocke Gestalt der Stiftsbasilika Maria Himmelfahrt wurde in den Jahren 1686-1709 auf den Grundmauern der gotischen Vorgängerin durch Carlo Antonio Carlone errichtet. Die Stiftskirche ist die erste Kirche nördlich der Alpen mit durchgängigen Deckenfresken – 4.900 m². Die Freskierung des Altarraumes (1750 umgestaltet) stammt von Domenico Francia, die Stuckarbeiten von Giovanni Battista Carlone (Bruder des zuvor genannten Carlo Antonio Carlone), die 1695 fertiggestellt wurden. Der Nordturm wurde 1700 fertiggestellt, der Südturm 1709, beide sind 84 m hoch. Die aus schwarzem Lilienfelder Marmor errichtete Kanzel stammt aus dem Jahr 1755.

Die Orgel – auf ihren 74 Registern und 5.230 Pfeifen spielte der große Österreichische Komponist Anton Bruckner als Stiftsorganist – wurde 1770-74 von Franz Xaver Krismann erbaut; sie war lange Zeit die größte Kirchenorgel der Donaumonarchie. Anton Bruckner wurde unter der „Brucknerorgel" bestattet.

♦ ☏ 072 24/89 02, 💻 www.stift-st-florian.at, die Besichtigung der Kirche ist kostenlos, auch der Vorhof kann umsonst durchschritten werden; die Klosterbesichtigung kostet € 11,50 p. P. Hörerlebnis Brucknerorgel: Live-Orgelkonzert 30. Mai-30. September Mi-Mo, Beginn 14:30, € 7

⌘ **Feuerwehrmuseum** im Meierhof des Stiftes

♦ ☏ 072 24/42 19, 💻 www.feuerwehrmuseum-stflorian.at, 1. Mai bis 31. Oktober Di-So 9:00-12:00 und 14:00-17:00

Nach der Besichtigung des Augustiner-Chorherrenstifts verlassen Sie über die zuvor erwähnte Stiege den Friedhof und das Stiftsareal. Sie erreichen dann das Ortsendeschild von St. Florian und gehen beim JWS weiter.

Kurze Zeit später zweigt der Weg beim JWS von der Brucknerstraße links in den Wald hinein auf einen Forstweg ab (leicht zu übersehen). Nachdem Sie aus dem Wald herausgekommen sind, gehen Sie auf dem JW und gleichzeitig dem Anton-Bruckner-Symphoniewanderweg weiter (dieser Themenwanderweg ist bis Ansfelden sehr gut markiert). Sie gelangen zu einer kleinen Ortschaft, befinden sich auf der Aubergstraße und biegen links in die Woferner Straße (hier ist kein JWS).

Sie gelangen an die Landstraße und gehen auf dem Radweg nach links weiter. Beim JWS verlassen Sie die Straße nach rechts und gehen beim Säulenbildstock weiter.

Vom Feldweg gelangen Sie auf eine Schotterstraße und gehen links dem Symphoniewanderweg folgend weiter (kein JWS). Sie gelangen an eine Asphaltstraße, die Ansfeldner Straße, und gehen rechts weiter. Nach etwa 1 km zweigen Sie beim JWS nach rechts in den Wald hinein ab ❻.

Sie verlassen den Wald und gehen auf einer Asphaltstraße weiter. Sie befinden sich in **Fleckendorf** ❼ und gehen bei der Kreuzung geradeaus weiter nach Ansfelden. Es geht auf Feldwegen weiter und Sie orientieren sich immer am Anton-Bruckner-Symphonieweg, bis Sie die Ortstafel von Ansfelden erreichen.

Auf der Himmelreichstraße gehen Sie ins Ortszentrum. Sie kommen in die C.A.-Carlone-Straße und befinden sich beim Anton-Bruckner-Zentrum.

Ansfelden/Haid

ℹ Stadtamt Ansfelden, Hauptplatz 41, 4053 Ansfelden, ☏ 072 29/840-0, 💻 www.ansfelden.at, Mo-Fr 7:00-12:00, Di zusätzlich 14:00-16:00, Do zusätzlich 15:00-18:00

🛏 ✕ Gasthof Zur Post, Familie Grillnberger, Dr.-Eduard-Peintner-Weg 2, 4053 Ansfelden, 100 m abseits, ☏ 072 29/870 04, 💻 www.gasthofzurpost.or.at, ÜF EZ ab € 48, DZ ab € 90

♦ Gasthof Hotel Stockinger, Ritzlhofstraße 63-65, 4053 Ansfelden, direkt am Weg, aber erst nach dem Ort, ☏ 072 29/88 32 10, 💻 www.stocki.at, ÜF EZ ab € 80, DZ ab € 126

♦ Motor-Hotel-Rosenberger, Ansfelden Süd, 4052 Ansfelden, ☞ Wegbeschreibung nächste Etappe, ☏ 072 29/821 66, 💻 www.rosehill.at, ÜF EZ ab € 68, DZ ab € 110,80

🛏 Bauernhof-Pension Herzog zu Laah, Laaher Str. 50, 4053 Ansfelden, am Weg, wenn Sie aus Ansfelden hinausgehen, 📱 06 64/531 82 79, 💻 www.herzogzulaah.at, ÜF EZ € 55, DZ € 99, kein Abendessen, aber Küche

♦ Ansfeldner Hof, C.A.-Carlone-Str. 1, 4053 Ansfelden, im Zentrum, ☏ 072 29/870 04, 💻 www.gasthofzurpost.or.at, ÜF EZ ab € 48, DZ ab € 70

🚆 Verbindung über Linz nach Wels

⌘ **Geburtshaus Anton Bruckners** (neben der Pfarrkirche), Brucknermuseum. Bruckners (1824-1896) Leben ist ein Paradebeispiel eines österreichischen Schicksals: Zeit seines Lebens (gemeinsam mit Richard Wagner) als „Neudeutscher" (Komponist) angefeindet, wird er heute zu den Größten gezählt. Ab seiner 2. Symphonie wurden alle Symphonien als unspielbar abgelehnt und er überarbeitete sie (nach den Vorstellungen der jeweiligen Dirigenten). Die Originalfassungen sind vorhanden und doch spielbar.

♦ 📱 064 64/60 07 25 22 93, 🚪 April bis Oktober Fr 9:00-12:00, Sa, So 11:00-16:00

Ansfelden wurde erstmals 788 urkundlich erwähnt. 1988 erhielt Ansfelden das Stadtrecht. Bekannt ist die Stadt vor allem als Geburtsort für den weltberühmten Komponisten Anton Bruckner.

Variante 13.3: Von Ansfelden nach Wels

➲ 25,7 km, ⌛ 6 Std. 15 Min., ↑ 48 m, ↓ 17 m, ⇧ 268-313 m

0,0 km	⇧ 282 m	Ansfelden/Haid i 🛏 ✕ 🛒 BANK ⌘ 🚆
10,6 km	⇧ 290 m	Anschlussstelle Linz-Weg
25,7 km	⇧ 312 m	Wels i 🛏 ✕ 🛒 BANK ⌘ Burg 🚆

Auf der heutigen Etappe treffen Sie bei der Anschlussstelle an der Traun mit den Pilgernden, die den Linz-Weg gegangen sind, zusammen. Gemeinsam geht es dann immer an der Traun entlang, bis Sie nach Wels gelangen, wo Sie den Abend in der schönen Altstadt genießen sollten.

Sie befinden sich beim Anton-Bruckner-Zentrum und setzen Ihren Weg gegenüber beim 🛏 Ansfeldnerhof beim JWS fort.

Sie kommen zum Kreisverkehr, gehen links weiter in die Laaher Straße und verlassen Ansfelden beim Ortsendeschild.

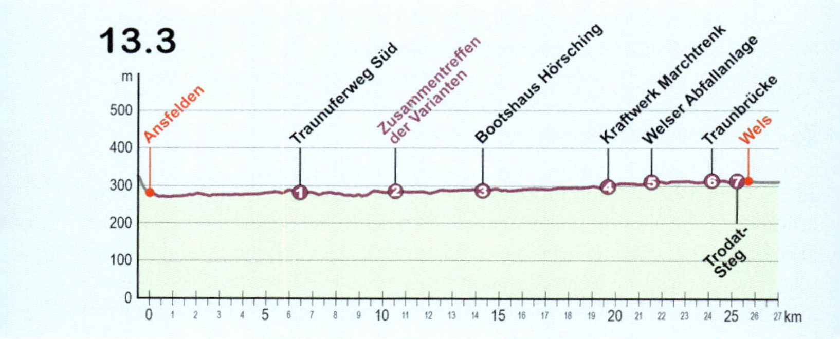

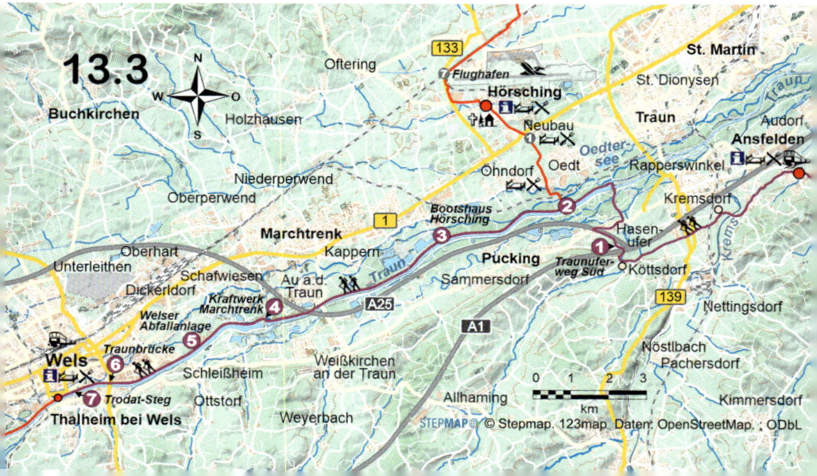

➪ Wenn Sie beim Kreisverkehr in die Haider Straße abbiegen und an der T-Kreuzung zuerst links und bei der Hundefreilaufzone rechts gehen, gelangen Sie zum 🛏 ✕ Motor-Hotel-Rosenberger (500 m ab Kreisverkehr).

Als Nächstes kommen Sie in die Ortschaft **Kremsdorf**. Beim **Haus 68** der **Laaher Straße** führt der Weg zur Landstraße und Sie gehen hier links weiter auf dem Gehweg (JWS).

Sie befinden sich in der Ritzlhofstraße und kommen vorbei am 🛏 ✕ Hotel Stockinger.

Sie verlassen Kremsdorf und kommen an eine Kreuzung. Sie überqueren die Straße bei der Tankstelle und gehen geradeaus weiter. Auch die nächste große Kreuzung überqueren Sie und setzen Ihren Weg auf der **Köttsdorferstraße** fort. Bei Köttsdorf gelangen Sie an eine Brücke. Hier geht es rechts der Straße folgend weiter.

Schließlich unterqueren Sie die Autobahn und gehen weiter auf dieser Straße. Sie gehen durch einen Tunnel, bei welchem Sie den Autobahnzubringer unterqueren, und kommen gleich danach zu einer Abzweigung. Hier gehen Sie rechts in Richtung **Traunuferweg Süd ❶**.

Sie gelangen zu einer Vorfahrtsstraße und gehen hier rechts unter der Autobahn durch und auf dem Rad- und Gehweg weiter. Sie kommen nun in die Ortschaft **Hasenufer** und folgen noch weiter der Straße bis zum Ortsende. Dort überqueren Sie die Straße und biegen beim JWS nach links ab und hin zum Traunufer.

Nach etwa 1 km erreichen Sie das **Kraftwerk Traun-Pucking** und überqueren hier die Traun.

Gleich nach der Brücke geht es links weiter am Ufer entlang. Nach ca. 1 km kommen Sie zu einer Abzweigung, die nach Hörsching führt ❷. Hier treffen Sie mit den Pilgernden, die den Linz-Weg gegangen sind, zusammen und gehen gemeinsam weiter entlang der Traun nach Wels. Bis zum Wegzeichen, an dem die nördliche mit der südlichen Variante zusammenläuft, sind es ab Ansfelden ca. 10,5 km, die Sie gewandert sind. Die Pilgernden, die von Hörsching kommen, sind ca. 4 km unterwegs.

Gleichgültig ob Sie den Linz-Weg oder den St.-Florian-Weg gegangen sind, Sie setzen hier am Traunufer Ihren Weg nach Wels fort.

☞ Weitere Wegbeschreibung nach Wels siehe 16. Etappe ab S. 139

14. Etappe: Von Mauthausen nach Linz

➲ *27,7 km,* ⌛ *7 Std.,* ↑ *249 m,* ↓ *230 m,* ⇧ *243-354 m*

0,0 km	⇧ 243 m	Mauthausen
8,2, km	⇧ 249 m	St. Georgen an der Gusen
11,7 km	⇧ 250 m	Abwinden
27,7 km	⇧ 266 m	Linz

Heute haben Sie eine lange, auch psychisch herausfordernde Etappe vor sich. Zunächst aber genießen Sie noch Ihr Frühstück – vielleicht an der Promenade von Mauthausen – mit Blick auf die Donau. Von einem der schönsten Donauorte am Jakobsweg kommen Sie zu einem der schrecklichsten Orte überhaupt – zur KZ-Gedenkstätte Mauthausen.

Später gelangen Sie, vorbei an den Ortschaften St. Georgen und Abwinden, wieder zurück zur Donau und gehen den Rest des Tages auf dem Treppelweg entlang der Donau bis Linz. Ein langer, ruhiger Weg, der Ihnen die Möglichkeit gibt, Ihren Gedanken nachzugehen.

Sie gehen an der schönen Häuserzeile von Mauthausen entlang, vorbei am Schloss Pragstein und Hotel Donauhof, und zweigen in den **Steinweg** ab. Dieser mündet bald in die Linzer Straße. Auf Höhe der der Schule biegen Sie rechts ab in Richtung KZ-Gedenkstätte Mauthausen und verlassen, der Beschilderung folgend den Ort. Nach etwa 1,2 km erreichen Sie den ✕ Frellerhof (☏ 072 38/27 89, Do-So 11:00-22:00) und gehen rechts die Erinnerungsstraße weiter. Sie befinden sich nun bei der **KZ-Gedenkstätte** ❶. Der JW führt links vor der Gedenkstätte vorbei und weiter zur **Steinbruchstiege**, über die es dann hinab in den **Wienergraben** geht. Dort gehen Sie links und erreichen nach 300 m eine Abzweigung nach rechts zum **Scherzergütl** ❷.

Bei Herausgabe dieses Büchleins war die Steinbruchstiege aus Sicherheitsgründen gesperrt. Sollten die umfassenden Sanierungsarbeiten zu einem späteren Zeitpunkt noch nicht abgeschlossen sein, so müssen Sie die Erinnerungsstraße zurückgehen. Sie gehen dann am Frellerhof vorbei und gelangen ebenfalls zum Wienergraben, dem Sie nun nach rechts bis zur Abzweigung Scherzergütl folgen.

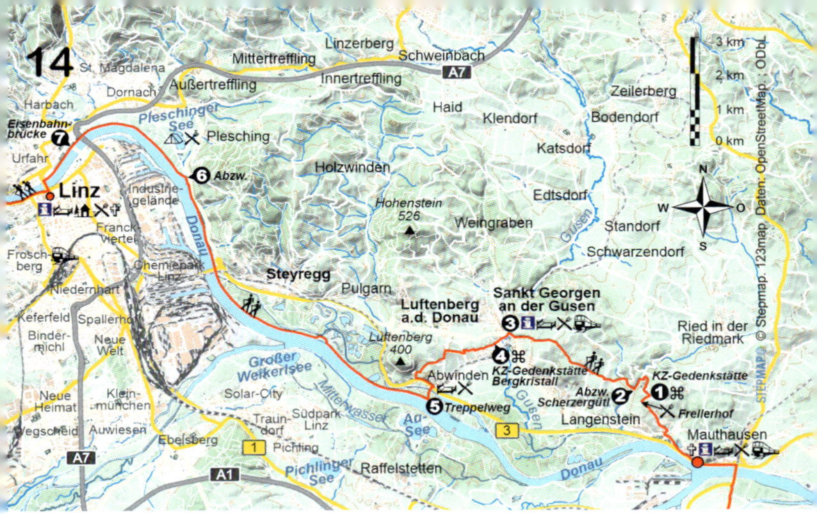

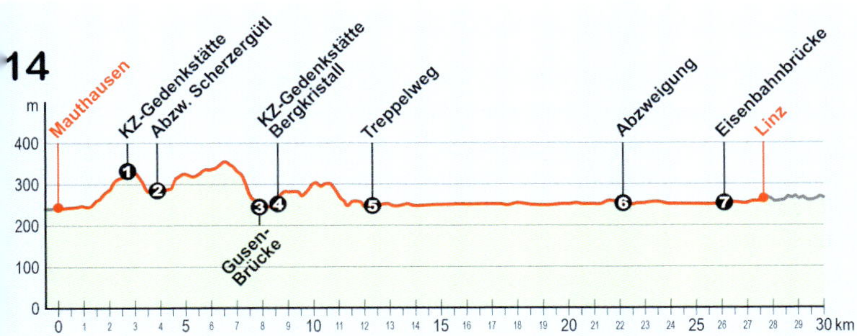

Egal von welcher Seite Sie kommen, Sie gehen nun in Richtung **Frankenberg** weiter. Nach 400 m biegen Sie links in die **Zackgasse** ab und bei der nächsten Abzweigung nochmals nach links. Der Weg führt bergauf und geht über in eine Traktorspur, die kurz in ein Wäldchen hineinführt. Oben angelangt mündet der Weg wieder in eine asphaltierte Straße. Sie gelangen zur **Dirnberger Straße** und müssen hier rechts dem JWS folgend abzweigen. Gleich darauf biegen Sie wieder links ab. Auf einem Wiesenweg geht es weiter. Bei einem Hof mündet der Weg wieder in eine Asphaltstraße, der Sie nun etwa 1,3 km folgen.

Dann biegen Sie links ab und folgen diesem Weg noch 1 km. Sie gelangen zur Mauthausener Straße und gehen hier rechts weiter. Sie unterqueren die Eisenbahn und gehen über die **Gusen-Brücke ❸**.

↳ Wenn Sie hier geradeaus weitergehen, kommen Sie zum Marktplatz von St. Georgen an der Gusen.

St. Georgen an der Gusen

Marktgemeindeamt, Marktplatz 12, 4222 St. Georgen an der Gusen, ☏ 072 37/22 55, www.st-georgen-gusen.at, Mo-Fr 7:00-12:00, Mo, Do auch 13:30-18:00

Privatquartier Familie Kogler, Linzer Str. 28, 4222 St. Georgen an der Gusen, 800 m abseits nach dem Friedhof, ☏ 072 37/33 02, Preis auf Anfrage

Gasthof Marktstubn, Linzer Str. 2, 4222 St. Georgen an der Gusen, Zentrum, ☏ 072 37/26 19, Mi-Sa 10:00-15:00 und 17:00-24:00, So 9:00-15:00

Verbindung nach Abwinden

Verbindung nach Linz und zu weiteren Orten am folgenden Weg

⌘ Im Zweiten Weltkrieg wurde nahe dem Ortskern von den Häftlingen des KZ Mauthausen eine unterirdische Fabrik des Großdeutschen Reiches zur Produktion von Kampfflugzeugen errichtet. Das KZ Gusen wurde 1940 fertiggestellt und galt von da an als Zweigstelle des KZ Mauthausen. Insgesamt wurden etwa 71.000 Menschen in das KZ Gusen deportiert, von denen etwa 36.000 nicht überlebten.

St. Georgen war im 16. Jh. Zentrum der Leinenweber. Der Markt lag an der Schnittstelle des Donauweges und der alten Handelswege nach Böhmen im Norden.

Wenn Sie weitergehen wollen, dann biegen Sie gleich nach der Brücke links ab in die Färbergasse und gehen geradeaus weiter in die Bahnhofstraße und weiter in den Brunnenweg. Sie kommen vorbei am Zugang zur **KZ-Gedenkstätte Bergkristall ❹** und erreichen das Ortsende von St. Georgen an der Gusen.

Ein paar Minuten später kommt schon der nächste Ort. Sie erreichen bei der Einmündung in den Türkisweg die Ortschaft **Abwinden**. Sie folgen dem JWS nach rechts und gehen weiter auf dem Türkisweg, bis Sie rechts in den Saphirweg abzweigen. Vorbei am Bauhof Luftenberg gehen Sie ein kurzes Stück auf dem

Hintbergweg nach links und gehen dann wieder nach rechts in einen Kiesweg. Auf der Anhöhe treffen Sie auf eine quer verlaufende Landstraße, der Sie nach links bergab folgen. Bei der ersten Möglichkeit zweigen Sie rechts ab und folgen dem JWS auf einem Feldweg weiter bergab. Der Weg führt nun bis zur Donau. Sie unterschreiten schließlich die Eisenbahn und kommen an die Donau Bundesstraße (B3), der Sie nach links folgen. Sie erreichen das Ortsschild von Abwinden.

↳ Wenn Sie hier weitergehen, kommen Sie zu den nachfolgend genannten Adressen.

Abwinden

🛏 ✕ Gastwirtschaft Lehenhof, Abwinden-Dorf 7, 4222 Luftenberg an der Donau, ca. 1 km abseits, ☎ 072 37/275 54, 💻 gastwirtschaft-lehenhof.at, ÜF EZ € 44, DZ € 69

🛏 Familie Rezanka, Abwinden-Dorf 227, 4222 Luftenberg an der Donau, im Ort, ☎ 072 37/45 30, Preis auf Anfrage

🚌 Verbindung nach Linz

Wenn Sie gleich weiter nach Linz gehen möchten, gehen Sie zur Fahrrad- und Fußgängerunterführung und unterqueren die stark befahrene Bundesstraße. Sie gehen dann an der Schranke vorbei über eine Brücke und folgen dem Weg. Sie sind nun an der Donau angelangt und gehen rechts auf dem **Treppelweg** ❺.

Nach etwa 10 km sehen Sie an einer Abzweigung auf dem Treppelweg ein JWS ❻. Sie können hier links dem JW folgend nach Linz gehen oder ↳ Sie nehmen die rechte Abzweigung und erfrischen sich im **Pleschinger Badesee**. Hier gibt es auch das ✕ Restaurant S'Plesch mit ⛺ Zeltplatz (Seeweg 11, ☎ 07 32/245 46 07, 🚪 Mo-So 10:00-21:00, Ü € 5). Die beiden Wege treffen spätestens in Linz wieder aufeinander, Sie können sich nicht verirren.

Sie gehen nun weiter an der der Donau entlang nach Linz.

Nach ca. 2,5 km erreichen Sie die Autobahnbrücke, unter der Sie durchgehen. Kurz darauf passieren Sie die neue Eisenbahnbrücke ❼ und über die dritte Brücke, die **Nibelungenbrücke**, gelangen Sie zum Linzer Hauptplatz.

Linz

ℹ Tourist-Information Linz, Hauptplatz 1, 4020 Linz, ☎ 07 32/70 70 20 09, 💻 www.linz.at/tourismus, ✉ tourist.info@linz.at, 🚪 tgl. 10:00-17:00

🛏 ✕ Mama Muh, Graben 24, 4020 Linz, Zentrum, ☎ 07 32/77 24 77, 💻 www.mamamuh.at, ÜF EZ ab € 50, DZ € 65

Jugendgästehaus Linz, Stanglhofweg 3, 4020 Linz, etwas abseits – aber schöne Lage, erreichbar mit Bus 27, ☏ 070/66 44 34, www.myhostel.at, ÜF EZ ab € 37, DZ € 62

♦ Sovea Hotel-City, Kaisergasse 33, 4020 Linz, nahe Hauptplatz, 06 60/738 35 93, ÜF EZ ab € 37

Verbindung nach Wilhering

Zugverbindung nach Wien, Richtung Wels, Salzburg, Innsbruck und St. Anton

✞ **Minoritenkirche**. Der Bau geht zurück auf das Jahr 1236. 1751 erfolgte die Umgestaltung zur Rokokokirche. Besonders schön sind die Hochaltarbilder von Bartholmäus Altomonte, die Seitenaltäre vom Kremser Schmidt und die Jakobsstatue am Franziskusaltar.

✞ **Martinskirche**. Die Kirche geht möglicherweise zurück auf das 2. Jh. Sie wurde erstmals 799 gemeinsam mit Linz dokumentiert. Im 11. Jh. erfolgte die Umgestaltung als Nischenkirche.

✞ **Alter Dom/Jesuitenkirche St. Ignatius**. Der Dom wurde nach Plänen von Carlone 1669-78 erbaut. Das Hochaltarbild stammt von A. Belluci, das Aloisiusaltarbild von B. Altomonte. Die Stadtpfarrkirche lockt mit einer schönen Jakobsstatue (folgen Sie vom Hauptplatz der Rathausgasse 1 Min.).

✞ **Mariendom** (Maria-Empfängnis-Dom). Er wird auch Neuer Dom genannt. 1924 erfolgte die Einweihung. Es handelt sich um die größte Kirche Österreichs (der Kirchturm ist allerdings um 2 m niedriger als der des Wiener Stephansdoms).

✞ **Wallfahrtskirche auf dem Pöstlingberg**

♜ ⌘ **Schloss Linz.** Die erste Erwähnung stammt aus dem Jahr 799. 1477 erfolgte ein kompletter Umbau. Teilweise noch in seiner ursprünglichen Form erhalten sind die Bastion, Teile der Befestigungsmauer und das Friedrichstor. Weitere Umbauten fanden 1600 statt. Beim Stadtbrand von 1800 wurde der Südflügel zerstört. Ab 1811 fand das Schloss als Provinzialstrafhaus Verwendung und von 1851 bis 1945 als Kaserne. Heute beheimatet es das Schlossmuseum.

♦ Schlossmuseum Linz, Schlossberg 1, 4020 Linz, ☏ 077 20/523 00, www.ooekultur.at, Di-So 10:00-18:00

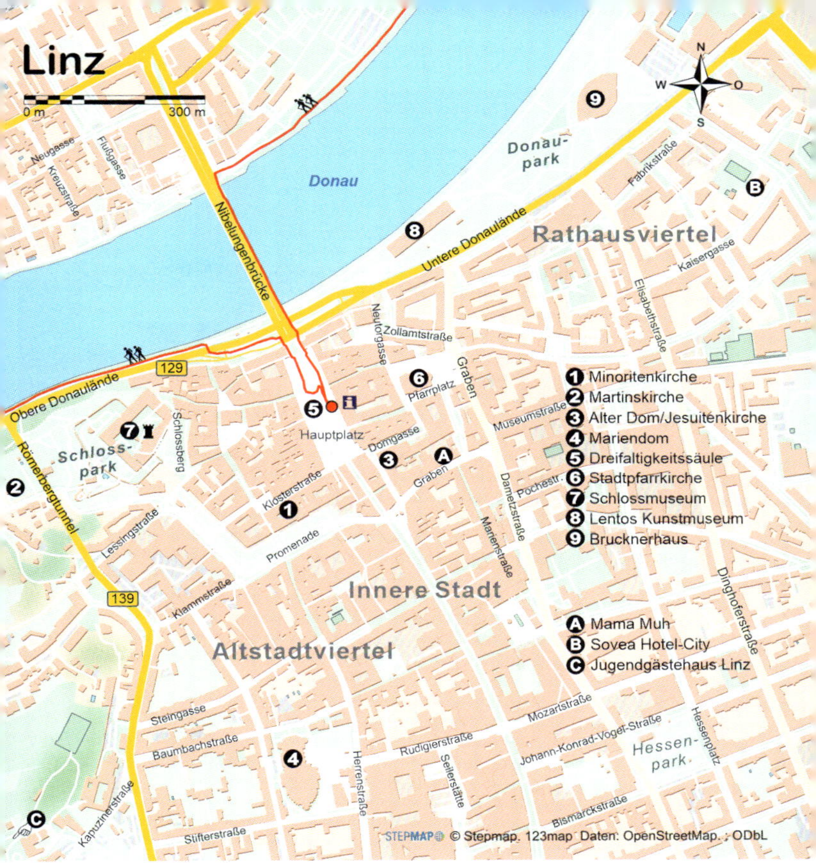

⌘ **Hauptplatz** mit **Dreifaltigkeitssäule** (1723) und **Altem Rathaus** (1513/14). Durch die Eingliederung umliegender Häuser sind Stilelemente von Gotik bis Moderne vorhanden.

⌘ **Adalbert-Stifterhaus**. Wohn- und Sterbehaus des Dichters und Malers

♦ OÖ. Literaturmuseum, Adalbert-Stifter-Platz 1, 4020 Linz, ☏ 07 32/772 01 12 94, Di-So 10:00-15:00

⌘ **Keplerhaus (Rathausgasse 3).** Wohnhaus von Johannes Kepler 1622-1626

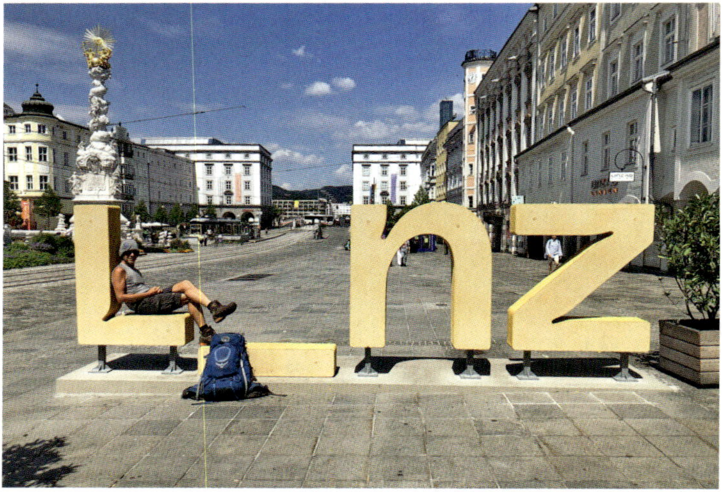

Linz

⌘ **Mozarthaus** (Altstadt 17). Mozart komponierte hier 1783 die „Linzer Symphonie", KV 425

⌘ **Landhaus** (Landhausplatz 1, ☏ 07 32/772 00). Sitz der Landesregierung, Renaissancebau mit schönen Innenhöfen, dem Turm von 1568 und dem Planetenbrunnen von 1582.

⌘ Weitere Sehenswürdigkeiten sind das Lentos Kunstmuseum, das Brucknerhaus (Untere Donaulände 7), das Ars Electronica Center und das Musiktheater Linz (Volksgarten 1).

♦ Lentos Kunstmuseum Linz, Ernst-Koref-Promenade 1, 4020 Linz, ☏ 07 32/70 70 36 00, Di, Mi, Fr-So 10:00-18:00, Do 10:00-20:00.

♦ Ars Electronica Center, Ars-Electronica-Straße 1, 4020 Linz, ☏ 07 32/727 20, www.ars.electronica.art, Di-So 10:00-17:00

Historisch betrachtet war Linz bereits zur Keltenzeit besiedelt (Lentos). In der Römerzeit war Linz ein römisches Kastell (Lentia). Unter den Babenbergern entwickelte sich Linz zur Stadt (1236 Stadterhebung).

15. Etappe: Von Linz nach Hörsching

26 km, 6 Std. 55 Min., ↑ 314 m, ↓ 280 m, ⇧ 254-458 m

0,0 km	⇧ 266 m	Linz
10,2 km	⇧ 272 m	Wilhering
17,1 km	⇧ 313 m	Dörnbach
26,0 km	⇧ 294 m	Hörsching

Ich hoffe, Sie haben sich in Linz – meiner Heimatstadt – wohlgefühlt. Ich lebe sehr gerne hier. Man hat die Vorzüge einer Stadt und ist gleichzeitig sofort auf dem Land, das werden Sie ja gleich feststellen. Die heutige Etappe ist auf weiten Strecken wieder etwas für Waldliebhaberinnen und Waldliebhaber, denn es geht durch den Kürnberger Wald. Beim Stift Wilhering verlassen Sie die Donau – sie war ab Wolfsthal Ihr ständiger Begleiter – und kommen in das Alpenvorland. Auf dem Weg nach Hörsching sehen Sie am Horizont bei guter Sicht die Kalkalpen mit dem Toten Gebirge.

Sie starten die Etappe von Linz nach Wilhering bei der **Dreifaltigkeitssäule** am Hauptplatz in Richtung Nibelungenbrücke. Sie überqueren dort den Zebrastreifen, wenden sich gleich nach links und sehen das erste JWS. Es geht nun weiter donauaufwärts, am Ufer unterhalb der Straße entlang, bis zur Haltestelle „**Donautal**". Anschließend müssen Sie neben der Straße gehen.

Sie erreichen nach 1 km die Ortschaft **St. Margarethen**. Hier gibt es eine Übernachtungsmöglichkeit direkt am JW im Gasthof Rothmayr.

Gasthof Rothmayr, Margarethen 17, 4020 Linz, ☏ 07 32/77 48 49, info@gasthofrothmayr.at, ÜF EZ € 55, DZ € 73

Der Donaustrand von St. Margarethen bietet eine gute Rast- und Bademöglichkeit – die Donau hat hier eine sehr gute Wasserqualität. Etwas später kommen Sie an einem Befestigungsturm vorbei (ehem. Maximilianische Befestigung zur Sperre von Straße und Donau, erbaut 1831) und müssen hier 1 km direkt neben der Bundesstraße gehen (gehen Sie bitte hinter den Leitplanken). Beim JWS dürfen Sie die Bundesstraße nach links verlassen ❶. Nach 700 m erreichen Sie einen Parkplatz. Sie gehen hier in Richtung Wilhering auf dem **Prinzensteig** und folgen dem JWS durch den schönen Kürnberger Wald. Nach 1,3 km kommen Sie zum ehemaligen **Römerturm (2. Jh.)**.

Kurz nach dem Römerturm kommt eine Abzweigung, die Sie nicht übersehen dürfen ❷. Es geht dem JWS folgend weiter nach Wilhering.

Nach etwa 3 km erreichen Sie am Ende des Kürnberger Waldes eine Abzweigung. Geradeaus geht es weiter zum Stift Wilhering und links geht's weiter nach Hörsching. Zuerst sollten Sie dem Stift Wilhering einen Besuch abstatten. Sie gehen dazu den Prinzensteig hinunter und sehen schon den Kirchturm der Stiftskirche.

Gehen Sie an dem Stiftsgebäude ein Stück entlang und Sie kommen zum Eingangstor (direkt neben der Straße). Hier treten Sie ein und befinden sich im Stift Wilhering ❸.

Wilhering

Marktgemeindeamt Wilhering, Linzer Straße 14, 4073 Wilhering, ☏ 072 26/225 50, www.wilhering.at, Mo, Mi-Fr 7:30-12:30, Di 7:30-18:30

Verbindung nach Dörnbach

✞ **Zisterzienserstift Wilhering**. Gründung 1146. Aus der Anfangszeit erhalten sind ein römisches Portal und Teile des gotischen Kreuzganges. Stiftskirche Maria Himmelfahrt eine der bedeutendsten Rokokobauten im deutschen Sprachraum. Hochaltar von Martino Altomonte. Stiftspark von 1840.

♦ ☏ 072 26/23 11 12, www.stiftwilhering.at, abteibuero@stiftwilhering.at, Stiftsführungen jeden So 14:15 (nicht in den Wintermonaten), Stiftskirche, Kreuzgang und Klosterfriedhof sind ganztägig frei zugänglich.

Klostercafé im ehemaligen Meierhof des Stiftes, Di-So 10:00-17:00

Nachdem Sie das Stift besichtigt haben, kehren Sie zurück zur Abzweigung beim **Prinzensteig** ❸ und setzen Ihren Weg fort. Nächster Etappenpunkt ist die Ortschaft Dörnbach. Nach 1,5 km erreichen Sie eine Lichtung und folgen weiterhin dem JW geradeaus. Nach ca. 1,9 km weist das JWS an der Abzweigung nach rechts (**Leonding/Pasching**). In einer Kurve verlassen Sie 500 m später den breiten Wanderweg und gehen geradeaus weiter in Richtung Dörnbach. Sie gehen hier auch auf dem Benediktweg.

Bei der nächsten Abzweigung nach 300 m halten Sie sich rechts und gehen am Feld vorbei. Sie gelangen schließlich beim Gehöft **Schneiderbauer** an eine Schotterstraße und folgen dieser bergab. Sie überqueren die Asphaltstraße und befinden sich nun auf dem Breitensteinweg, der kurz darauf in einen Schotterweg

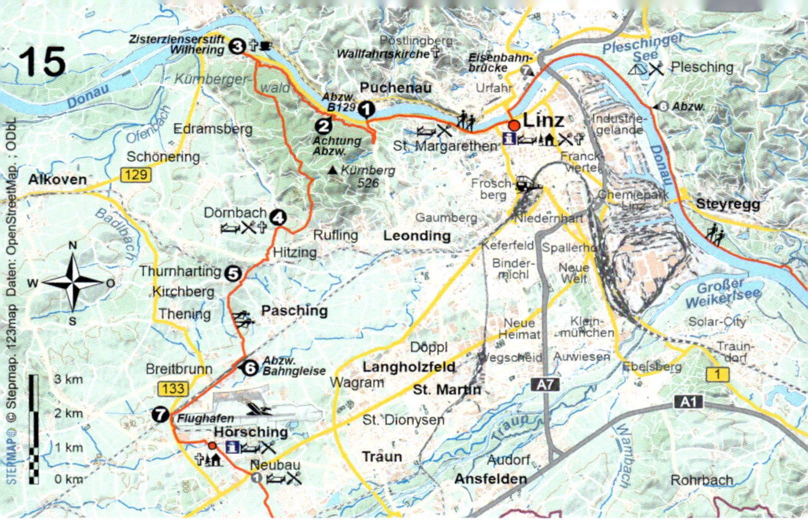

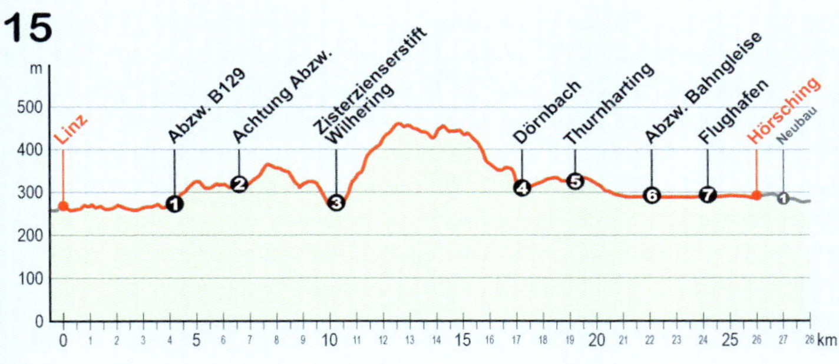

entlang eines Feldes mündet. Nach dem Feldweg und kurz nach dem **Waldkindergarten** zweigen Sie rechts ab in Richtung Dörnbach/Pasching. Sie queren hier eine Wiese und sehen vor sich schon die Kirchturmspitze von Dörnbach.

Dörnbach

Gasthof Fischer, Pfarrhofweg 2, 4073 Dörnbach, direkt am Weg in Dörnbach, 072 21/880 94, 06 64/203 88 44, www.fischer-doernbach.at, gasthof@fischer-doernbach.at, ÜF EZ ab € 55, DZ ab € 70,

Dorfcafé Dörnbach, Pfarrhofweg 10, 4073 Dörnbach, am Weg, 06 64/577 43 31, Mi-Fr 10:00-12:00 und 15:00-22:00, Sa und So 10:00-20:00

Verbindung nach Hörsching

Vorbei am Gasthof Fischer gehen Sie an der Dörnbacher Straße nach links ❹. Kurz darauf verlassen Sie Dörnbach und sehen vor sich schon das Ortsschild von **Hitzing**. Nach einem kurzen Stück entlang der Straße überqueren Sie einen Bach und folgen an der Straße Am Hitzinger Berg dem JWS nach rechts. Nach der Siedlung treffen Sie auf die Hitzinger Straße, folgen ihr ein Stück nach rechts und biegen dann beim Ortsendeschild links ab. Die Straße heißt **Am Hochland.**

Ihr nächstes Ziel ist Hörsching. Sie überqueren die Gleise und sehen das Ortsschild von Thurnharting. Bei der Kirchbergerstraße 23 wenden Sie sich an einem Rastplatz (**Dorfwiese Thurnharting**) ❺ nach links und folgen dem JWS. Gleich darauf biegen Sie kurz vor dem Ortsende von Thurnharting nach rechts ab und folgen dem JWS. Nach 500 m gelangen Sie zu einer Abzweigung, wo Sie in die mit einer Schranke gesperrte Privatstraße einbiegen (Durchgang erlaubt). Nach 1,8 km erreichen Sie bei einem Gehöft eine Asphaltstraße und gelangen zur Paschinger Straße (L1227), die Sie überqueren. Vorbei an den Lagerhaussilos gelangen Sie zu den Gleisen und gehen dort rechts bis zur Fußgängerunterführung. Sie unterqueren die Gleise und setzen Ihren Weg vor dem Bahnhof nach rechts fort ❻. Nach etwa 2 km entlang der Gleise gelangen Sie in einer Kurve zum Ende des Flughafens Hörsching ❼. Sie umgehen den Flughafen, kommen an einem Kreisverkehr vorbei und kommen gleich darauf an einen zweiten, wo Sie nun die Ausfahrt nach links in die Ofteringer Straße nehmen. Sie sehen das Ortsschild von Hörsching und bald schon sind Sie bei der Kirche des hl. Jakob in Hörsching angelangt.

Hörsching

BANK

Marktgemeinde Hörsching, Neubauer Str. 26, 4063 Hörsching, 072 21/721 55, www.hoersching.at, Mo-Fr 8:00-12:30, Mo auch 14:00-16:00, Do auch 15:00-18:00

Haus Concord, Familie Urferer, Franz-Jungmeier-Straße 4, 4063 Hörsching, auf dem Weg nach Neubau, kurz nach dem Kreisverkehr rechts in die Schulstraße bis zur quer verlaufenden Franz-Jungmeier-Straße, 072 21/727 35, 06 64/308 19 56, www.haus-concord.at, F nach Vereinbarung, Küchenbenutzung, Ü EZ € 34

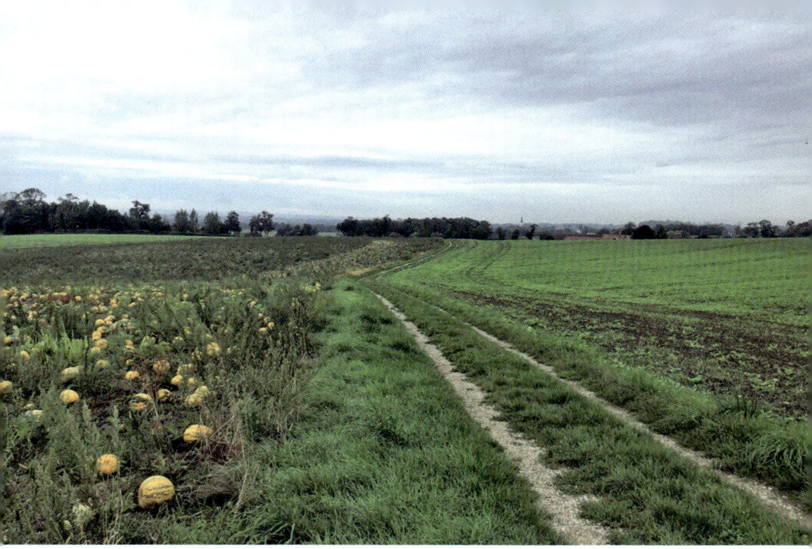

Kürbisfeld auf dem Weg nach Hörsching

Pfarrheim neben/gegenüber der Kirche, 4063 Hörsching, ☏ 072 21/721 05, 06 76/87 76 51 38, www.dioezese-linz.at/hoersching/hl-jakob, Matratzenlager ohne F, freiwillige Spende

Zug im Stundentakt Richtung Linz oder Wels

✝ **Pfarrkirche Hörsching (✝ St. Jakobus d. Ä)**. 793 wurde die Kirche erstmals urkundlich erwähnt. Der romanische Kirchenbau wurde gotisch mehrfach umgebaut. Der heutige Grundriss geht auf das Jahr 1867 zurück. Erwähnenswert sind der einzige erhalten gebliebene gotische Reisboden (Werksplan, hinter der Orgel) und das Hochaltarbild (Maria Himmelfahrt) von Franz Anton Maulpertsch (1724 bis 1796, letzter und glänzendster österreichischer Barockmaler). Vor der Gartenmauer gibt es drei römische Grabsteine (vermutlich aus dem 3. Jh.). Die rechte der beiden vergoldeten Statuen im Presbyterium stellt Jakobus d. Ä. dar.

Hörsching war bereits zur Römerzeit ein Garnisonsort. Man fand auch bei Renovierungsarbeiten in der Kirche alte römische Reliefs (siehe auch Text zur Kirche). Heute ist der Ort auch für den Flughafen bekannt, an dem Sie bereits vorbeigegangen sind.

16. Etappe: Von Hörsching nach Wels

18,9 km, 4 Std. 35 Min., 37 m, 10 m, 278-313 m

0,0 km	294 m	Hörsching
1,0 km	285 m	Neubau
3,9 km	288 m	Anschlussstelle Linz-Weg/St.-Florian-Weg
18,9 km	312 m	Wels

Die heutige Etappe ist wieder etwas kürzer gehalten – nicht ohne Grund. Wels hat eine sehr schöne Innenstadt, die Sie sich in Ruhe ansehen sollten. Zunächst geht es aber von Hörsching an die Traun – endlich wieder ein Fluss, an dem Sie nun wieder längere Zeit entlangpilgern können.

Sie starten die Etappe bei der Kirche von Hörsching und gehen vom Bruckner Platz in die Neubauer Straße. Die nächste kleine Ortschaft ist Neubau in 1 km. Im Ort ❶ gibt es auch Übernachtungsmöglichkeiten, die direkt am Weg liegen.

Neubau

F Hotel-Restaurant, Linzer Str. 27/B1, 4063 Hörsching, ca. 1,5 km südlich, fast direkt am Weg, ☏ 072 21/721 56, www.fhotel.at, office@fhotel.at, Ü EZ ab € 50, DZ ab € 64, F € 5

♦ Gasthof Mandorfer, Linzer Str. 34/E1, 4063 Hörsching, ca. 1,5 südlich, direkt am Weg, ☏ 072 21/720 80, www.gasthof-mandorfer.at, ÜF ab € 28,50

Sie überqueren die Linzer Straße, gehen geradeaus weiter in die Frindorfer Straße und erreichen das Ortsende von Hörsching. Kurz vor dem Ortsschild von Traun biegt der JW nach rechts ab und Sie kommen in die kleine Ortschaft Friendorf. Sie folgen weiter der Frindorfer Straße und überqueren die Mühlbachstraße. Rechts kommen Sie zum Gasthof Linimayr und geradeaus gehen Sie weiter zum Gasthaus Roithmeier.

Friendorf

Gasthof Linimayr, Familie Royda, Mühlbachstr. 38, 4063 Hörsching, ☏ 072 21/720 31, www.linimayr.at ÜF EZ ab € 50, DZ € 88

Gasthaus Roithmeier, Frindorferstraße 52, 4063 Hörsching, ☏ 072 29/713 55, Fr-Di 10:00-22:00

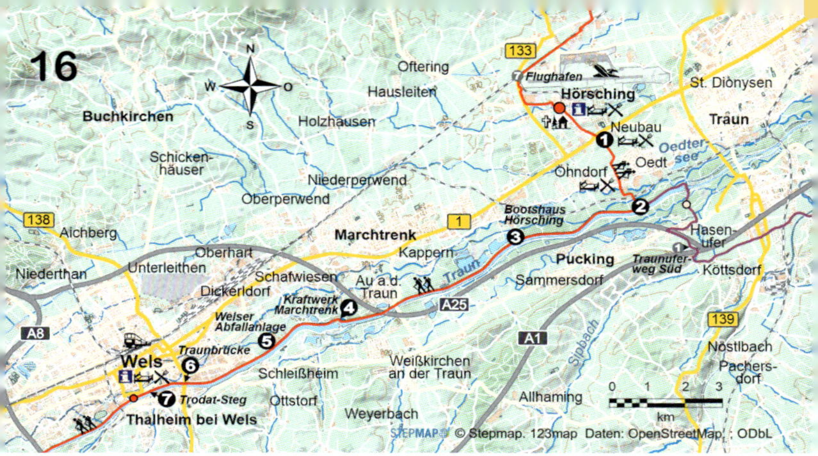

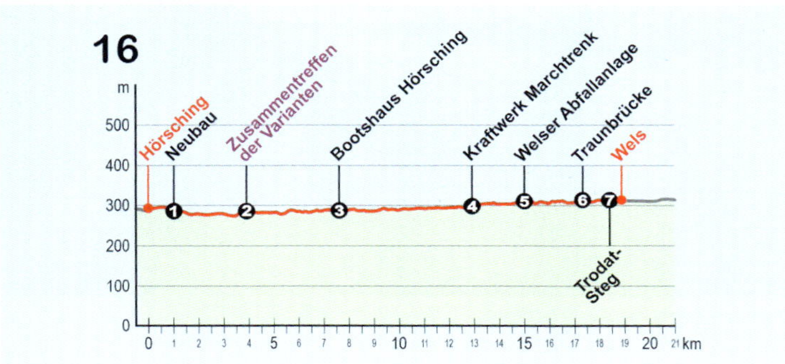

Sie gehen geradeaus weiter, unterqueren die Gleise, überqueren einen Bach und gelangen schließlich an das **Traunufer** und treffen hier auf die Pilgernden, die den St.-Florian-Weg gegangen sind ❷.

Bis zum Wegzeichen, an dem die nördliche mit der südlichen Variante zusammenläuft, sind es ab Ansfelden ca. 10,5 km. Die Pilgernden, die von Hörsching kommen, sind ca. 4 km unterwegs.

Gleichgültig ob Sie den Linz-Weg oder den St.-Florian-Weg gegangen sind, Sie setzen hier am Traunufer Ihren Weg nach Wels fort. Sie kommen am Bootshaus Hörsching ❸ vorbei und 9 km nach der Anschlussstelle am Kraftwerk Marchtrenk ❹. Hier beginnt auch der Planetenweg, der Sie bis Wels begleitet (noch 6 km). Momentan sind Sie beim Mars, Ihr Ziel ist die Sonne bei der Alten

Traunbrücke in Wels. Bis Sie dort ankommen, müssen Sie aber noch die Welser Abfallanlage ❺, die Traunbrücke ❻ und die Fuß- und Radwegbrücke (Trodat-Steg) passieren ❼. Schließlich gelangen Sie aber dann doch endlich zur Alten Traunbrücke (Sie sind auch bei der Sonne angelangt). Wenn Sie hier ↳ rechts der Traungasse folgen, gelangen Sie zum Welser Stadtplatz ins alte Zentrum. Der JW führt geradeaus weiter.

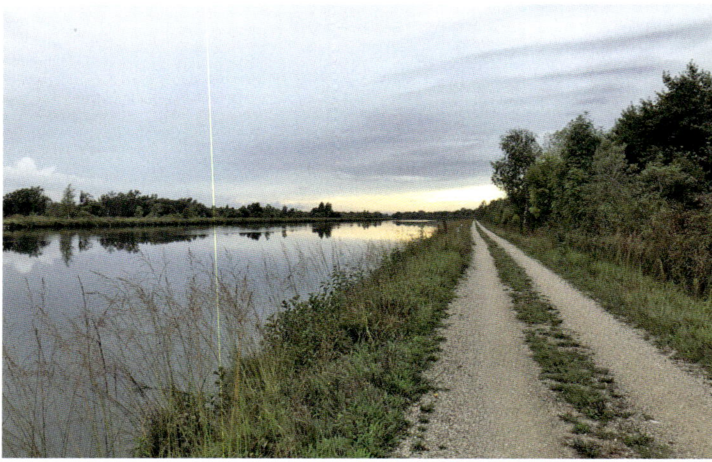

Entlang der Traun nach Wels

Wels

- Wels Marketing & Touristik, Stadtplatz 44, 4600 Wels, ☏ 072 42/677 22, www.wels.at, Mo-Fr 9:00-12:00 und 13:00-18:00
- Amedia Plaza Kremsmünstererhof Wels, Stadtplatz 62, 4600 Wels, neben dem Rathaus, ca. 400 m abseits, ☏ 072 42/466 23, www.amediahotels.com, Ü EZ € 89
- ♦ Best Western Plaza Hotel Wels, Adlerstraße 1, 4600 Wels, ca. 500 m abseits am östlichen Ende des Stadtplatzes, neben der Pfarrkirche, Zentrum, ☏ 072 42/22 03 30, www.plazahotels.de, Ü EZ € 88, DZ € 96
- City Rooms Wels, Pfarrgasse 8, 4600 Wels, Zentrum, ☏ 072 42/ 27 74 04, www.cityrooms-wels.at, office@cityrooms-wels.at, ÜF EZ 87,10, DZ € 114,20
- große Dichte an Zügen in Richtung Linz oder Salzburg, Zug im Stundentakt nach Lambach

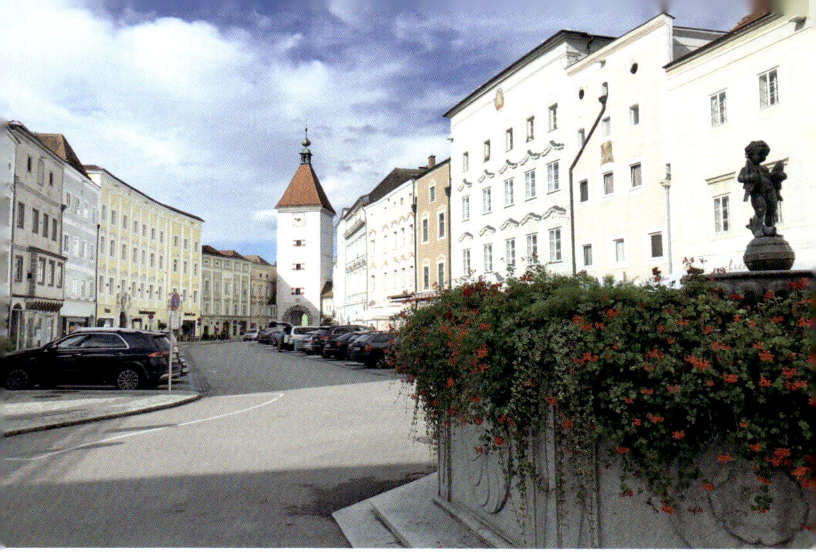

Stadtplatz Wels

⌘ **Stadtplatz-Ensemble**. Bemerkenswert sind vor allem die Häuser Nr. 34 und 55 mit ihren Arkadenhöfen, außerdem der Lederer-Turm und die Burg Wels. Die Burg Wels beheimatet das Museum zur Stadtgeschichte mit einem Schwerpunkt auf Kaiser Maximilian I.

♦ Stadtmuseum Wels – Burg, Burggasse 13, 4600 Wels, ☏ 072 42/235 73 50, 💻 www.wels.gv.at, 🚪 Di-Fr 10:00-17:00, Sa 14:00-17:00, So, Fei 10:00-16:00

⌘ **Stadtmuseum Wels –Minoriten/Archäologische Sammlung**. Das Museum im ehemaligen Minoritenkloster verfügt über eine archäologische Sammlung zur Vor- und Frühgeschichte von Wels.

♦ Minoritenplatz 4, 4600 Wels, ☏ 072 42/235 13 46, 💻 www.wels.gv.at, Di-Fr 10:00-17:00, Sa 14:00-17:00, So, Fei 10:00-16:00

⌘ **Stadtmuseum Wels – Kaiser-Panorama**. Original stereoskopisches Sehvergnügen – eines der letzten der Welt

♦ Pollheimerstraße 17, 4600 Wels, ☏ 072 42/235 73 50, 💻 www.wels.gv.at. 🚪 Fr 15:00-19:00

Wels wurde vor 2.000 Jahren als (röm.) Ovilava gegründet.

17. Etappe: Von Wels nach Schwanenstadt

24,8 km, 6 Std. 5 Min., ↑ 101 m, ↓ 24 m, ⇧ 312-389 m

0,0 km	⇧ 312 m	Wels
15,2 km	⇧ 362 m	Lambach
24,8 km	⇧ 389 m	Schwanenstadt

Während der nächsten drei Tage lernen Sie Oberösterreich und im Speziellen das Hausruckviertel besser kennen. Die Landschaft ist sanft hügelig und wie fürs Pilgern geschaffen. Die Ortschaften und deren Menschen sind sehr sympathisch und die Kirchen etwas schlichter und ländlicher als bisher – eine gute Abwechslung, finde ich. In Lambach erwartet Sie die wunderschöne Benediktiner-Abtei und Schwanenstadt besticht durch seinen schönen Stadtplatz.

Sie starten bei der Alten Traunbrücke in Wels und setzen Ihren Weg in Richtung Lambach fort. Nach etwa 6 km erreichen Sie das Kraftwerk Traunwehr und das Landhaus Traunwehr ❶ (05 60/352 41 60, Do-So 12:00-23:00). Der JW führt hinter dem Gasthaus entlang und setzt sich am Traunufer fort. Sie befinden sich hier im **Europaschutzgebiet Untere Traun**. Nach etwa 1,3 km erreichen Sie einen Parkplatz mit Schranken ❷.

Hier führt der Weg nach links zur Traun zurück. Nach weiteren 4 km (12 km nach Wels) verlassen Sie kurz nach der Brücke, die Sie unterschreiten, die Traun ❸. Sie befinden sich am Ortsanfang von Edt bei Lambach und **kommen zur Fichlhamerstraße, der Sie nach links folgen.** Vorbei am Tennisplatz geht es geradeaus weiter (nicht links abbiegen). Erst bei der Bushaltestelle „Schöberlsiedlung" zweigen Sie nach links ab ❹. Nach einigen Minuten zweigt der JW bei einem Gehöft scharf links in einen hinabführenden Wanderweg ab. Vorbei an einer Betriebshalle führt der Weg zwischen Wiesen und Feldern weiter. Sie gehen links über eine Brücke (Schwaigerbach) und weiter Richtung Lambach und hinauf zur Friedhofskirche.

Am Friedhof vorbei führt der Weg hinunter zur Bahnhofstraße, die Sie dann entlanggehen. Sie wandern nun entlang des Stifts Lambach und können über einen Seiteneingang (Stiftskeller) direkt in den Innenhof des Benediktinerstifts gelangen ❺.

Hier gibt es eine hervorragende Pilgerherberge (gleich links neben dem Stiftsportal).

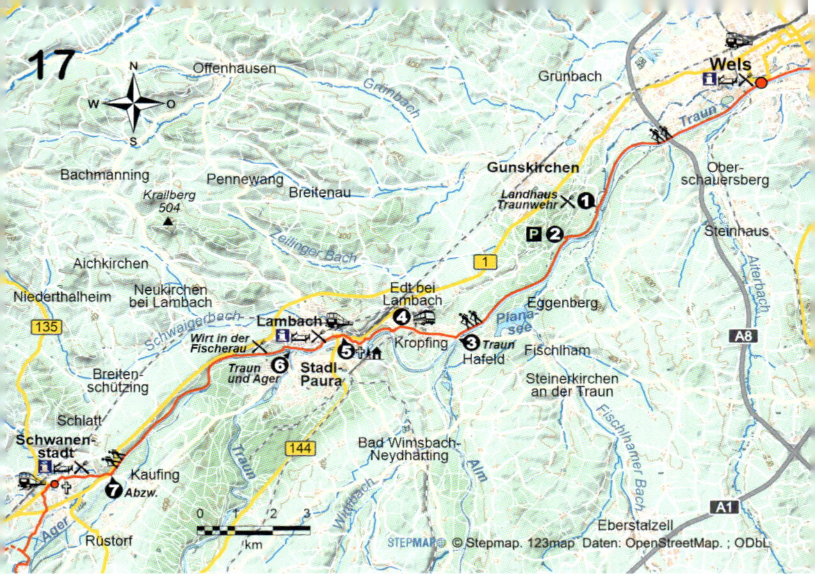

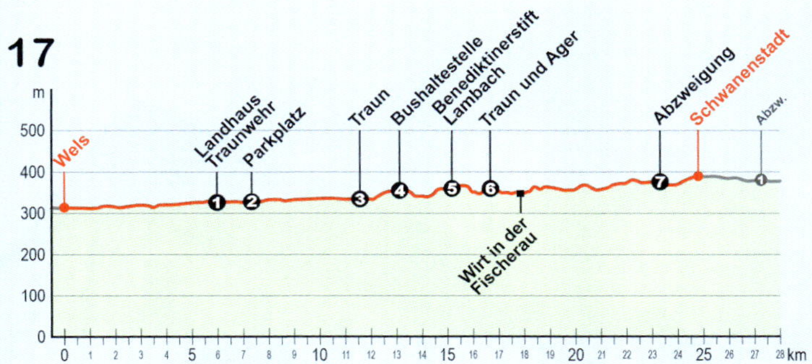

Lambach

Marktgemeindeamt Lambach, Marktplatz 8, 4650 Lambach, ☏ 072 45/283 55, www.lambach.eu, Mo-Fr 8:00-12:00, Mo, Di, Do auch 14:00-16:00

Obermair, Salzburger Str. 2, 4650 Lambach, am Marktplatz, ☏ 072 45/288 67, www.cafe-obermair.at, ÜF EZ € 67, DZ € 88

Gasthof Eitzinger Zum Grünen Baum, Marktplatz 13, 4650 Lambach, ☏ 072 45/289 63, www.gasthof-eitzinger.at, ÜF EZ € 45, DZ € 78

Benediktinerstift Lambach, Pilgerherberge Bethanien, Klosterplatz 1, 4650 Lambach, ☏ 072 45/207 77, www.stift-lambach.at, 5 einfache Schlafplätze, Sanitäranlagen neu renoviert, freiwillige Spende, Gästezimmer (zuständig für die Gästezimmer: Herr Schöberl: ☏ 072 45/217 10): Ü EZ oder DZ € 31

Zug im Stundentakt nach Schwanenstadt und zu weiteren Orten am folgenden Weg

✝ Die **Benediktiner-Abtei** existiert seit 1056. Ihr heutiges Erscheinungsbild erhielt sie in der zweiten Hälfte des 18. Jh. Zwischen 1941 und 1945 war sie NS-Erziehungsanstalt; 1945 kehrte der Konvent zurück und prägt bis heute das kulturelle wie wirtschaftliche Bild Lambachs. Sehenswert sind die einzigartigen Fresken im Läuthaus (ehemaliger Westchor). Sie stammen aus der Zeit zwischen 1056 und 1089 und zählen somit zu den ältesten im mitteleuropäischen Raum. Bemerkenswert sind zudem das Stiftsportal (1693, Jakob Auer) sowie das Klostertheater.

Stift Lambach

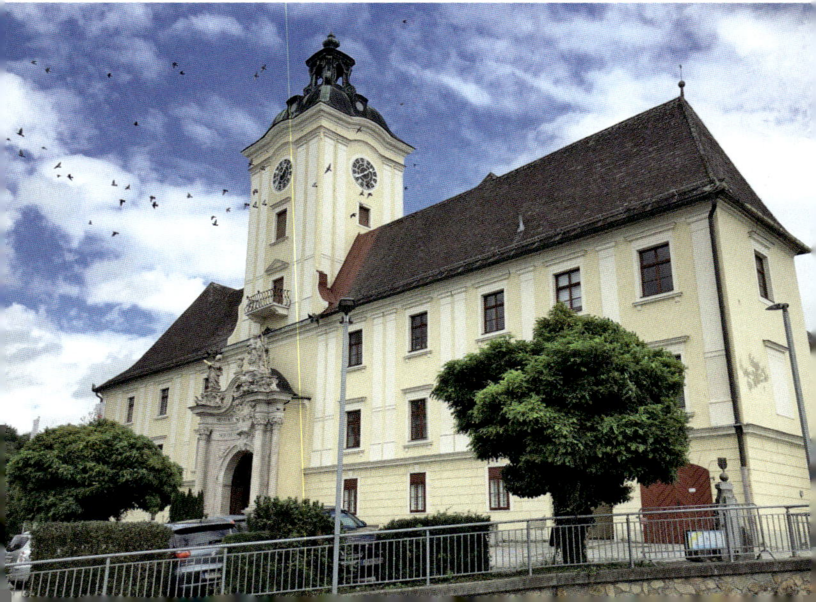

Die Gegend um Lambach war vermutlich schon in der Bronzezeit besiedelt. Die erste Erwähnung von Lambach stammt ca. aus dem Jahr 798. Um 1000 erfolgte die Gründung der ersten Pfarrei zu Ehren der hl. Jungfrau Maria unter Graf Arnold I. aus dem Geschlecht Wels-Lambach. 1365 erhielt Lambach das Marktrecht. Bekannte Besucher Lambachs waren W. A. Mozart samt Vater (Lambacher Symphonie, KV 45a), Napoleon I., B. Altomonte, F. Carlone, Marie Antoinette.

Das nächste Wegstück starten Sie vor dem Stift beim Kirchenplatz. Gleich links befindet sich die Fußgängerbrücke, die Sie zum Marktplatz führt. Beim Rathaus biegen Sie links ab und verlassen den Marktplatz. Über die **Badgasse** gelangen Sie wieder zur Traun und gehen hier weiter in Richtung Schwanenstadt. Vorbei am Freibad führt der JW noch ein Stück entlang der Traun. Bis Schwanenstadt sind es 9 km. Sie kommen hier zum Zusammenfluss von Traun und Ager und folgen ab nun der Ager ❻. Etwa 1 km später kommen Sie am ✕ Wirt in der Fischerau (Fischerau 2, ☏ 072 45/289 94, Do, Sa, So 15:00-22:00) vorbei. Etwa 5,5 km nach dem Gasthaus kommen Sie zum **Hundeabrichteplatz** und zweigen hier rechts ab ❼. Sie unterqueren die Bundesstraße (B1) und befinden sich in **Staig**. Sie gehen die Kaufinger Straße entlang, kommen Sie bald schon zum Stadtplatz von Schwanenstadt.

Schwanenstadt

ℹ Stadtamt (Rathaus am Stadtplatz), Stadtplatz 54, Zimmer 1, 4690 Schwanenstadt, ☏ 076 73/22 55, www.schwanenstadt.at, Mo-Fr 8:00-12:00, Di zusätzlich 14:00-19:00

✕ Gasthof Hofbauer, Stadtplatz 6, 4690 Schwanenstadt, Zentrum, ☏ 076 73/22 50, 06 80/130 07 03, www.hotel-schwanenstadt.at, ÜF EZ € 43, DZ € 82

♦ Gasthof Gruber, Stadtplatz 14, 4690 Schwanenstadt, Zentrum, ☏ 076 73/22 54, 06 64/393 56 71, ÜF EZ € 48, DZ € 78

Hotel garni Daniela Urich, Stadtplatz 36, 4690 Schwanenstadt, Zentrum, 06 64/610 39 11, www.daniela.at, daniela@urich.at, ÜF EZ € 58, DZ € 94 (-5 % mit Pilgerausweis)

Zug im Stundentakt nach Attnang-Puchheim und zu weiteren Orten am folgenden Weg

✞ neugotische **St. Michael** (1900 bis 1902)

⌘ **Stadtturm mit Galerie**

♦ Stadtplatz 1, 4690 Schwanenstadt, ☏ 076 73/225 52 32, nur während einer Ausstellung geöffnet

⌘ **Heimatmuseum** in Pausinger Villa

♦ Linzer Straße 16, 4690 Schwanenstadt, 06 64/73 49 13 45, Do 10:00-11:00 und nach Vereinbarung

⌘ **mechanische Fastenkrippe** in der Kalvarienbergkirche am Phillipsberg (nur von Gründonnerstag bis Karsamstag)

Die Kelten/Illyrer gründeten hier eine Stätte namens Tergolape (= kleiner Markt am Wasser). Die erste urkundliche Erwähnung erfolgte 788 (als „Suanaseo"), 1361 dann die erste urkundliche Erwähnung als Markt („Schwans"/„Swans"). 1627 erfolgte die Erhebung zur Stadt.

18. Etappe: Von Schwanenstadt nach Gampern

➲ 24,9 km, 6 Std. 10 Min., ↑ 142 m, ↓ 23 m, ⇧ 378-507 m

0,0 km	⇧ 389 m	Schwanenstadt
8,4 km	⇧ 413 m	Attnang-Puchheim
14,9 km	⇧ 423 m	Vöcklabruck
17,2 km	⇧ 452 m	Oberthalheim
18,6 km	⇧ 455 m	Timelkam
24,9 km	⇧ 507 m	Gampern

Heute haben Sie ein dichtes Ortsbesichtigungsprogramm vor sich. Zur Mittagspause sollten Sie Vöcklabruck mit seinem schönen Marktplatz anpeilen und am Abend erreichen Sie mit Gampern einen meiner Lieblingsorte auf dem Jakobsweg (auf der Rückseite des Kirchenaltars erwartet Sie eine Überraschung, die es in sich hat).

Sie starten den nächsten Abschnitt am Stadtplatz von Schwanenstadt und gehen zum schönen **Stadtturm** am Ende des Platzes. Nach dem Stadtturm nehmen Sie die Fußgängerunterführung und gehen links auf der Salzburger Straße weiter. Sie biegen beim **Haus Nr. 11** links ab und gleich darauf wieder rechts in

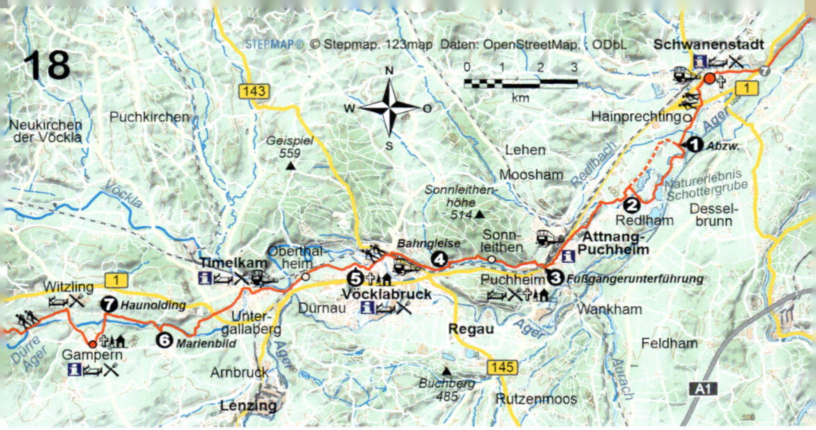

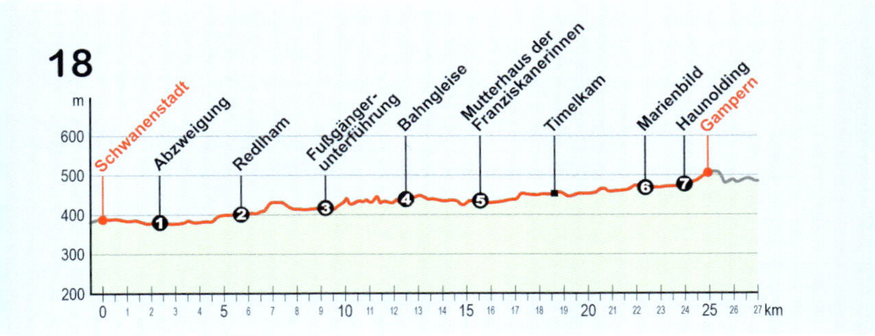

die Schwanbachgasse, der Sie nun folgen. Nach einigen Metern biegen Sie dann wieder links in die Krankenhausstraße ab. Am Friedhof vorbei geht es dem JWS folgend in die Hainprechtinger Straße. Sie überschreiten die Bundesstraße auf einer Brücke und halten sich rechts. Bald sehen Sie das Ortsschild von Hainprechting und haben hier einen wunderbaren Ausblick auf das **Höllengebirge** und den **Traunstein**. Sie durchschreiten Hainprechting und überqueren bald schon auf einer Brücke den Redlbach.

Weiter geht es nach Redlham. Nach 400 m erreichen Sie eine Abzweigung, wo der JW in beide Richtungen markiert ist ❶. Sie können entweder links und damit durch den schönen **Naturerlebnispark Schottergrube** gehen oder ↳ Sie wählen die rechte kürzere Variante. Beide Wege treffen wieder zusammen. Ich habe die linke Abzweigung gewählt.

Sie kommen hier vorbei an mehreren kleinen Seen und Rastplätzen. Am Ende des Erholungsgebiets erreichen Sie das Kieswerk, an welchem Sie vorbeigehen. Vor dem Tennisplatz führt der JW rechts entlang. Am Ortsendeschild von Redlham biegen Sie links ab ❷. Hier treffen Sie auch wieder auf die zweite, kürzere, aber nicht unbedingt schönere Variante.

Folgen Sie den JWS und Sie erreichen das Ortsende von Redlham. Bei einer Trafostation überqueren Sie die Landstraße und setzen Ihren Weg am Rande eines Wäldchens vorbei fort. Kurz darauf zweigt der JW auf eine Traktorspur links rückläufig ab, wobei Sie einen Bach überqueren. Vorbei geht der JW an mehreren Sportanlagen (Hundesportschule, Tennisclub, Baseballanlage, Stockschützenverein). Von den Sportplätzen herunter kommen Sie in die **Badgasse** und weiter geradeaus in die **Waldstraße**, die dann in die **Humboldtstraße** übergeht. Kurz vor der Kirche biegen Sie links und dann gleich wieder rechts ab. Der JW führt nun etwas abseits, aber parallel zur stark befahrenen Bahnhofstraße entlang. Sie gelangen schließlich zum Rathausplatz und weiter zum Europaplatz. Unmittelbar in nächster Nähe gibt es keine Übernachtungsmöglichkeiten, aber etwas abseits.

Attnang-Puchheim

Stadtamt Attnang-Puchheim, Rathausplatz 9, 4800 Attnang-Puchheim, ☏ 076 74/615, www.attnang-puchheim.at, Mo, Mi, Fr 8:00-12:00, Di 7:00-12:00, Do 8:00-12:00 und 16:00-18:00

Gasthof Weissl, Gmundnerstraße 31, 4800 Attnang-Puchheim, 2,2 km vom Bahnhof, www.gasthof-weissl.at, office@gasthof-weissl.at, ÜF € EZ 53, DZ € 86

Gästehaus der Redemptoristen – Kloster Maria Puchheim, Gmundner Straße 3, 4800 Attnang-Puchheim, 1 km südlich vom Europaplatz, ☏ 076 74/665 50, Pater Janosch: 06 64/426 95 26, www.dioezese-linz.at/maximilianhaus, ÜF EZ € 31,50, DZ € 65

Zug im Stundentakt nach Vöcklabruck, große Dichte an Zügen in Richtung Wels oder Salzburg und zu weiteren Orten am folgenden Weg

✝ **Kloster- und Wallfahrtsbasilika Maria Puchheim im Redemptoristen-Kloster**. 1886 bis 1890 wurde die Basilika im Renaissancestil erbaut. Am Hochaltar befindet sich eine Kopie des Gnadenbildes „Maria Von Der Immerwährenden Hilfe“ (wahrscheinlich aus dem 14. Jh., Original in Rom).

Kurz hinter dem Kloster liegt das 1050 erbaute **Schloss Puchheim**, das 1585 nach einem Brand in der heutigen Form wieder aufgebaut wurde.

Die erste urkundliche Erwähnung Attnangs stammt aus dem Jahr 1242 („Otenang"), die von Puchheim bereits aus dem Jahr 1135. Der wirtschaftliche Aufschwung erfolgte ab 1860 mit der Eröffnung der Eisenbahnlinie Lambach – Frankenmarkt. Während des Zweiten Weltkriegs wurde der Ort stark durch Bombenangriffe zerstört, damit einher ging auch der wirtschaftliche Niedergang.

Weiter geht es nach Vöcklabruck. Vom **Europaplatz** gehen Sie zur **Salzburger Straße**, der Sie ein kleines Stück bis zur Fußgängerunterführung folgen müssen ❸. Dort unterqueren Sie die Straße und überqueren die Gleise der Westbahn. Gleich nach der Brücke gehen Sie links auf dem JW weiter. Nach Vöcklabruck sind es etwa 6 km. Sie nehmen die erste Abzweigung nach rechts und folgen gleich wieder links dem JWS. Sie kommen nach Sonnleithen und zum Ortsende von Attnang-Puchheim. Weiter geht es entlang der Gleise der Westbahn ❹, vorbei an der Tierklinik, und Sie gelangen zum Bahnhof von Vöcklabruck. Dort unterqueren Sie die Gleise der Westbahn und befinden sich am Bahnhofsvorplatz. Sie gehen nun nach rechts entlang der Bahnhofstraße bis zum Kreisverkehr und bleiben weiter auf der Bahnhofstraße. Sie überqueren die Vöckla, kommen zum Unteren Stadtturm und befinden sich am Stadtplatz von Vöcklabruck.

Vöcklabruck

Stadtmarketing, Hinterstadt 14, 4840 Vöcklabruck, ☏ 076 72/266 44, www.voecklabruck.at, Mo-Fr 8:30-12:30, Mo, Di, Do auch 14:00-16:00

♦ Stadtgemeindeamt, Klosterstr. 9, 4840 Vöcklabruck, ☏ 076 72/76 00, www.voecklabruck.at, Mo-Fr 8:00-12:30, Do zusätzl. bis 18:00

Gasthof Zum Auerhahn, Stadtplatz 26, 4840 Vöcklabruck, zentral, ☏ 076 72/234 56, www.auerhahn.at, ÜF EZ € 34,90, DZ € 32,50

♦ Hotel Lindner, Anton-Lumpi-Straße 13, 4840 Vöcklabruck, etwas abseits, ☏ 076 72/727 27, www.hotel-lindner.com, ÜF EZ € 49, DZ € 76

♦ Hotel Schillerhof, Gmundner Straße 66, 4840 Vöcklabruck, südlich abseits, ☏ 076 72/72 63 50, www.schillerhof.at, ÜF EZ € 65, DZ € 98

Mutterhaus der Franziskanerinnen, Salzburger Str. 18, 4840 Vöcklabruck, am Weg, ☏ 076 72/726 67, bis 17:00 reservieren, ÜF € 25

Zug im Stundentakt nach Timelkam und zu weiteren Orten am folgenden Weg

✞ **St. Ullrich**. Die Kirche befindet sich in der Hinterstadt neben dem Heimathaus. Es handelt sich um eine sehenswerte spätgotische Hallenkirche aus dem 15. Jh. mit barocken Altären aus dem 18. Jh.

✝ Die **Ägidiuskirche,** auch Dörflkirche, befindet sich in der Vorstadt. Erbaut wurde sie von Pilgrim v. Weng im 12. Jh. Ursprünglich war die Kirche als Hospiz errichtet (ältestes Hospiz Oberösterreichs, drittältestes der Welt). 1980 wurde die Kirche renoviert. Das barocke Innere stammt von Giovanni Battista und Carlo Antonio Carlone. Die heutige Gestalt der Kirche stammt aus dem Jahr 1688.

⌘ **Stadtplatz** mit spätmittelalterlicher Bausubstanz (barocke und klassizistische Fassaden) und zwei Wappentürmen (die einzig erhalten gebliebenen von Maximilian I.)

⌘ Das **Heimathaus** neben der Pfarrkirche St. Ullrich verfügt über eine Sammlung zur Urgeschichte und Volkskunde. Das Gebäude selbst stammt aus dem 15. Jh.

♦ Hinterstadt 19, 4840 Vöcklabruck, ☏ 06 76/841 06 62 39, ✉ heimathaus@asak-at, 🚪 1. Juni bis 31. August Mi, Sa 10:00-12:00, 1. September bis 31. Mai Mi 10:00-12:00

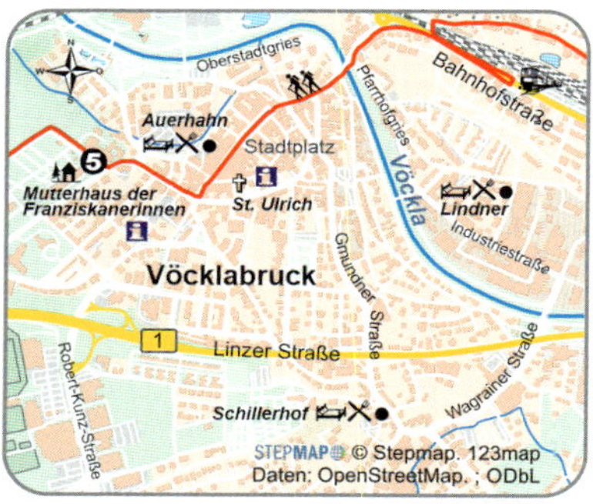

Sie überqueren den Stadtplatz und verlassen, vorbei am **Oberen Stadtturm,** die Altstadt von Vöcklabruck. Gleich nach dem Stadtturm halten Sie sich rechts in die Salzburger Straße. Sie gelangen zum Mutterhaus der Franziskanerinnen, wo Sie eine sehr gute Übernachtungsmöglichkeit haben.

Weiter auf dem JW geht es aber so: Kurz vor dem Mutterhaus gehen Sie durch den **Eingang beim Bauernladen** und gehen um das Areal der Franziskanerinnen ❺. Nach einigen Minuten sehen Sie die Ortsendetafel von Vöcklabruck und folgen dem JWS. Wenig später sehen Sie das Ortsschild von Oberthalheim. Es geht am 🛏 ✕ Gasthof Fruhstorfer vorbei und wenig später sind Sie beim Kloster St. Anna.

Oberthalheim (Ortsteil von Timelkam) 🛏 ✕

🛏 ✕ Gasthof Fruhstorfer, Oberthalheim 6, 4850 Vöcklabruck, am Weg, ☏ 076 72/728 34, 💻 www.fruhstorfer.at, ✉ fruhstorfer@asak.at, ÜF EZ € 45, DZ € 72

Vorbei am Friedhof folgen Sie der asphaltierten Straße und erreichen nach 500 m die stark befahrene Linzer Straße, überqueren diese beim Zebrastreifen und gehen rechts dem JWS folgend weiter. Nach etwa 500 m kommen Sie nach Timelkam. Dort gehen Sie geradeaus auf der Linzer Straße weiter.

Timelkam

Marktgemeindeamt, Pollheimerstr. 5, 4850 Timelkam, ☏ 076 72/951 05, www.timelkam.at, Mo-Fr 8:00-12:00, Mo, Do auch 14:00-17:00

Frühstückspension Moshammer/Gästehaus Flössersteg, Flößerweg 1, 4850 Timelkam, direkt am Weg, ☏ 076 72/934 00, 06 99/11 15 74 80, www.floessersteg.at, Ü EZ € 35, DZ € 56, F € 8, auf Pilgerinnen und Pilger spezialisiert

♦ Kleines Gästehaus, Martina Gahberger, Atterseestraße 25, 4850 Timelkam, Ortsteil Pichlwang, etwas abseits, 06 64/73 35 36 70, www.kleinesgaestehaus.at, Ü ab € 13

Gasthaus Heikerdinger, Kalchofen 22, 4850 Timelkam, kurz nach Moshammer/Flössersteg, ☏ 076 72/920 03, Mo-Do 10:30-14:00 und 16:30-1:00, Fr 10:30-14:00, So 9:00-14:00

Verbindung nach Gampern

Zug im Stundentakt nach Vöcklamarkt und zu weiteren Orten am folgenden Weg

Auf der Linzer Straße gehen Sie durch die Ortschaft und erreichen den interessanten Marktturm. Kurz danach überqueren Sie die Dürre Ager und biegen gleich links in die Aderstraße ein. Am Ortsendeschild von Timelkam zweigt der JW nach links ab.

Sie unterqueren die Bundesstraße (B1) und folgen dem JWS geradeaus weiter. Das nächste Ziel ist Gampern. Etwa 500 m später und kurz nach einem Gehöft zweigt der JW nach links ab, verlässt den asphaltierten Weg und geht auf einer Traktorspur weiter.

Nach einigen Minuten überqueren Sie die Dürre Ager und folgen dem JWS auf einen schmalen Pfad neben dem Bach und neben Feldern nach rechts. Bei einem **Marienbildnis ❻** umgehen Sie ein Feld und kehren danach wieder zurück zur Dürren Ager. Wieder geht es über eine kleine Brücke und danach links weiter. Etwa 1,2 km nach dieser Brücke erreichen Sie die kleine Ortschaft **Haunolding ❼**.

Der JW führt im Ort geradeaus weiter. Sie gehen hier allerdings nach links und kommen nach Gampern.

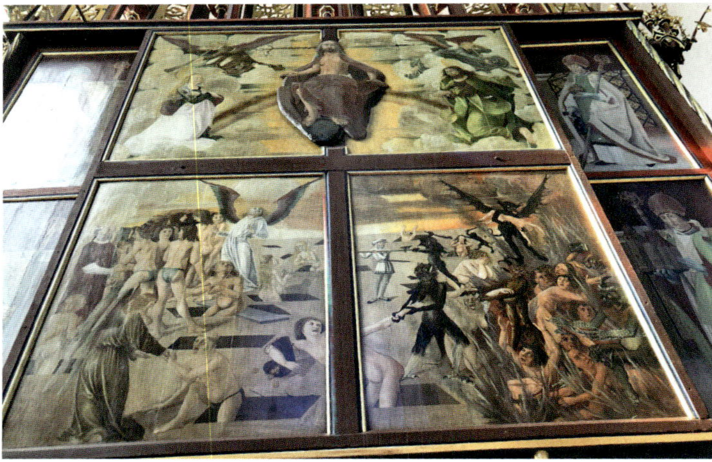

Himmel und Hölle – Flügelaltar in Gampern

Gampern

Gemeinde Gampern, Hauptstraße 14, 4851 Gampern, ☏ 076 82/80 45, www.gampern.at, Mo-Fr 8:00-12:00, Di auch 13:00-18:00, Do auch 13:00-16:00

Gasthof Zum Gugg, Bräugasse 5, 4851 Gampern, im Ort, ☏ 076 82/80 16, 06 64/73 58 86 86, www.zumgugg.at, zumgugg@aon.at, ÜF EZ € 60, DZ € 96

im Pfarrheim, Gampern 1, 4851 Gampern, am Ortsanfang, ☏ 076 82/80 19, pfarre.gampern@dioezese-linz.at, Ü auf Spendenbasis, am Tag zuvor anrufen

Verbindung nach Vöcklamarkt und zu weiteren Orten am folgenden Weg

✝ **Pfarrkirche Gampern**, geweiht dem hl Remigius. Es handelt sich um eine zweischiffige, spätgotische Hallenkirche, die zwischen 1480 und 1486 erbaut wurde. Hier können Sie den wunderschönen gotischen Flügelaltar (1497) und die beeindruckende Darstellung des Jüngsten Gerichts **„Gamperner Höll"** besichtigen.

Gampern ist ein hübscher, ländlich geprägter Ort, der, finde ich, ideal für einen ruhigen Abend nach einer langen Wanderung ist. Eine besondere Sehenswürdigkeit ist der berühmte Flügelaltar in der Pfarrkirche.

19. Etappe: Von Gampern nach Oberhofen

25 km, 6 Std. 30 Min., ↑ 294 m, ↓ 225 m, ⇧ 480-667 m

0,0 km	⇧ 507 m	Gampern
7,1 km	⇧ 487 m	Vöcklamarkt BANK
13,7 km	⇧ 522 m	Frankenmarkt BANK ⌘
25,0 km	⇧ 571 m	Oberhofen BANK

Auf der heutigen Etappe setzen Sie Ihre Erkundungstour durch das Hausruckviertel fort und gelangen schließlich schon wieder zur Grenze von Oberösterreich. Zunächst genießen Sie aber den beschaulichen Weg, der Sie auch zu den Ortschaften Vöcklamarkt und Frankenmarkt führt.

Nach dem Besuch der Kirche von Gampern gehen Sie am Gasthof Zum Gugg vorbei und folgen der Hauptstraße nach **Witzling**.

Dort überqueren Sie wieder die Dürre Ager und folgen beim Gasthaus Lachinger dem JWS nach Vöcklamarkt. In der Nähe vom Gasthof ist auch eine Übernachtungsmöglichkeit bei Schiestl Theresia.

Gasthaus Lachinger, Witzling 6, 4851 Gampern, ☏ 076 82/80 27,
www.gasthaus-lachinger.at, Di-Fr 17:00-0:00

Schiestl Theresia, Witzling 7, 4851 Gampern, 06 64/73 25 83 30,
th.schiestl14@gmail.com, ÜF EZ € 25

Auf dem Weg nach Vöcklamarkt kommen Sie zuvor aber noch in die kleine Ortschaft **Hörading**.

In Hörading könnten Sie evtl. die Abzweigung nach links (kurz vor dem Pferdegehöft) leicht übersehen ❶.

Etwa 900 m weiter kommen Sie in die kleine Ortschaft **Haid** und zweigen dort bei der Hauptstraße dem JWS folgend rechts ab. Nach weiteren 1,5 km unterqueren Sie (nach der Ortschaft Gründberg) die Frankenburger Straße und erreichen links gehend den **Lokalbahnhof Vöcklamarkt**. Der JW geht hier geradeaus weiter.

Wenn Sie jedoch beim Bahnhof rechts durch die **Fußgängerunterführung** ❷ gehen und dem Gehweg folgen, kommen Sie in wenigen Minuten nach Vöcklamarkt (600 m). Hier finden Sie gute Versorgungs- und Nächtigungsmöglichkeiten. Die Pfarrkirche von Vöcklamarkt, der **„Dom des Vöcklatales"**, ist sehenswert.

Vöcklamarkt

Marktgemeindeamt, Dr.-Scheiber-Str. 8, 4870 Vöcklamarkt, ☏ 076 82/26 55, www.voecklamarkt.ooe.gv.at, Mo-Fr 8:00-12:00, Di auch 13:00-17:30

Gasthof/Pension Riedl (Zum Auerhahn), Au 6, 4870 Vöcklamarkt, abseits, ☏ 076 82/63 80, www.gasthof-riedl.at, ÜF EZ € 52, DZ € 90

Pension Maria, Herrnwiesweg 3, 4870 Vöcklamarkt, nahe Pfarrkirche, ☏ 076 82/696 48, office@pension.maria.at, gabischerndl@gmail.com, ÜF € 40

Zug im Stundentakt nach Frankenmarkt und zu weiteren Orten am folgenden Weg

Die Kirche, sie wird auch der **Dom des Vöcklatals** genannt, stammt aus dem 15. Jh. Zwischen 1961 und 1977 erfolgte eine groß angelegte Innenrenovierung: Dabei kam es zur Freilegung alter Fresken. Sehenswert sind die schöne Jacobus-Mayor-Darstellung (im Verband mit den anderen Aposteln) und schöne Stuckarbeiten. Der römische Meilenstein neben dem Turm wurde 1865 bei Mösendorf gefunden und beweist, dass hier die Straße Juvavum – Lauriacum (Lorch) vorbeiführte.

Die Erstbesiedlung erfolgte durch die Römer, ab dem 8. Jh. siedelten hier die Bajuwarinnen und Bajuwaren. Die erste urkundliche Erwähnung stammt aus dem Jahr 975. Vöcklamarkt erhielt 1489 das Marktrecht. 1920 fand hier die letzte Bauernrevolte in Österreich statt.

Nachdem Sie Vöcklamarkt besucht haben, kehren Sie zum **Bahnhof** zurück und folgen den Gleisen bzw. der Westbahnstraße, bis Sie nach 500 m zur Abzweigung **Güterweg Mösenberg** kommen. Sie kommen in die Ortschaft Mösendorf und zweigen nach der Freiwilligen Feuerwehr nach links ab. Wenig später kommen Sie zur Bundesstraße, der Sie ein Stück nach rechts folgen müssen. Beim Ortsende von Mösendorf verlassen Sie die Bundesstraße nach links und müssen nun an der Landstraße entlanggehen. Bei der ersten Abzweigung gehen Sie rechts auf dem **Güterweg Asten** weiter. Folgen Sie den JWS durch die kleine Ortschaft Asten und weiter auf einem schönen Feldweg.

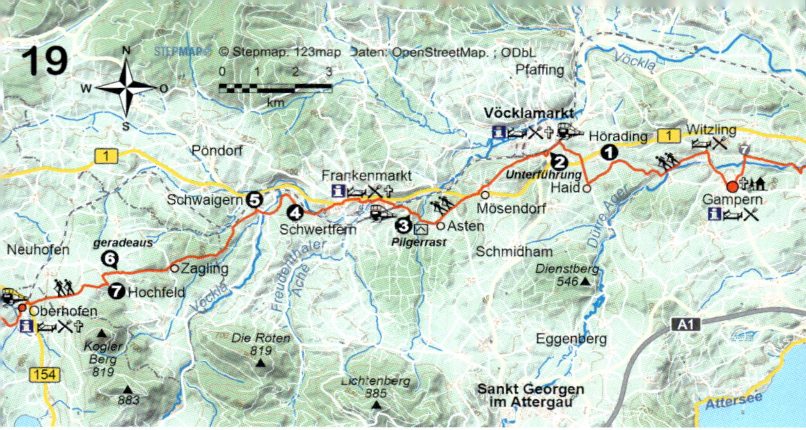

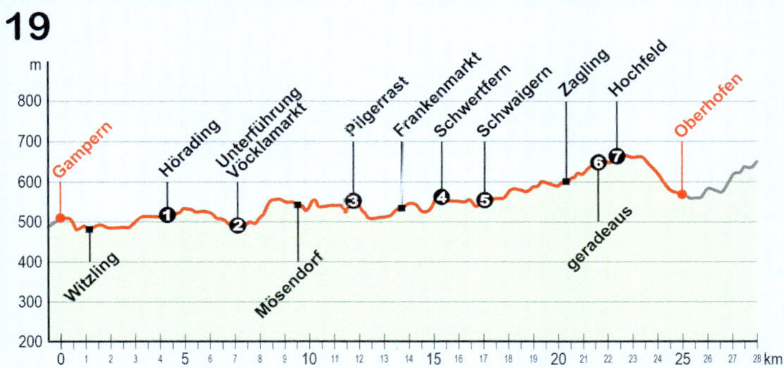

Vorbei am Wetterkreuz führt der Weg hinab und über einen kleinen Steg in den Wald hinein. Kurz darauf erreichen Sie die ⛺ **Pilgerrast-Hütte** von Anton Schönberger ❸.

Wenig später erreichen Sie das Ortsschild von Frankenmarkt, unterqueren die Eisenbahngleise und folgen dem JWS in den Ort. Kurz vor der Brücke zweigt der JW links in den Uferweg ab. Ein wenig später gehen Sie über eine Fußgängerbrücke und kommen an die **Brauhausgasse**, der Sie links an einem Kleinkraftwerk vorbei folgen. Vor dem Sportplatz zweigt ein Fußgängerweg nach rechts ab und Sie gelangen zur Hauptstraße, der Sie nach links durch das Zentrum von Frankenmarkt folgen.

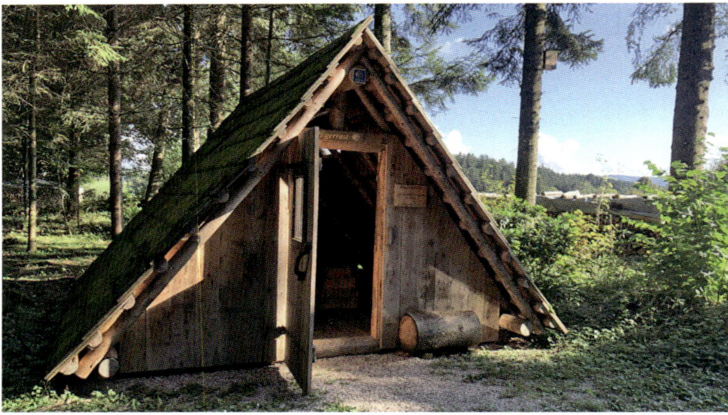

Pilgerrast-Hütte

Frankenmarkt

ℹ Marktgemeindeamt Frankenmarkt, Hauptstraße 83, 4890 Frankenmarkt, ☏ 076 84/62 55, 💻 www.frankenmarkt.eu, Mo-Fr 8:00-12:00, Di auch 14:00-18:00, Do auch 14:00-17:00

Gasthof Kogler-Greisinger, Hauptstraße 122, 4890 Frankenmarkt, im Zentrum am Weg, ☏ 076 84/62 58, 💻 www.gasthof-kogler.at, ÜF EZ € 38, DZ € 72

♦ Gasthof Post, Hauptstraße 100, 4890 Frankenmarkt, im Zentrum am Weg, ☏ 076 84/62 71, 💻 www.gasthof-fimberger.at, ÜF EZ € 58, DZ € 106

Landhaus Schmid, Fornacherstr. 23, 4890 Frankenmarkt, an der Hauptstraße bei der Sparkasse rechts abbiegen in die Fornacherstr., ☏ 076 84/63 24, 06 64/838 85 64, schmid@tvweb.at, ÜF EZ € 39

Zug im Stundentakt nach Oberhofen und zu weiteren Orten am folgenden Weg

✝ Die Kirche **St. Nikolaus** wurde in heutiger Form zwischen 1516 und 1520 erbaut und im 18. Jh. barockisiert. 1959 kam es im Zuge von Renovierungsarbeiten zur Freilegung spätgotischer Fresken nach Art der Armenbibeln – sehr selten!

⌘ Neben dem Pfarrhof ist im Kaplanstöckl eine **barocke Krippe** von Meinrad Guggenbichler mit 60 Gelenkfiguren.

♦ gegen Voranmeldung (Pfarrhof, ☏ 076 84/62 96) zu besichtigen

Nach dem 🛏 ✕ Gasthof Kogler gehen Sie weiter auf der Salzburgerstraße nach links und zweigen gegenüber vom Friedhof dem JWS folgend nach links ab. Sie kommen zum Freibad und gehen am Fußballplatz entlang, bis Sie zu einer kleinen Brücke gelangen. Sie unterqueren danach die Eisenbahngleise und folgen dem JWS. Es geht ein kurzes Stück durch den Wald und dann auf einem Wiesenweg bergab in die kleine Ortschaft **Schwertfern** ❹. Am Ende der Ortschaft halten Sie sich bei der Weggabelung links und gelangen in ein kleines Waldstück, wo Sie dem JW nach rechts hinunter folgen. Weiter geht es auf einem Feldweg neben dem Wald, bis Sie nach dem Waldstück wieder auf einen asphaltierten Weg treffen, dem Sie nach rechts folgen. In **Rudlberg** überqueren Sie die Landstraße und gehen dann durch die kleine Ortschaft **Schwaigern** ❺.

Auf dem gut markierten Schotterweg gehen Sie weiter und später in den Wald hinein. Nach etwa 2 km erreichen Sie das Ortsschild von **Zagling**. Sie gehen entlang der Markierung durch die Ortschaft und folgen dem Weg. Nach etwa 1,5 km gehen Sie bei einer markierten Abzweigung geradeaus weiter ❻ und gelangen 400 m später an die Landstraße, der Sie nach links in Richtung **Hochfeld** folgen. Am Ende von Hochfeld zweigen Sie wieder rechts ab ❼. Etwa 2 km später überqueren Sie einen Bach. Sie befinden sich nun im Gewerbegebiet **Salzweg**. Sie unterqueren noch die Bundesstraße und gelangen zum Bahnhof von Oberhofen.

Oberhofen

i Gemeindeamt + Tourismusverband, Oberhofen 12, 4894 Oberhofen am Irrsee, ☏ 062 13/82 15, 💻 www.oberhofen-irrsee.at, Mo-Fr 08:00-12:00, Do zusätzl. 13:00-17:30

🛏 ✕ Gasthaus-Hotel Beim Erich, Oberhofen 49, 4894 Oberhofen am Irrsee, beim Bahnhof links in den Salzweg nach Süden (450 m), ☏ 062 13/82 21, 💻 www.beimerich.at, ✉ office@beimerich.at, ÜF EZ € 78, DZ € 118

🛏 Gästehaus Jedinger, Römerhof 100, 4894 Oberhofen am Irrsee, beim Bahnhof rechts in die Straße Römerhof (500 m), ☏ 062 13/84 46, 📱 06 64/573 53 67, 💻 www.jedingerhof.at, ✉ jedinger@aon.at, ÜF € 37

✕ Wirtshaus Zur Westbahn, Römerhof, 4894 Oberhofen am Irrsee, beim Bahnhof, ☏ 062 13/82 19, 💻 www.hitzl.at, Mo, Do-Sa 16:00-22:00, So 9:00-22:00

🚆 Zug im Stundentakt nach Eugendorf und zu weiteren Orten am folgenden Weg

🚌 Verbindung nach Pfongau

✝ Die etwas abseits liegende **Pfarrkirche Zu den 14 Nothelfern** zeigt eine prächtige Innenausstattung des Barockbildhauers Meinrad Guggenbichler aus dem Jahr 1712.

20. Etappe: Von Oberhofen nach Eugendorf

23,7 km, 6 Std. 15 Min., 350 m, 342 m, 507-715 m

0,0 km	571 m	Oberhofen
6,4 km	565 m	Pfongau
23,7 km	559 m	Eugendorf

Sie kommen auf der heutigen Etappe ins Bundesland Salzburg. Sie werden feststellen, dass sich hier nicht nur die Landschaft auf einmal ändert, sondern dass auch die Bauweise der Häuser und auch der Dialekt der Menschen anders als in Oberösterreich sind. Salzburg ist für mich ein Synonym für Natur: grüne Wiesen, Kühe, Kirchturmglocken, Berge, Bäche und Seen und wenn jemand „Griaß di" zu Ihnen sagt, dann klingt das so erfrischend wie eine Gerbirgsquelle – kitschig? – aber so ist es.

Sie starten die Etappe am Bahnhof von Oberhofen. Sie gehen den Fußgängerweg zur Unterführung und halten sich links. Beim **Gasthaus Troadkastn** (06 64/423 39 33, www.troadkastn.at, Mi-Fr ab 16:00, Sa, So ab 11:00**)** gehen Sie rechts und nehmen dann den **Güterweg Haslach**. In Haslach zweigt der JW nach links ab und führt auf einem Schotterweg entlang des Waldes nach **Höhenroith,** vorbei am Ferienhof der Familie Grossenbauer, wo Sie sich rechts halten. In einer Linkskurve verlassen Sie diese schöne Straße auf einer bergauf führenden Traktorspur ❶.

Sie erreichen die Anhöhe und gehen nun vorbei an der **Hager Kapelle** ❷ bergab in Richtung Neumarkt am Wallersee. Sie haben hier einen wunderbaren Ausblick auf die **Berchtesgadener Alpen** mit dem **Watzmann**. Etwa 2 km nach der Hager Kapelle erreichen Sie das Ortsschild von **Pfongau**.

Pfongau

Greischberger-Hof/Tonis Bauernschänke, Pfongau 7, 5202 Neumarkt am Wallersee, Wegbeschreibung unten, 062 16/60 53, www.greischbergerhof.at, ÜF EZ € 79, DZ € 140

Verbindung nach Eugendorf

gotische **Filialkirche zum heiligen Martin** mit Vorgängerbauten aus dem frühen Mittelalter um 700

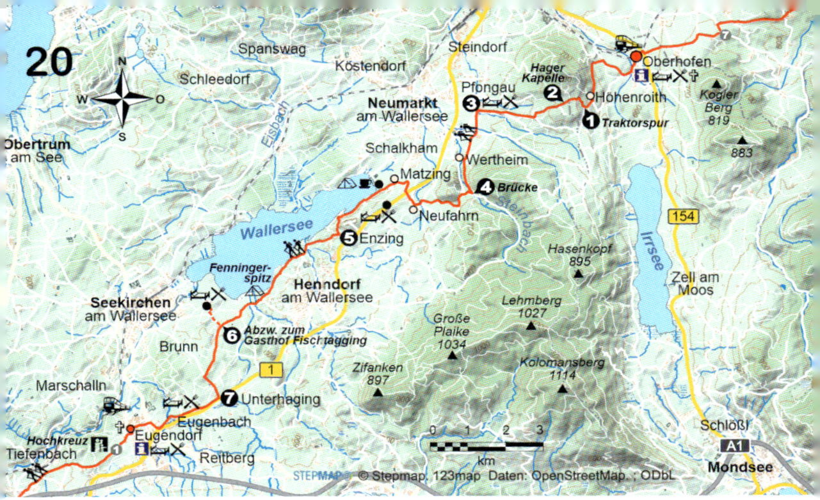

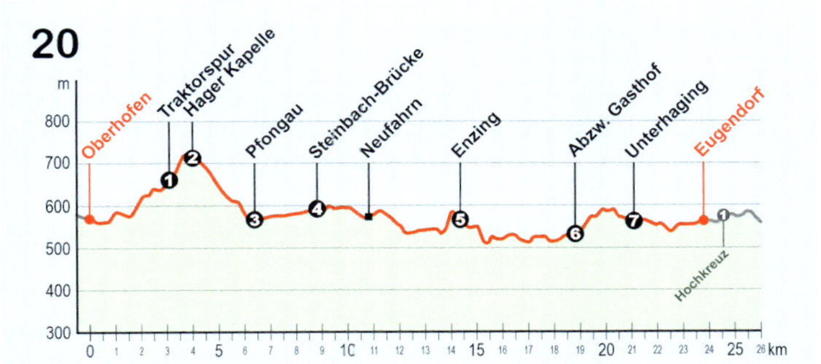

Die kleine Ortschaft Pfongau wurde bereits 748 urkundlich erwähnt. Einst war hier eine römerzeitliche Siedlung, gelegen an der Hauptstraße zwischen Iuvavum (Salzburg) und Ovilava (Wels).

Gleich nach der Brücke und vor der Kirche zweigt der JW nach links ab ❸ (↳ gleich rechts geht es zum 🛏 ✕ Greischberger-Hof). Sie gehen etwa 650 m geradeaus und erreichen eine große Gärtnerei. Nach weiteren 700 m durchqueren Sie die kleine Ortschaft **Wertheim**. Bei der Brücke über den **Steinbach** (1 km später) ❹ zweigt der JW nach rechts in den Ort Haslach ab.

Etwa 350 m nach Haslach müssen Sie rechts abzweigen (erste Abzweigung nach Haslach). Sie kommen in die kleine Ortschaft **Neufahrn** und unterqueren wenig später die Bundesstraße (B1).

Wenn Sie hier links der B1 für 600 m folgen, kommen Sie zum Gasthof Eggerberg.

Gasthof Eggerberg, Neufahrn 22, 5202 Neumarkt am Wallersee, 062 16/ 67 11, gasthaus.eggerberg@gmx.at, Ü ab € 98

Sie müssen nun der Landstraße kurz nach rechts folgen und biegen dann links ab. Vor sich sehen Sie schon den **Wallersee,** an dem Sie später entlanggehen werden. In **Matzing** führt der JW links auf der asphaltierten Straße weiter. Rechts am See liegt der Campingplatz Seecamping Neumarkt.

Seecamping Neumarkt, Uferstraße 3, 5202 Neumarkt am Wallersee, Ansprechpartner: Café – Konditorei Leimüller, Frau Berisha Veliu, 062 12/20 86 04, 06 60/944 22 33, Ü Zelt € 14,50

Sie gehen nun immer am See entlang und gelangen nach etwa 2 km in die Ortschaft **Enzing**. Dort halten Sie sich rechts ❺. Sie kommen wieder zurück zum See und gehen den Uferweg entlang bis zum **Fenningerspitz**.

Strandcamping Fenningerspitz, Fenning 120, 5302 Henndorf am Wallersee, 062 14/209 44, info@camping-fenningerspitz.at, Ü Zelt € 19,50

Angekommen bei der Landstraße zweigt der JW nach rechts ab und etwa 500 m später bei einer Siedlung wieder nach links. Hier gehen Sie geradeaus weiter, 600 m später geht es rechts zum **Gasthof Fischtagging ❻**.

Gasthof Fischtagging, Fischtaging 8, 5201 Seekirchen am Wallersee, 062 12/23 28, 06 64/512 40 96, www.gasthof-fischtagging.at, ÜF EZ € 45, DZ € 76

Etwa 2 km später gelangen Sie in **Unterhaging ❼** zur Bundesstraße, der Sie ein Stück nach rechts folgen müssen. Weiter geht es auf der **Alte Wiener Straße** nach **Eugenbach**, entlang der Sie zwei Unterkünfte passieren.

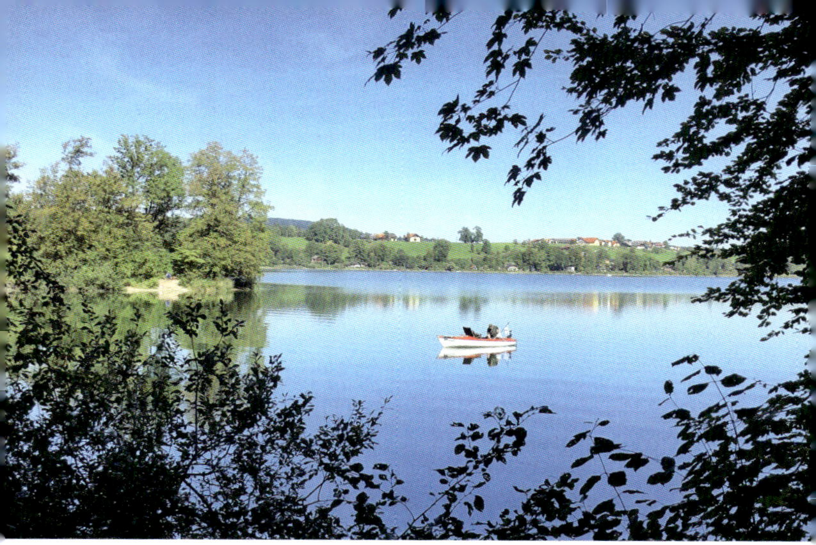

Fischer auf dem Wallersee

Landhotel Gschirnwirt, Alte Wiener Str. 49, 5301 Eugendorf, ☏ 062 25/82 29, www.gschirnwirt.at, ÜF EZ € 71, DZ € 88

♦ Hotel Santner, Alte Wiener Str. 1, 5301 Eugendorf, ☏ 062 25/82 14, www.hotel-santner.at, ÜF EZ € 60, DZ € 118

Kurz vor dem Ortsschild von Eugendorf führt der JW rechts zu einer Fußgängerunterführung. Sie unterqueren dort die Bundesstraße und gelangen zur Pfarrkirche von Eugendorf.

Eugendorf

Tourismusverband, Salzburger Str. 7/B1, 5301 Eugendorf, 500 m abseits des Weges, ☏ 062 25/84 24, www.eugendorf.com, Mo-Fr 9:00-12:00 und 14:00-17:00

♦ Marktgemeindeamt, Dorf 3, 5301 Eugendorf, ☏ 062 25/82 09, www.eugendorf.at, Mo-Fr 7:30-12:00, Di auch 14:00-18:00

Gasthof Zur Strass, Salzburger Str. 25, 5301 Eugendorf, rund 1 km abseits, ☏ 062 25/82 18, www.zurstrass.com, Ü EZ € 74, DZ € 104

♦ Hotel Neuwirt und Gasthof Neuwirt, Dorf 16, 5301 Eugendorf, in Nähe der Kirche, ☏ 062 25/82 07, www.neuwirt-sbg.at, ÜF EZ € 70, DZ € 105

🛏 Haus Aspacher, Salzburger Str. 53, 5301 Eugendorf, ca. 1 km abseits,
☏ 062 25/71 86, 📱 06 64/762 34 10, 💻 www.haus-aspacher.at, Ü € 25

🚆 Zug im Stundentakt nach Hallwang und zu weiteren Orten am folgenden Weg

Die Geschichte von Eugendorf reicht zurück in die Römerzeit. Der Name der Gemeinde leitet sich von „Uginhartesdorf" ab, was „Dorf des Uginhart" bedeutet, einem Siedler, der im 8. Jh. in der Region lebte. Im Mittelalter war Eugendorf Teil des Erzbistums Salzburg und ein wichtiger Handels- und Verkehrsknotenpunkt, da es an der Salzburger Handelsstraße zwischen Wien und Salzburg lag.

21. Etappe: Von Eugendorf nach Salzburg

13,9 km, 3 Std. 40 Min., ↑ 166 m, ↓ 304 m, ⇧ 412-585 m

0,0 km	⇧ 559 m	Eugendorf
3,8 km	⇧ 517 m	Hallwang
13,9 km	⇧ 424 m	Salzburg

Die heutige Etappe habe ich wieder einmal bewusst kürzer gehalten. Sie kommen ja in die Stadt Salzburg. Der Blick von der Wallfahrtsbasilika Maria Plain auf die Stadt und die Sie umgebenden Berge ist herrlich. Auch der Weg ins Zentrum entlang der Salzach ist sehr abwechslungsreich. Salzburg ist eine sehr charmante und lebendige Stadt – bald schon werden Sie selbst Teil des bunten Treibens sein. Nehmen Sie sich Zeit und hoffentlich haben Sie frühzeitig eine Unterkunft gebucht (wenn nicht, dann machen Sie das gleich jetzt).

Es geht an der Kirche vorbei, dann links vorbei an der Sporthalle und Schule, bis Sie rechts in die Konrad Seyde Straße abzweigen. Wenig später mündet die Straße in den Hochkreuzweg und Sie erreichen bald das Hochkreuz ❶. Hier haben Sie einen schönen Ausblick auf Eugendorf. Sie gehen nun auf diesem sehr ruhigen Weg 1,7 km weiter, bis Sie an der Döbringstraße halb rechts abzweigen und auf dem Einleitenweg bis nach Hallwang weitergehen. Sie erreichen die Hallwangkirche ❷.

Hallwang

ℹ Gemeindeamt, Dorf 45, 5300 Hallwang bei Salzburg, ☏ 06 62/66 19 57,
💻 www.hallwang.salzburg.at, Mo 8:00-17:00, Di-Fr 8:00-12:00

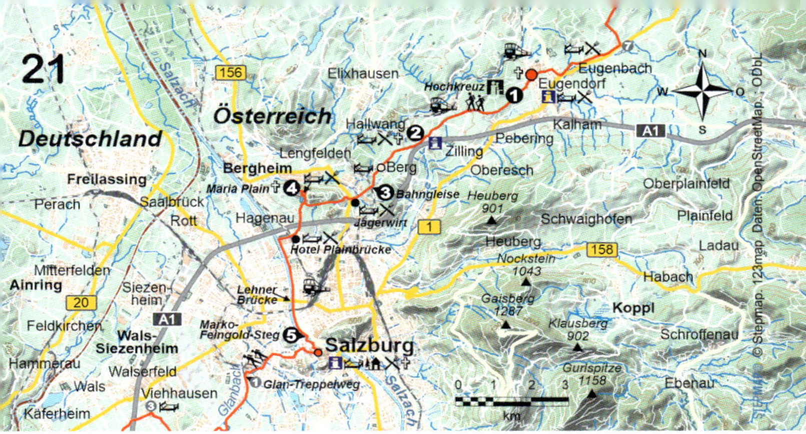

🛏 ✕ Landgasthof Kirchbichl, Dorfstraße 41, 5300 Hallwang bei Salzburg, neben Gemeindeamt bzw. hinter Kirche, ☏ 06 62/66 59 00, 💻 www.landgasthof-kirchbichl.at, ÜF EZ € 63, DZ € 125

🚆 Zug im Stundentakt nach Salzburg und zu weiteren Orten am folgenden Weg

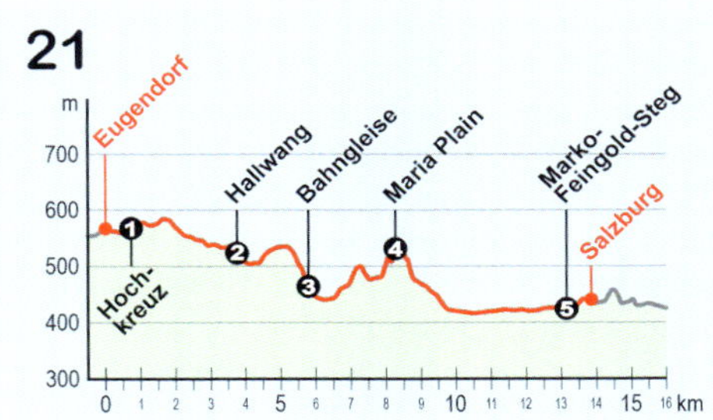

Sie überqueren die Dorfstraße und gehen weiter in die Kirchenstraße und später in die Bergstraße. Etwa 1,5 km nachdem Sie die Dorfstraße überquert haben, kommen Sie vorbei an der Abzweigung zum Panoramaweg.

↳ Hier befinden sich 100 m nach rechts dem Panoramaweg folgend zwei Unterkünfte.

🛏 Haus Lindner, Panoramaweg 5, 5300 Berg, ☏ 06 62/45 66 81, 💻 www.haus-lindner.at, ÜF DZ € 44

♦ Haus Christine, Panoramaweg 3, 5300 Berg, ☏ 06 62/45 67 73, Preis auf Anfrage

Sie gehen geradeaus die Bergstraße weiter und überqueren dann die Gleise der Westbahn ❸.

Sie befinden sich in der **Winkenburgallee** und gehen geradeaus weiter vorbei am 🛏 ✕ **Der Jägerwirt**.

🛏 ✕ Der Jägerwirt, Kasern 4, 5101 Salzburg, ☏ 06 62/45 21 77,
💻 www.jaegerwirt-salzburg.at, ÜF EZ € 105, DZ € 165

Dort gehen Sie rechts vorbei – der Weg ist gut markiert.

Sie gehen den **Radeckerweg** entlang und dann rechts in den Plainwanderweg, dem Sie bis zur Wallfahrtsbasilika Maria Plain ❹ folgen. Kurz bevor Sie die Basilika erreichen, kommen Sie am 🛏✕ Hotel Gasthof Maria Plain vorbei.

🛏 ✕ Hotel Gasthof Maria Plain, Plainbergweg 41, 5101 Salzburg, ☏ 06 62/45 07 01,
💻 www.mariaplain.com, ÜF EZ € 66, DZ € 110

✞ **Wallfahrtskirche Maria Plain**. 1671 erfolgte die Grundsteinlegung der barocken Wallfahrtsanlage durch Erzbischof Max Gandolph von Khuenburg. Als Vorbild diente der Salzburger Dom. Die Innenausstattung ist einheitlich barock; es finden sich hier Werke von Thomas Schwanthaler (Skulpturen der beiden Seitenaltäre) und des Kremser Schmidt (Bilder in den Seitenkapellen). Das Hochaltarbild stellt Maria Himmelfahrt dar, darunter ist das Gnadenbild Maria Trost. Anlässlich des 28. Jahrestages der Krönung des Gnadenbild-Originals komponierte Wolfgang Amadeus Mozart 1779 seine berühmte „Krönungsmesse" (KV 317). Vor dem Triumphbogen befindet sich die „Hängende Madonna", eine in Silber gefasste Votivgabe aus dem 17. Jh. Von den Kapellen der Kalvarienbergstiege ist die Schmerzenskapelle erwähnenswert – die Pieta stammt von Thomas Schwanthaler (1634 bis 1707).

Nach dem Besuch der Wallfahrtskirche Maria Plain gehen Sie auf dem **Plainbergweg** nach Salzburg hinunter. Beim Ortsschild von Salzburg unterqueren Sie die Autobahn und überqueren wenig später die Itzlinger Hauptstraße.

↳ Links liegt das 🛏 ✕ Hotel Plainbrücke.

🛏 ✕ Hotel Plainbrücke, Itzlinger Hauptstraße 91, 5101 Salzburg, ☏ 06 62/45 17 28,
💻 www.plainbrücke.at, ÜF EZ € 75, DZ € 125

Vorbei am Heizkraftwerk Nord gelangen Sie schließlich zur **Salzach**, der Sie nach links bis ins Zentrum von Salzburg folgen. Etwa 2 km nach dem Heizkraft-

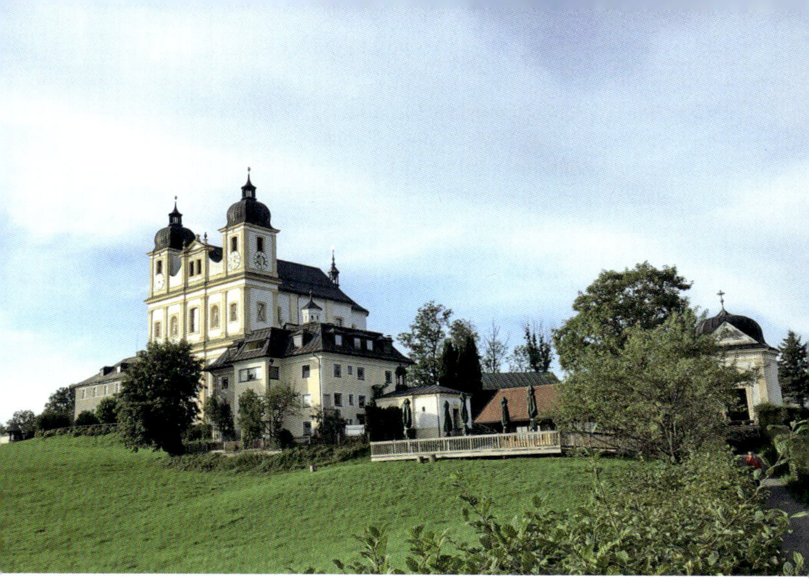

Wallfahrtskirche Maria Plain

werk kommen Sie zur **Lehner Brücke**. (↳ Wenn Sie sich hier links halten, kommen Sie direkt zum Bahnhof). Sie gehen aber geradeaus ca. 1 km weiter und erreichen den **Marko-Feingold-Steg** (die Brücke mit den vielen Erinnerungsschlössern) ❺. Hier überqueren Sie die Salzach und biegen anschließend links in die **Kaipromenade** ab. In Höhe der Staatsbrücke nehmen Sie den Zebrastreifen, durchschreiten den **Torbogen** zum **Rathausplatz** und gehen kurz links und dann rechts in die **Sigmund-Haffner-Gasse** und wieder links in die **Churfürststraße**. Vorbei am Café Tomaselli – dem ältesten Kaffeehaus Österreichs – gelangen Sie auf den **Residenzplatz** und weiter zum **Domplatz** und damit zum Dom zu Salzburg.

Salzburg

BANK

- Salzburg-Info, Auerspergstr. 6, 5020 Salzburg, ☏ 06 62/889 87, www.salzburg.info, Mo-Do 8:00-17:00, Fr 8:00-16:00
- The Keep Eco Rooms, Schwarzstraße 50, 5020 Salzburg, liegt direkt am Weg beim Heizkraftwerk Nord, ☏ 06 62/23 10 02, www.thekeepresidence.com, book@thekeep.world, ÜF EZ € 85, DZ € 125
- ♦ Kolpinghaus Salzburg, A.-Kolping-Straße 10, 5020 Salzburg, direkt am Weg, ☏ 06 62/466 10, Ü ab € 67

- Motel One, Elisabethkai 58-60, 5020 Salzburg, www.motel-one.com, 06 62/83 50 20, direkt am Weg nach Lehener Brücke, Ü ab € 69
- Eduard-Heinrich-Haus, E.-Heinrich-Str. 2, 5020 Salzburg, relativ weit vom Zentrum entfernt, Bus Nr. 3, 06 62/62 59 76, https://heinrichhaus.hostel-salzburg.at, ÜF ab € 33
- ♦ Jugendherberge Haunspergstraße, Haunspergstr. 27, 5020 Salzburg, gut gelegen, 06 62/87 50 30, https://haunsperg.hostel-salzburg.at, nur Juli bis Mitte August, Preis auf Anfrage
- ♦ Jugend- und Familiengästehaus/JUFA, Josef-Preis-Allee 18, 5020 Salzburg, nahe dem Zentrum, 06 62/84 26 70, www.jufa.eu, ÜF EZ € 65, DZ € 84
- ♦ Naturfreundehaus am Mönchsberg („Stadt-Alm"), Mönchsberg 19 c, 5020 Salzburg, Zentrum, beim Museum der Moderne am Möchnsberg, am besten zu erreichen mit dem Mönchsberg-Aufzug (Gstättengasse 13), 06 62/84 17 29, www.diestadtalm.com, ÜF € 25 sehr einfach und günstig
- ♦ YOHO Salzburg, Internationales Jugendhotel, Paracelsusstr. 9, 5020 Salzburg, etwas abseits, 06 62/87 96 49, www.yoho.at, Ü ab € 20
- ♦ myNext – Summer Hostel Salzburg, Strubergasse 1, 5020 Salzburg, von Maria Plain kommend fast am Weg: die Salzach über die Lehener Brücke queren, dann gleich links und zweite Straße wieder rechts, 06 62/43 96 39 99, https://mynext.at/de/summer-hostel-salzburg, nur Juli bis Mitte September, Preis auf Anfrage
- ♦ Meininger Hotel Salzburg City Center, Fürbergstr. 18-20, 5020 Salzburg, am Fuße des Mönchsberges, ca. 1 km abseits, 06 62/88 34 14, www.meininger-hotels.com, Ü ab € 20
- ♦ Gästehaus im Erzbischöflichen Priesterseminar, Dreifaltigkeitsgasse 14, 5020 Salzburg, in Höhe vom Marko-Feingold-Steg 300 m nordöstlich in Richtung Makartplatz, 06 62/87 74 95 10, www.kirchen.net/priesterseminar, ÜF EZ € 80, DZ € 143
- ♦ Apostolatshaus der Pallottiner („Johannes-Schlößl"), Mönchsberg 24, 5020 Salzburg, Zentrum, in der Nähe vom Museum der Moderne am Möchnsberg, am besten zu erreichen mit dem Mönchsberg-Aufzug (Gstättengasse 13), 06 62/84 65 43, www.johannes-schloessl.at, office-salzburg@pallottiner.at, ÜF EZ € 83
- große Dichte an Zügen in Richtung Linz oder Salzburg
- Stadtbus nach Viehhausen

✝ **Stift Nonnberg** ist das älteste bestehende Frauenkloster im deutschen Sprachraum. Gegründet wurde das Kloster um 700 vom hl. Rupert. Es handelt sich um eine spätgotische Basilika mit romanischen Fresken.

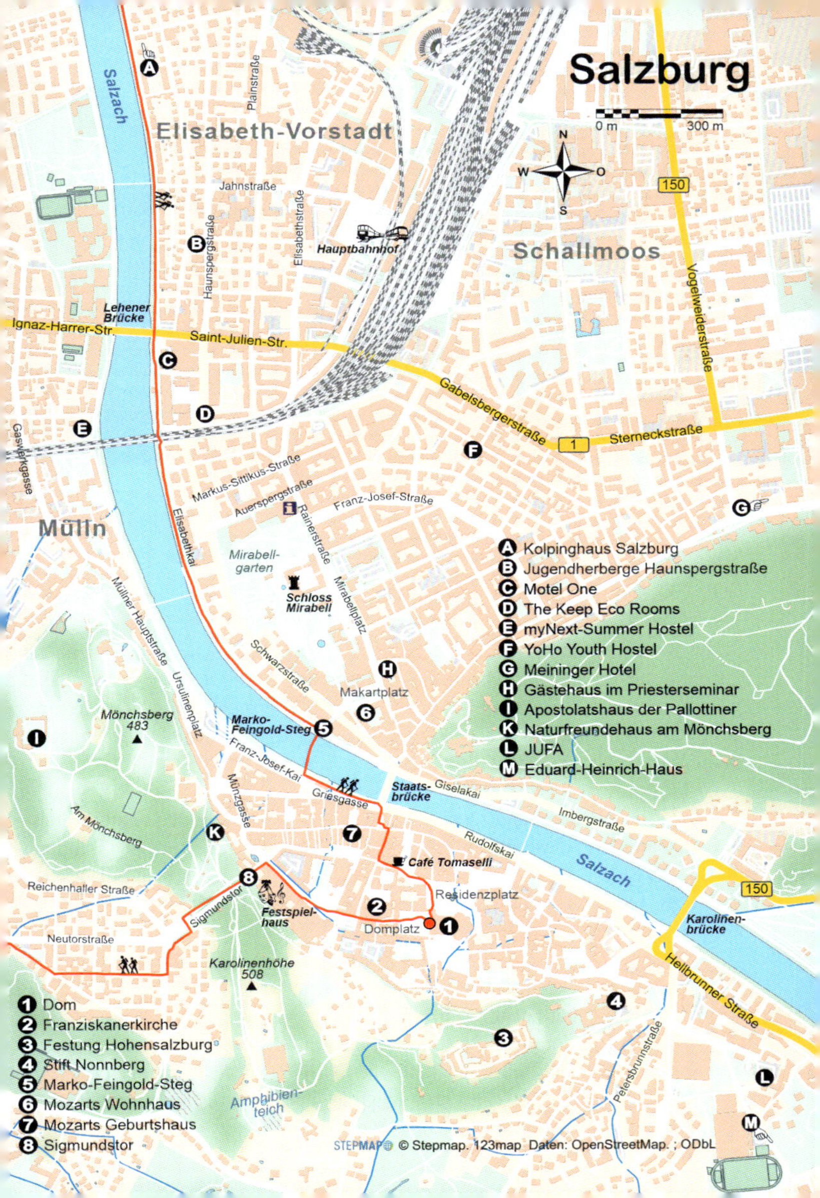
Salzburg
0 m
300 m
N
W
O
S
Elisabeth-Vorstadt
Schallmoos
Müllн
Salzach
Plainstraße
Jahnstraße
Elisabethstraße
Haunspergstraße
Hauptbahnhof
Lehener Brücke
Ignaz-Harrer-Str.
Saint-Julien-Str.
Gabelsbergerstraße
Sterneckstraße
Vogelweiderstraße
150
1
Gaswerkgasse
Markus-Sittikus-Straße
Auerspergstraße
Franz-Josef-Straße
Rainerstraße
Elisabethkai
Mirabell-garten
Schloss Mirabell
Mirabellplatz
Müllner Hauptstraße
Ursulinenplatz
Schwarzstraße
Makartplatz
Mönchsberg 483
Marko-Feingold-Steg
Franz-Josef-Kai
Griesgasse
Staats-brücke
Giselakai
Imbergstraße
Rudolfskai
Münzgasse
Am Mönchsberg
Café Tomaselli
Residenzplatz
Reichenhaller Straße
Sigmundstor
Festspiel-haus
Domplatz
Neutorstraße
Karolinenhöhe 508
Karolinen-brücke
Hellbrunner Straße
Petersbrunnstraße
Amphibien-teich
A Kolpinghaus Salzburg
B Jugendherberge Haunspergstraße
C Motel One
D The Keep Eco Rooms
E myNext-Summer Hostel
F YoHo Youth Hostel
G Meininger Hotel
H Gästehaus im Priesterseminar
I Apostolatshaus der Pallottiner
K Naturfreundehaus am Mönchsberg
L JUFA
M Eduard-Heinrich-Haus
1 Dom
2 Franziskanerkirche
3 Festung Hohensalzburg
4 Stift Nonnberg
5 Marko-Feingold-Steg
6 Mozarts Wohnhaus
7 Mozarts Geburtshaus
8 Sigmundstor
STEPMAP © Stepmap. 123map Daten: OpenStreetMap. ; ODbL

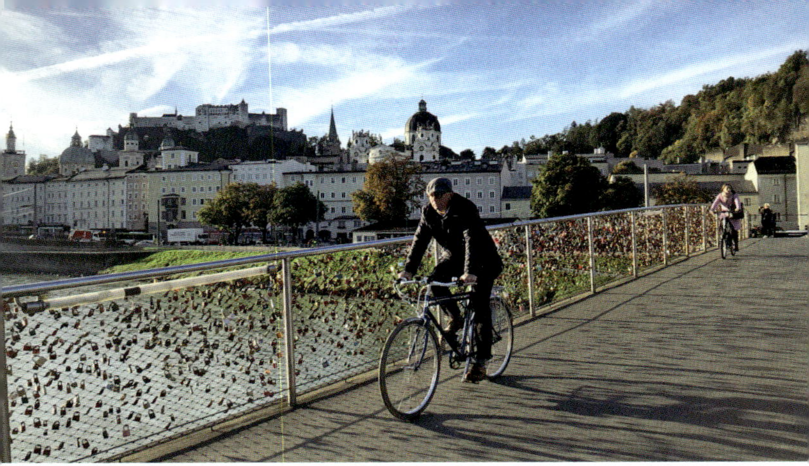

Blick auf die Festung Hohensalzburg

✞ **Kajetankirche**. Kuppelfresko von Paul Troger

✞ **Kloster (Erzabtei) St. Peter**. Das Kloster wurde 696 vom hl. Rupert gegründet. Das Klostergebäude verfügt über einen romanischen und einen gotischen Kreuzgang. Es handelt sich um einen hochromanischen Kirchenbau mit spätbarocker Verkleidung. Das Portal stammt von 1240. Der innere Kirchenbau stammt aus der Rokokozeit. Hervorzuheben ist das Altarbild von Kremser Schmidt, das Felsengrab des hl. Rupert und im linken Querhaus das Madonnenbildnis aus dem Jahr 1420.

✞ **Dom St. Rupert und Virgil.** Es handelt sich hierbei um den monumentalsten Frühbarockbau diesseits der Alpen. Der Dom geht zurück auf eine Gründung des hl. Virgil (774). 1181 bis 1200 erfolgte der Bau eines spätromanischen Münsters, welches 1598 abgebrannt ist. Der Neubau erfolgte nach Plänen des Architekten Santino Solari.

✞ **Franziskanerkirche**. Die Kirche wurde im 8. Jh. gegründet. 1139 erfolgte die Erhebung zur Pfarrkirche. 1167 wurde die Kirche durch einen Brand zerstört. Der Wiederaufbau im Jahr 1223 erfolgte als romanisches basilikales Langhaus. Die Kirche verfügt über einen spätgotischen Hallenchor aus dem 15. Jh. Insgesamt handelt es sich um eines der stilgeschichtlich interessantesten Gebäude Salzburgs.

Festung Hohensalzburg, größte vollständig erhaltene Burg Mitteleuropas
♦ Möchnsberg 34, 5020 Salzburg, 06 62/84 24 30 11, www.salzburg-burgen.at, Oktober bis April tgl. 9:30-17:00, Mai bis September 8:30-20:00

⌘ **Wohnhaus Mozarts** (1773 bis 1787)
♦ Makartplatz 8, 5020 Salzburg, 06 62/87 42 27 40, www.mozarteum.at, tgl. 9:00-17:30

Salzburg hat seinen Ursprung in dem um 700 auf den Resten des römischen Juvavum entstandenen Kloster St. Peter sowie jenem am Nonnberg. 774 erfolgte die erste Erwähnung Salzburgs als Kaufmannssiedlung, 996 bekam der Ort das Markt- und Münzrecht, 1368 das Stadtrecht. Ab dem 16. Jh. erlang Salzburg einen enormen Aufschwung als Handelsstadt, ab dem beginnenden 19. Jh. (französische, bayerische Besetzung) folgte der Niedergang. 1816 wurde Salzburg wieder Österreich zugesprochen und ab dem Ende des Ersten Weltkriegs erfuhr die Stadt wieder einen Aufschwung (v. a. durch die Salzburger Festspiele) als Fremdenverkehrszentrum und Hauptstadt des Landes Salzburg.

22. Etappe: Von Salzburg nach Bad Reichenhall

20,8 km, 5 Std. 20 Min., ↑ 160 m, ↓ 114 m, ⇧ 424-532 m

0,0 km	⇧ 424 m	Salzburg
7,2 km	⇧ 436 m	Viehhausen
14,5 km	⇧ 484 m	Marzoll
20,8 km	⇧ 471 m	Bad Reichenhall

Heute haben Sie wieder eine nicht allzu lange Etappe vor sich. Nach einem gepflegten Frühstück verlassen Sie die Festspielstadt Salzburg und begeben sich auf Pilgerreise nach Bad Reichenhall in Deutschland. Der alte Kurort ist so schön, dass er es verdient, hier Halt zu machen. Trinken Sie am Abend in einem Gastgarten ein bayerisches Bier – herrlich!

Nachdem Sie Salzburg besichtigt haben, starten Sie wieder am **Domplatz** und überqueren diesen nach Westen. Sie gehen weiter in die Franziskanergasse (vorbei an der ✞ Franziskanerkirche) und kommen zum **Max-Reinhardt-Platz** und gehen

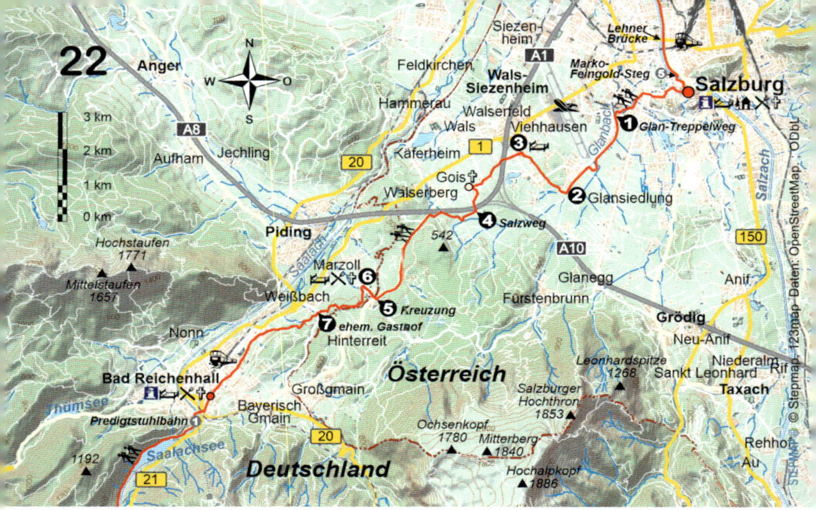

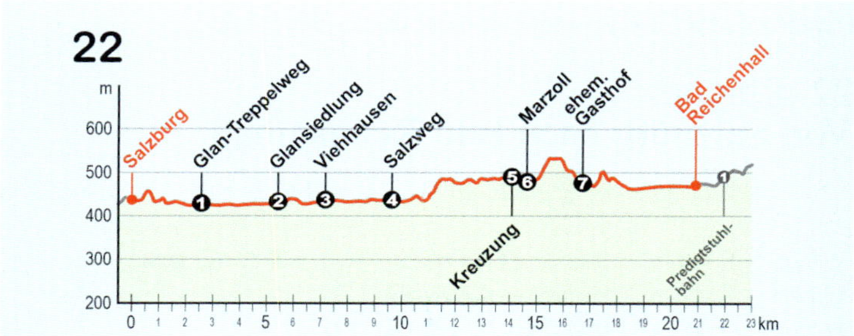

vorbei am Festspielhaus. Sie wenden sich bei der Kreuzung nach links zum **Sigmundstor**, gehen durch diesen alten Straßentunnel (es handelt sich hier um eine Sehenswürdigkeit aus dem Jahr 1766; der Tunnel wurde in nur 16 Monaten mit reiner Handarbeit gebaut) und anschließend geradeaus weiter, bis Sie links in die Ernst-Sompek-Straße einbiegen sowie kurz darauf in die Johann-Wolf-Straße nach rechts. Diese trifft auf die Rainbergstraße, der Sie nach rechts folgen. Sie überqueren die Leopoldskronstraße beim Zebrastreifen und kurz darauf die Moosstraße und gehen dann die Neutorstraße entlang, bis Sie zur einmündenden **Bräuhausstraße** gelangen. Dieser Straße folgen Sie und gehen weiter vorbei an der Salzburger Stiegl-Brauerei in die **Karl-Heinrich-Waggerl-Straße**, bis Sie zum Glanbach und dem **Glantreppelweg** gelangen ❶. Dem Glanbach folgen Sie nun etwa 3 km, vorbei am Flughafen Salzburg. Am Ende des Treppelweges überqueren Sie den Glanbach ❷ und kommen zum Ortsschild von **Glansiedlung**. Hier geht es geradeaus weiter auf der Waldstraße. Sie erreichen das Ortsende und folgen nun weiter dem JWS durch den Wald. Nachdem Sie wieder aus dem Wald gekommen sind, überqueren Sie die Laschenskystraße und gehen auf dem schmaleren **Kapellenweg** geradeaus weiter. Nach etwa 800 m sehen Sie das Ortsschild von Viehhausen ❸.

Viehhausen

Bonauer-Hof, Helga Götzinger, Kapellenweg 5, 5071 Wals, am Weg in Viehhausen, ☏ 06 62/85 33 61, www.bonauerhof.at, Ü DZ € 80

Stadtbus nach Gois

Links bei der **Kapelle zur Heiligsten Dreifaltigkeit** vorbei geht es weiter auf der Viehhauserstraße, bis Sie die Ortschaft verlassen und die Autobahn unterqueren. Kurz darauf gehen Sie beim JWS links in Richtung **Gois** weiter. Nach 800 m erreichen Sie die Ortschaft und gehen zur Kirche.

Gois

Verbindung nach Marzoll

✞ **Filialkirche St. Jakobus d. Ä.** 1242 wurde die Kirche erstmals urkundlich erwähnt, wahrscheinlich ist sie aber wesentlich älter. Das Langhaus entstammt großteils der Romanik. Der Turm wurde um 1500 errichtet, die Glocke stammt aus dem Jahr 1544. Beim neugotischen Altar aus dem Jahr 1903 befindet sich rechts der Gottesmutter Jakobus. Die spätmittelalterlichen Wandmalereien wurden 1974 freigelegt.

Filialkirche St. Jakobus d. Ä.

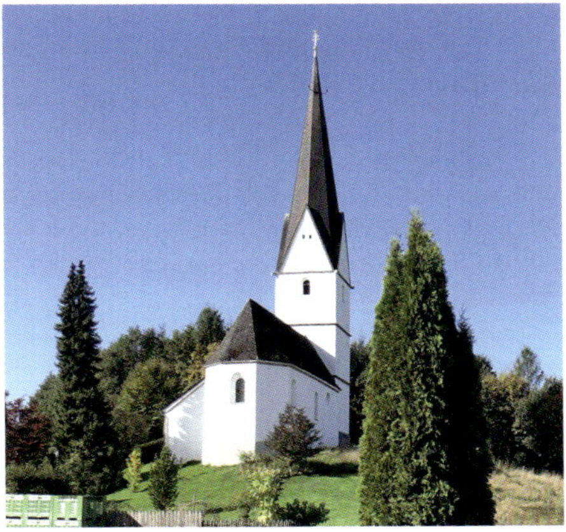

Gois ist übrigens ein „Ort der Kraft", der Name bedeutete im Keltischen „heilig".

Nach dem Besuch der Kirche (hier ist ein schöner Rastplatz) gehen Sie wieder zum Kirchenplatz und von dort links ein kurzes Stück in die Goiserstraße und gleich wieder rechts in den Moosweg. Der gut beschilderte Weg führt schließlich in den **Salzweg** und dann weiter zur Autobahn, die Sie unterqueren, und Sie wandern weiter auf dem Salzweg ❹. Sie folgen nun dem Wanderweg immer im Sicherheitsabstand parallel zur Westautobahn. Nach ca. 1,5 km trifft der Weg auf die Salzburger Straße und Sie biegen hier links ab und folgen dem Weg (neben der Landstraße) für etwa 3 km, bis Sie zu einer mit einem **JWS markierten Kreuzung** gelangen ❺.

Hier können Sie auf einer hier nicht beschriebenen, aber markierten Variante geradeaus weitergehen, dann gelangen Sie nach **Großgmain** (Übernachtungsmöglichkeiten) und umgehen Bad Reichenhall. Sie treffen am Ortsrand von Bad Reichenhall, bei der Luitpold-Brücke, wieder auf den hier beschriebenen Weg. Ich empfehle Ihnen aber, hier rechts zu gehen, weil **Bad Reichenhall** eine sehr schöne Stadt ist, die Sie sich ansehen sollten.

Sie gehen also rechts nach **Marzoll**, überschreiten die Grenze nach Deutschland und gelangen zur Kirche St. Valentin.

Marzoll

Schloßberghof Marzoll, Schloßberg 5, 83435 Bad Reichenhall, gegenüber der Kirche, 00 49/(0)1 72/724 17 84, www.schlossberghof.de, ÜF EZ € 68, DZ € 108

Stadtbus nach Bad Reichenhall

St. Valentin. Erstmalig wurde die Kirche im 8. Jh. erwähnt. Die Einweihung fand 1142 statt. Das heutige Erscheinungsbild stammt aus der ersten Hälfte des 18. Jh. Das Innere der Kirche ist im schönsten Rokoko gestaltet, es finden sich aber auch spätgotische Wandmalereien.

Vorbei an der Kirche kommt nach dem Schloss Marzoll eine Abzweigung nach links ❻. Der gut markierte JW führt zunächst über Wiesen und dann durch den Wald. Nach ca. 2 km gelangen Sie zu einer Landstraße ❼, der Sie vorbei am schönen **ehemaligen Gasthof Obermühle** nach links folgen. Kurz darauf geht's rechts über eine kleine Brücke und weiter dem gut markierten Weg in Richtung Bad Reichenhall folgend durch den Wald.

Nach 1,5 km kommen Sie aus dem Wald heraus und gelangen zum **Froschhamer Weg**. Bei einer mit einem JWS markierten Abzweigung gehen Sie zuerst rechts und dann wieder links in den Marzoller Weg, der kurz darauf in die Salzburger Straße mündet. Der Salzburger Straße folgen Sie nun ca. 1,5 km bis ins Zentrum von Bad Reichenhall. Sie kommen in die Fußgängerzone. Die Salzburger Straße geht über in die Ludwigstraße und Sie beenden die Etappe am Unteren Lindenplatz.

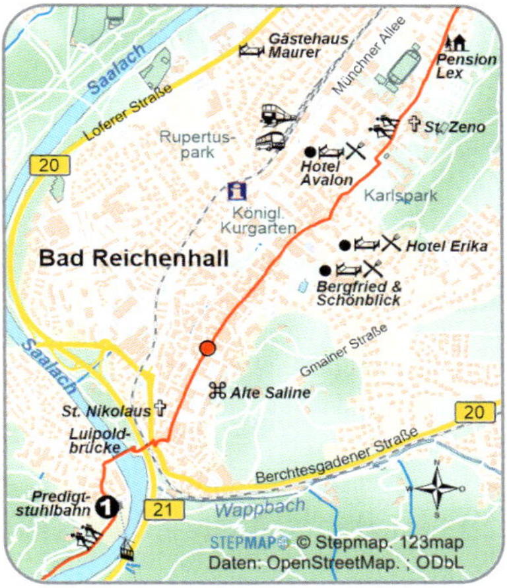

Bad Reichenhall

Kur- u. Verkehrsverein, Wittelsbacherstr. 15, 83435 Bad Reichenhall, 00 49/(0)86 51/715 11, www.bad-reichenhall.de, Mo-Fr 8:30-17:00, Sa, So 8:30-13:00

Hotel Erika, Adolf-Schmid-Straße 3, 83435 Bad Reichenhall, beim Übergang von Salzburger Straße in Ludwigstraße links gehen, 00 49/(0)86 51/780 80, www.erikahotel.de, ÜF EZ € 53, DZ € 90

♦ Bergfried & Schönblick, Tivolistraße 3, 83435 Bad Reichenhall, auf Höhe vom Kurgarten links von der Salzburger Str. abbiegen (250 m vom Weg), 00 49/(0)86 51/780 60, https://www.fuchs-hotels.de, ÜF EZ € 45, DZ € 80

♦ Hotel Avalon, Bahnhofplatz 14, 83435 Bad Reichenhall, liegt parallel zur Salzburger Straße, bei Mozartstraße rechts ab, ca. 200 m entfernt, 00 49/(0)86 51/76 30, ÜF EZ € 79, DZ € 129

Gästehaus Maurer, Ludwig-Thoma-Str. 9, 83435 Bad Reichenhall, ca. 1 km abseits, im Norden, 00 49/8(0)86 51/55 17, www.gaestehaus-mauerer.de, info@gaestehaus-mauerer.de, ÜF EZ € 41, DZ € 80

♦ Pension Lex (Pilgerherberge), Salzburger Str. 42, 83435 Bad Reichenhall, am Weg vor dem Friedhof, 00 49/(0)86 51/21 47, www.pensionlex.de, ÜF EZ € 46, DZ € 93

Verbindung nach Unken, Lofer

Verbindungen nach Salzburg

⌘ Ensemble der gesamten **Fußgängerzone**

⌘ **Alte Saline (Salzmuseum)**

♦ Alte Saline 9, ☎ 00 49/(0)86 51/70 02 61 46, 💻 alte-saline.de,
🚪 1. April bis 31. Oktober tgl. 10:00-16:00

Bad Reichenhall, im Landkreis Berchtesgadener Land gelegen, war bereits vor 4.000 Jahren besiedelt. Die Solequellen wurden schon in vorgeschichtlicher Zeit zur Salzgewinnung genutzt. Im Jahr 1929 wurde der Ort offiziell zum „Bad“ erklärt und erhielt den Namen „Bad Reichenhall“. Während des Zweiten Weltkriegs wurde die Stadt schwer bombardiert und viele historische Gebäude wurden zerstört.

23. Etappe: Von Bad Reichenhall nach Lofer

28,3 km, ⌛ 7 Std. 45 Min., ↑ 304 m, ↓ 146 m, ⇧ 470-649 m

0,0 km	⇧ 471 m	Bad Reichenhall ℹ 🛏 ✕ 🛒 BANK ⌘ 🚌 🚆
18,2 km	⇧ 542 m	Unken ℹ 🛏 ✕ ⛺ BANK 🚌
24,7 km	⇧ 614 m	Au ✕
28,3 km	⇧ 625 m	Lofer ℹ 🛏 ✕ 🛒 BANK 🚌

Die beiden folgenden Etappen sind so richtige Naturwanderungen. Sie werden zwei spannende Tage erleben. Zunächst verlassen Sie Deutschland und kommen in den Pinzgau (einer der fünf Gaue des Landes Salzburg). Entlang der wildromantischen Saalach pilgern Sie durch die Ortschaften Unken und Au und gelangen an das Etappenziel in Lofer. Umrahmt vom imposanten Bergpanorama ist das einer der erfrischendsten Orte am österreichischen Jakobsweg – finde ich.

Nachdem Sie Bad Reichenhall besichtigt oder hier übernachtet haben, gehen Sie ausgehend vom Unteren Lindenplatz weiter durch die Fußgängerzone an der alten Saline und am Rathaus vorbei zur historischen Altstadt, wo Sie am Ende nach rechts abbiegen und zur Bundesstraße gelangen, die Sie bei der Fußgängerzone unterqueren. (Falls Sie den direkten Weg genommen haben und Bad Reichenhall mehr oder weniger umgangen sind, treffen Sie hier wieder mit diesem Weg zusammen.)

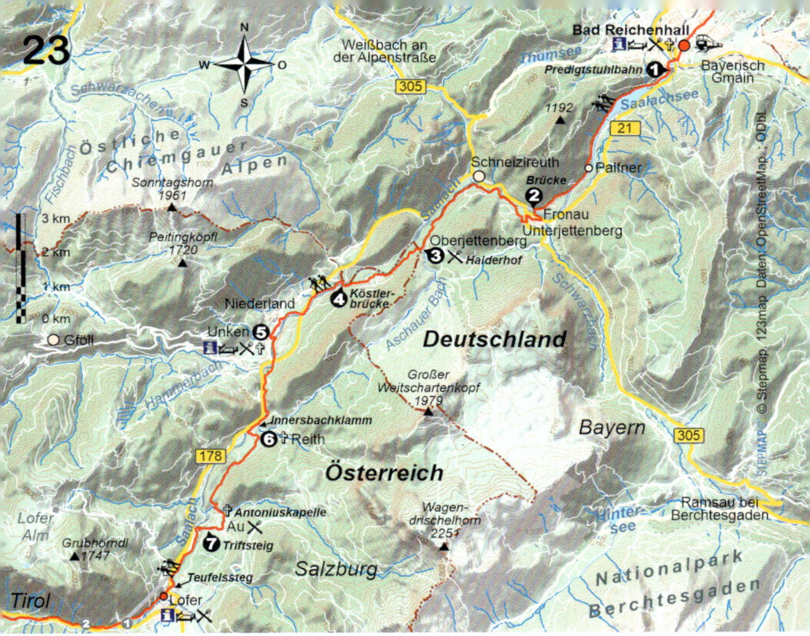

23

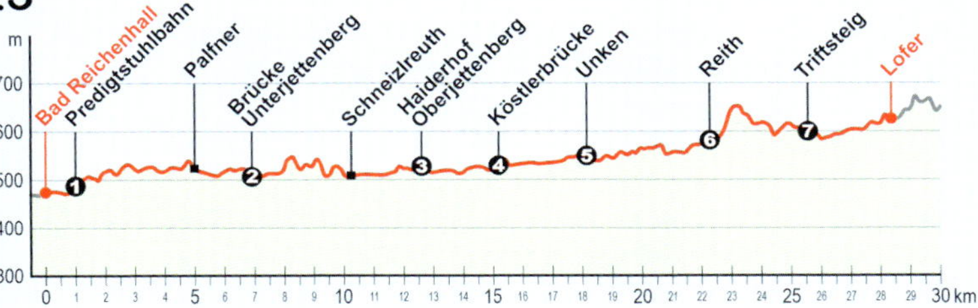

Sie überqueren nun auf der **Luitpoldbrücke** die Saalach und gehen nach links in Richtung **Predigtstuhlbahn** (dem JWS folgend). Sie erreichen die Talstation ❶. Kurz danach zweigt der JW nach links in Richtung **Schneitzlreuth** ab. Nach etwa 4,7 km, die Sie entlang der Saalach gepilgert sind, erreichen Sie das Ortsschild von **Fronau**. Kurz darauf kommt eine Brücke ❷, bei der Sie die Saalach überqueren und nach **Unterjettenberg** am Mozart-Radweg nach links weitergehen.

Kurz danach überqueren Sie die stark befahrene Bundesstraße und sehen gegenüber das Ortsschild von Unterjettenberg. Sie folgen der Straße und halten sich bei einer Abzweigung halb rechts. Schließlich erreichen Sie die Bundesstraße und gehen hier etwa 200 m nach links am Straßenrand entlang. Der JW zweigt dann rechts von der Straße in einen Schotterweg ab, der Sie kurze Zeit später wieder an die Saalach führt. Sie gehen nun etwa 4,5 km an der Saalach entlang und gelangen zu einem „Brotzeitgarten" (✗ **Haiderhof Stibler**, ☏ 00 49/(0)86 51/76 75 70, 💻 www.haiderhof.de, 🚪 Sa, So 11:00-18:00) in Oberjettenberg ❸. Kurz nach dem Haiderhof überqueren Sie den Aschauer Bach und sind wieder in Österreich angelangt.

1,8 km später kommen Sie zu einem Schotterweg, wo der JW rechts entlangführt. Bei der **Köstlerbrücke** ❹ überqueren Sie wieder die Saalach und zweigen kurz darauf links von der Straße ab. Es geht nun wieder an der Saalach entlang weiter, bis Sie nach etwa 2 km die Ortschaft Unken und kurze Zeit später die Kirche des Ortes erreicht haben ❺.

Unken

ℹ 🛏 ✗ 📮 BANK ✝ 🚌

ℹ Gemeindeamt, Niederland 147, 5091 Unken, ☏ 065 89/42 02,
💻 www.gemeinde-unken.at und www.salzburger-saalachtal.com,
🚪 Mo-Fr 8:00-12:00, Mo zusätzlich 13:00-19:00

🛏 ✗ Gasthof Kirchenwirt, Niederland 3, 5091 Unken, gegenüber der Kirche,
☏ 065 89/42 04, 💻 www.kirchenwirt-unken.at, ÜF DZ € 156

♦ Naturhotel Schütterbad, Niederland 35, 5091 Unken, direkt am Weg, wenn Sie Unken verlassen, ☏ 065 89/42 96, 💻 www.schuetterbad.at,
✉ info@schuetterbad.at, ÜF EZ € 98, DZ € 108

♦ Dorfcafe Unken, Niederland 255, 5091 Unken, Zentrum, ☏ 065 89/71 56,
💻 www.hotel-unken.com, ÜF EZ € 64, DZ € 108

🛏 Gästehaus Flatscher, Niederland 186, 5091 Unken, Zentrum, ☏ 065 89/45 07,
💻 www.zimmer-unken.com, ÜF EZ € 36, DZ € 66

♦ Familie Wimmer/Eggerbauer, Niederland 1, 5091 Unken, nach dem Gasthof Kirchenwirt, ☏ 065 89/43 79, Ferienwohnung € 63

🚌 Verbindung nach Lofer

✝ Die Kirche **Zum Hl. Apostel St. Jakob d. Ä.** hat wahrscheinlich Vorläufer bis ins Jahr 1353 und präsentiert sich heute im spätbarocken Stil (1758 erbaut, der Turm stammt aus dem Jahr 1554). Der feine Rocaille-Stuck ist das letzte (bekannte) Werk des berühmten Henndorfer Meisters Christoph Fenninger. Das den Apostel Jakobus d. Ä. zeigende zentrale Deckenfresko stammt aus dem Jahr 1898 (von Max Coreggio). Das ebenfalls den Kirchenpatron zeigende Bild am Hochaltar stammt aus dem Jahr 1692/3 und wird dem Salzburger Maler Johann F. Pereth zugeschrieben.

Nachdem Sie sich in Unken gestärkt haben, setzen Sie den Weg entlang der Landstraße fort, überqueren diese und gehen hinunter zur Saalach, die Sie bei der Brücke überqueren. Gleich danach zweigen Sie rechts ab.

Vorbei am Freizeitzentrum Unken geht es nun wieder entlang der Saalach. Sie kommen vorbei am **Naturhotel Schütterbad**. Etwa 1,8 km später gelangen Sie zur **Innersbachklamm**, wo der JW rechts abzweigt. Beim Parkplatz Innersbachklamm 400 m führt der JW nach links weiter in Richtung Lofer. Bei der **Reither Kirche ❻** führt der JW rechts vorbei.

Etwa 800 m nach der kleinen Kirche leitet der JW Sie in den Wald, den Sie aber nach 1 km bei einem Gehöft wieder verlassen. Sie haben hier einen wunderbaren Ausblick auf die **Loferer Steinberge**. Später überqueren Sie einen Bach und gehen links in Richtung der Ortschaft Au weiter.

Au

Restaurant Antonia, Au 26, 5090 Lofer, am Weg, 065 88/86 04, www.gasthaus-antonia.at, Mi-So 11:30-20:00

Sie gehen durch die kleine Ortschaft, vorbei am **Gasthaus Antonia,** und gelangen zu einer Abzweigung ❼, wo der JW geradeaus weiter nach Lofer weiterführt. Hier sollten Sie aber einmal vom JW abweichen und den Triftsteig gehen, der direkt an der Saalach weiterführt. Dieser Weg wurde mir von der Wirtin vom Gasthof Antonia empfohlen und ist wirklich sehr schön. Sie treffen dann nach 2 km beim Teufelssteg wieder auf den JW.

Der Weg führt durch den Wald hinab zu einer Brücke, bei welcher Sie die Saalach überqueren. Gleich nach der Marina fürs Wildwasserpaddeln geht es zur Saalach, der Sie nun bis zum Teufelssteg folgen. Bei der Brücke geht der JW hinauf zur Landstraße, die Sie beim Zebrastreifen überqueren. Sie haben Lofer erreicht und gehen geradeaus ins Zentrum dieser schönen Ortschaft.

Lofer

BANK

Tourismusverband, Lofer 310, 5090 Lofer, 065 88/83 21, www.lofer.com, Mo-Fr 9:00-17:00

- Haus Dürnberger, Familie Hagn, Lofer 144, 5090 Lofer, ☞ weitere Wegbeschreibung, ☏ 065 88/75 69, 06 64/75 06 50 80, info@unterkunft-lofer.at, ÜF ab € 31
- ♦ Falkenhaus, Familie Schmuck, Lofer 57, 5090 Lofer, Zentrum, ☏ 065 88/71 42, ÜF EZ ab € 36
- Verbindung nach Waidring und zu weiteren Orten am folgenden Weg

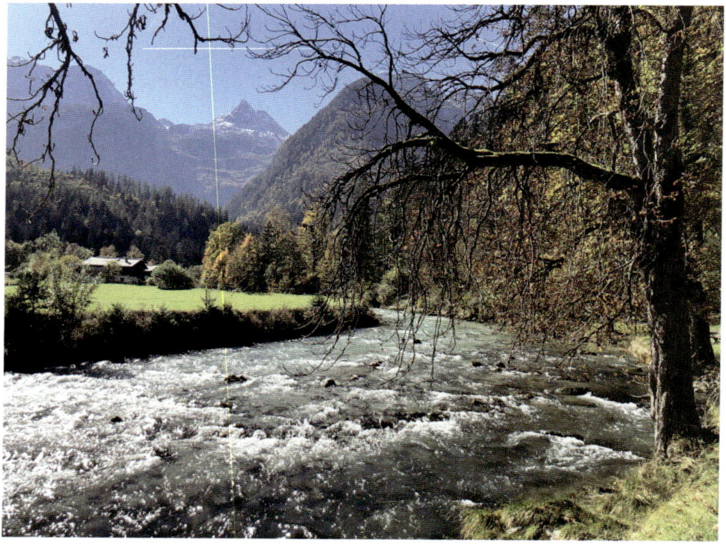

Entlang des Loferbachs nach Tirol

24. Etappe: Von Lofer nach St. Johann

28 km, 7 Std. 20 Min., ↑ 317 m, ↓ 269 m, ⇧ 625-788 m

0,0 km	⇧ 625 m	Lofer
10,9 km	⇧ 776 m	Waidring
19,9 km	⇧ 634 m	Erpfendorf
23,2 km	⇧ 640 m	Kirchdorf
28,0 km	⇧ 659 m	St. Johann

Auf der heutigen – wieder sehr langen – Etappe nehmen Sie Abschied vom Bundesland Salzburg und erreichen das Land Tirol. Der Pass Strub, der an der Grenze von Salzburg zu Tirol liegt, ist mit seinen 675 m keine sehr markante Trennung. Den Unterschied zwischen den beiden Bundesländern erkennen Sie aber sofort am anderen Dialekt, der gleich nach der Grenze gesprochen wird. Der JW in Tirol zeigt Ihnen wieder ein ganz anderes Stück Österreichs.

Der erste Ort in Tirol ist Waidring, am Fuße der Loferer Steinberge gelegen. In Erpfendorf sollten Sie die Kirche St. Barbara besuchen – sie ist ganz anders als die Kirchen in Tirol, aber auf ihre Art sehr schön. Kirchdorf und St. Johann sind bekannte Tiroler Urlaubsorte, umgeben von der schönen Berglandschaft des Kitzbüheler Horns und des Wilden Kaisers.

In Lofer gehen Sie vorbei am Dorfbrunnen und zwischen dem **Gasthof zur Post** und dem **Rathaus** in die Fußgängerzone. Auf der **Augustenpromenade** geht der JW weiter.

Kurz nach dem Kinderspielplatz kommen Sie bei der **Pension Sonneck** vorbei. Vor der Brücke (↳ geradeaus geht es zum 🛏 **Haus Dürnberger**) zweigt der JW nach rechts ab ❶. Sie gehen nun am **Loferbach** entlang und kommen vorbei an der **Festung Strub** und am **Strubpass**, der an der Grenze zum Bundesland Tirol liegt. Bei einer kleinen Brücke überqueren Sie den Loferbach und verabschieden sich von Salzburg ❷.

Sie folgen nun auch in Tirol weiter dem Loferbach und kommen etwa 3 km nach der Grenze am 🛏 ✕ **Gasthof Strub** und gleich darauf am 🛏 **Brandtnerhof** vorbei.

🛏 ✕ Gasthof Strub, Strub 16, 6384 Waidring, 📱 06 76/941 09 45, 💻 www.strub.at, ÜF EZ ab € 62, DZ ab € 104

🛏 Brandtnerhof, Strub 14, 6384 Waidring, ☎ 053 53/54 27, 💻 www.brandtnerhof.at, Ü ab € 35

500 m später zweigt der JW nach links von der Straße ab. Etwas abseits der Straße führt der hier gut markierte JW durch den Wald und am Waldrand weiter. Bei der **Kneippanlage Waidring** befindet sich ein sehr schöner Rastplatz ❸. Später verlassen Sie den Wald und gehen auf einer asphaltierten Straße, die nach einiger Zeit auf die Landstraße stößt. Hier zweigen Sie nach links ab und folgen der Straße durch die Ortschaft **Unterwasser** und erreichen auf diesem Weg den Ort **Waidring** ❹.

Waidring

Tourismusverband Pillersee-Tal, Büro Waidring, Dorfstraße 12, 6384 Waidring, 50 m nach dem Dorfbrunnen, 053 54/563 04, www.waidring.at, www.pillerseetal.at, Mo-Fr 8:00-12:00

Pension Untermünzer, Unterwasser 36, 6384 Waidring, fast am Weg, 053 53/530 30, www.untermuenzer.at, ÜF EZ € 32, DZ € 56

♦ Gästehaus Luise, Webererweg 16, 6384 Waidring, Ortsanfang, 053 53/520 17, www.gaestehaus-luise.at, ÜF EZ ab € 32,50, DZ ab € 60

♦ Pension Schweizerhof, Pillerseestr. 16a, 6384 Waidring, in Zentrumsnähe, 053 53/52 60, www.schweizerhof-waidring.at, ÜF EZ € 36, DZ € 64

Verbindung nach Erfpendorf und zu weiteren Orten am folgenden Weg

St. Vitus. Wahrscheinlich war die Kirche bereits in der ersten Phase der Christianisierung als Gotteshaus vorhanden, die erste urkundliche Erschließung stammt aus dem Jahr 1197. Seit 1485 wohnt ständig ein Priester im Ort. Das aktuelle Kirchengebäude stammt aus der zweiten Hälfte des 18. Jh., sehenswert sind der Vier-Säulen-Rokoko-Baldachin-Altar, barocke Beichtstühle mit gemalten Intarsien sowie eines der schönsten Geläute Österreichs. Jakob d. Größere (rechts neben dem Altar) ist zusammen mit den anderen Aposteln zu sehen.

Sie durchqueren den Ort Waidring auf der Dorfstraße. Der JW zweigt auf der Höhe des **Parkplatzes Steinplatte** nach links von der Dorfstraße ab. Nach einigen Metern endet der asphaltierte Weg und Sie gehen auf einem Wiesenweg weiter. Nach etwa 1,5 km erreichen Sie den Waldrand und folgen immer den JWS. Nach etwa 1 km gehen Sie nach rechts in Richtung Landstraße und kurz darauf links beim **Ambachhof** weiter.

Ambachhof, Enthgrieß 6, 6384 Waidring, 06 64/73 25 41 52, www.ambach-hof.at, Ü EZ ab € 33

Weiter geht es in Richtung Erpfendorf, immer parallel zur Landstraße, die einige Hundert Meter entfernt ist. Sie kommen vorbei an der großen **Hotelanlage Lärchenhof**. Sie gelangen schließlich zum **Waldbach** und folgen diesem in Richtung Erpfendorf. Vorbei am Parkplatz kommen Sie zu einer Brücke, bei welcher Sie den Grießbach überqueren **❺**, und Sie gehen dann den **Rosenbühelweg** links sowie 100 m später rechts weiter.

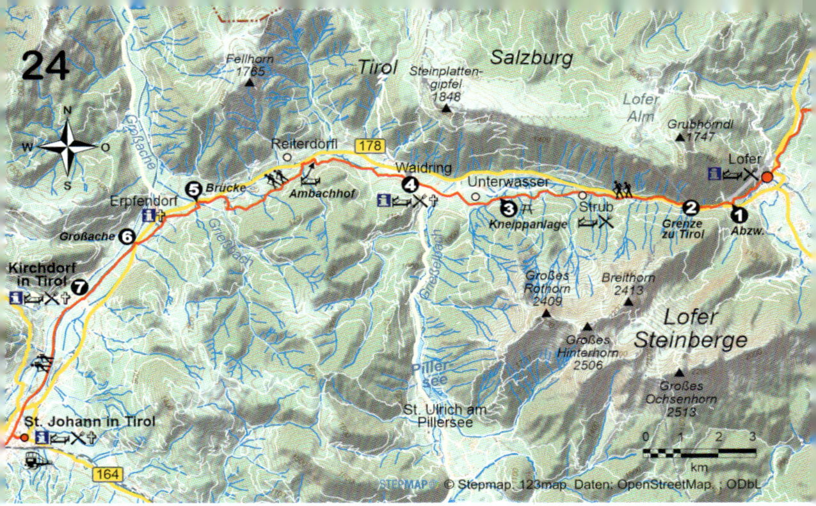

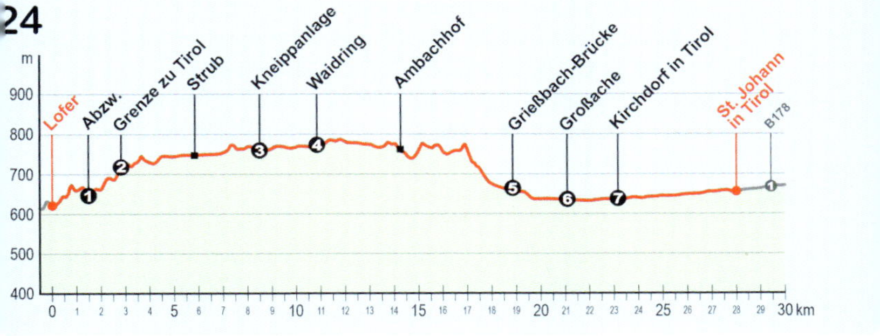

Nach etwa 1 km erreichen Sie die Ortschaft Erpfendorf.

Erpfendorf

Kein Tourismusbüro vor Ort, aber Infopoint, Dorf 30, 6383 Erpfendorf. Zuständig ist ansonsten der Tourismusverband St. Johann in Tirol – Kitzbüheler Alpen, www.kitzbueheler-alpen.com, 053 52/63 33 50, Mo-Fr 9:00-17:00, Sa 9:00-12:00.

Verbindung nach Kirchdorf und zu weiteren Orten am folgenden Weg

✝ **St. Barbara** wurde vom renommierten Architekten Prof. Clemens Holzmeister geplant, die Weihe fand 1955 statt. Er favorisierte anstelle einer konkreten, figuralen Darstellung eine symbolische Ausschmückung. Die Kreuzigungsgruppe stammt vom Schwazer Bildhauer Sepp Baumgartner, der Kreuzweg von R. K. Fischer, ebenso die Bilder des Hochaltars und die meisten anderen Gemälde.

Von der Kirche in Erpfendorf geht es geradeaus weiter die Dorfstraße entlang nach Kirchdorf. Etwa 1 km später unterqueren Sie die Loferer Straße und setzen Ihren Weg auf einem schönen Kiesweg entlang der **Großache** fort ❻. Nach ca. 2 km kommen Sie zu einer Brücke, die Sie ins Ortszentrum von Kirchdorf führt ❼.

Kirchdorf

Tourismusverband, Litzlfeldner Str. 2, 6382 Kirchdorf in Tirol, über die Brücke, geradeaus weiter, zweite Möglichkeit links, ☏ 053 52/633 35, www.kitzalps.cc, Mo, Di, Do, Fr 9:00-12:00

Gasthof Mauth, Dorfplatz 7, 6382 Kirchdorf in Tirol, nahe der Kirche, ☏ 053 52/631 24, www.gasthof-mauth.info, ÜF EZ € 37, DZ € 74

♦ Hotel Neuwirth, Wengerstr. 10, 6382 Kirchdorf in Tirol, vorbei an Kirche und Kindergarten (400 m nach der Kirche), ☏ 053 52/631 20, Ü HP € 65

Sportpension Mountain High, Dorfstr. 17, 6382 Kirchdorf in Tirol, direkt bei Brücke über die Großache, 06 76/848 06 22 00, www.mountain-high.info, Ü EZ ab € 40, DZ € 98

Verbindung nach St. Johann

Wenn Sie weitergehen wollen, dann setzen Sie Ihren Weg bei der Brücke fort und gehen weiter entlang der Großache nach St. Johann. Nach etwa 4 km unterqueren Sie die Salzburgerstraße und folgen dem Fluss, die nun Kitzbüheler Ache heißt. Nach etwa 800 m erreichen Sie eine Abzweigung in das Ortszentrum mit Kirche, Tourismusbüro und Hotels. Geradeaus führt der Weg weiter nach Going.

St. Johann

Tourismusverband, Poststraße 2, 6380 St. Johann in Tirol, nahe der Pfarrkirche, ☏ 053 52/633 35, www.kitzalps.cc, Mo-Fr 9:00-17:00, Sa 9:00-12:00

Pension Meixner und Pension Obermoser, Bruggbäckweg 4 und 7, 6380 St. Johann in Tirol, etwa 300 m nordöstlich vom Hauptplatz, ☏ 053 52/633 27 oder 624 13, www.pension-meixner.at, ÜF ab € 53, DZ ab € 96

Landhaus Schwarzinger, Dechant-Wieshoferstraße 19, 6380 St. Johann in Tirol, etwa 250 m nordöstlich vom Hauptplatz ☏ 053 52/627 33, www.landhaus-schwarzinger.at, ÜF EZ ab € 44

Panoramahotel-Garni, Speckbacherstraße 14, 6380 St. Johann in Tirol, vom Hauptplatz 220 m die Speckbacherstraße nach Südwesten, ☏ 053 52/625 64, www.panoramahotel-garni.at, ÜF EZ ab € 40

Verbindung nach Going und zu weiteren Orten am folgenden Weg

Zugverbindung im Stundentakt nach Wörgl und zu weiteren Orten am folgenden Weg

Die Kirche **Maria Himmelfahrt** wurde 1723 von Abraham Millauer erbaut. Sie geht wahrscheinlich auf eine Gründung im Jahr 738 vom hl. Rupert zurück. Der Pfarrhof stammt aus dem 17. Jh. und war lange Sommerresidenz der Chiemseer Bischöfe.

Das Gebiet von St. Johann war wahrscheinlich bereits vor 3.000 Jahren zunächst von den illyrischen und danach von keltischen Stämmen besiedelt. 15 n. Chr. kamen die Römer und ab 500 regierten hier die Bajuwaren. Im 17. Jh. gab es schwere Kämpfe mit Bayern und danach mit Frankreich. In alten Zeiten lag die Bedeutung St. Johanns im Bergbau (Silber, v. a. Kupfer). Heute ist das Gebiet von St. Johann aufgrund der imposanten Erscheinung des Naturschutzgebietes Kaisergebirge/Wilder Kaiser eine wichtige Tourismusregion.

25. Etappe: Von St. Johann nach Itter

28,5 km, 7 Std. 40 Min., ↑ 507 m, ↓ 465 m, ⇧ 658-883 m

0,0 km	⇧ 659 m	St. Johann
10,9 km	⇧ 759 m	Going
12,9 km	⇧ 801 m	Ellmau
23,1 km	⇧ 692 m	Söll
28,5 km	⇧ 689 m	Itter

Weiter geht es im Bezirk Kitzbühel durch bekannte Urlaubsorte. Wenn Sie Fan der volkstümlichen Musik und von Fernsehserien sind, die in Tirol spielen, werden Sie hier viele Anknüpfungspunkte finden – ansonsten genießen Sie einfach die herrliche Berglandschaft.

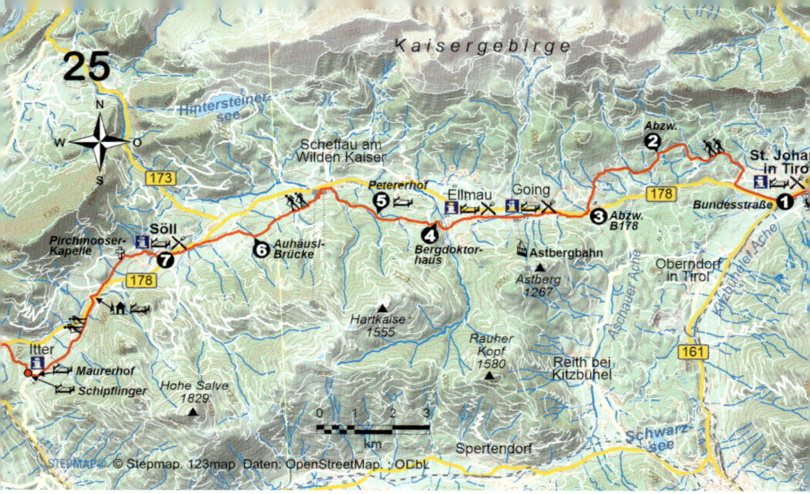

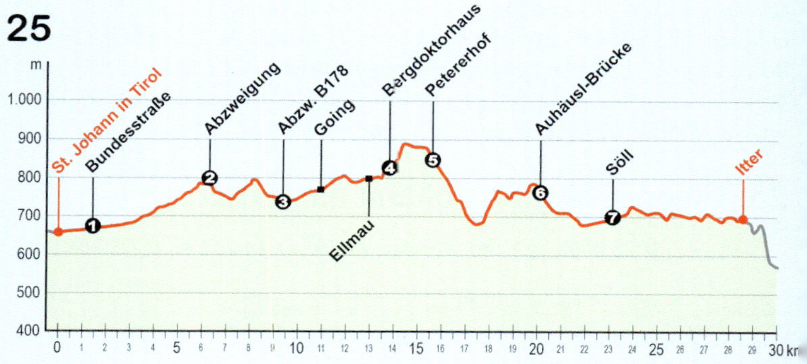

Von der Kirche in Ortszentrum von St. Johann gehen Sie zurück zur Abzweigung an der Kitzbüheler Ache. Etwa 1,1 km nach der Abzweigung unterqueren Sie die Paß-Thurn-Straße ❶ und folgen weiter dem Flussverlauf (nun Aschauer Ache) für etwa 1,5 km. Dann verlassen Sie die Aschauer Ache, überqueren die Innsbruckerstraße und gehen dem JWS folgend weiter (400 m später auch als Römerweg markiert). Etwa 3 km nach Verlassen der Kitzbüheler Ache kommen Sie am ehemaligen Gasthof Römerhof vorbei.

Etwa 400 m nach dem Römerhof biegt der JW nach links ab ❷. Nach 3,1 km erreichen Sie die stark befahrene Loferer Straße (gleich beim Hotel Stangelwirt) ❸, überqueren diese und gehen rechts entlang des Goinger Hausbachs weiter. Nach 1 km erreichen Sie Going und gehen geradeaus durch den Ort.

Going

BANK

- Tourismusverband Wilder Kaiser, Büro Going, Dorfstr. 10, 6353 Going am Wilden Kaiser, 050/509-10, www.wilderkaiser.info, Mo-Fr 8:00-12:30 und 13:30-17:00, Sa 14:00-17:00
- Gattererhof, Söllner Weg 7, 6353 Going am Wilden Kaiser, 50 m östlich der Pfarrkirche, 053 58/24 16, gattererhof@a1.net, ÜF EZ € 30, DZ € 52, Etagendusche
- ♦ Pension Alexandra, Marchstr. 16, 6353 Going am Wilden Kaiser, am Weg, im Westen des Ortes, 053 58/430 92, 06 80/118 89 93, www.pension-alexandra.com, ÜF DZ € 102
- Verbindung nach Ellmau und zu weiteren Orten am folgenden Weg

Blick auf den Wilden Kaiser bei Going

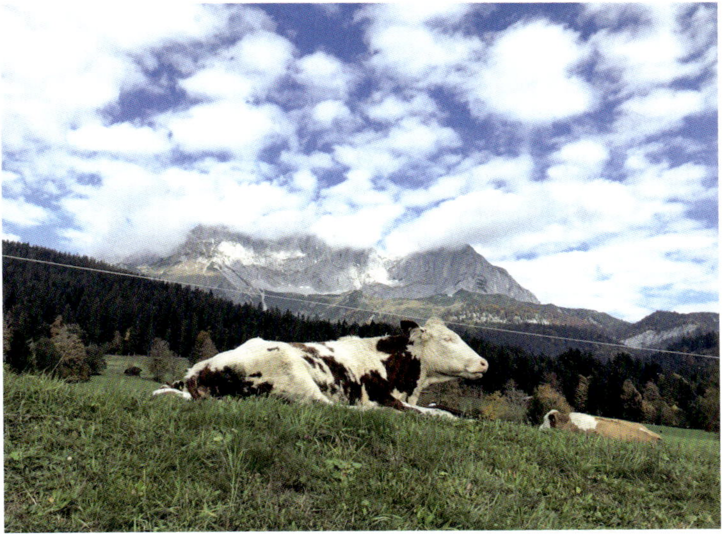

Sie durchqueren das Ortszentrum von Going und gehen auf der Marchstraße weiter. Vorbei an der **Astbergbahn** führt der Weg aus Going hinaus. Bald schon gelangen Sie in den nächsten Ort, und zwar nach Ellmau.

Ellmau

- Tourismusverband Wilder Kaiser, Zentral-/Ortsbüro, Dorfstraße 35, 6352 Ellmau, am Weg, ☏ 050/509-410, www.wilderkaiser.info, auch für Söll und Going zuständig, Mo-Fr 8:30-12:00 und 14:30-18:00, Sa 8:30-12:00
- Haus Embacher, Birkenweg 21, 6352 Ellmau, in Höhe Tourismusverband, Parallelstraße zur Dorfstraße, ☏ 053 58/34 80, www.haus-embacher.at, ÜF EZ € 35, DZ € 68
- ♦ Ferienhaus Kopp, Rohrmosen 7, 6352 Ellmau, nach dem Bergdoktorhaus Abzweigung links in die Straße Rohrmosen, ☏ 053 58/29 11, info@ferienhaus-kopp.at, ÜF EZ € 30, eine Gastgeberin mit Herz
- ♦ Angelika Leitner, Faistenbichl 7, 6352 Ellmau, am Weg, am Ortsende vorm Bergdoktorhaus, ☏ 053 58/26 19, www.ellmau-leitner.at, Ü EZ ab € 40
- ♦ Frühstückspension Steinbacher, Dorf 29, 6352 Ellmau, geringfügig abseits, südlicher Ortsrand, ☏ 053 58/22 10, www.steinbacher-ellmau.at, Ü ab € 25
- ♦ Alp King Hostel, Dorf 44, 6352 Ellmau, Zentrum, 06 50/372 10 53, www.alpking.com, office@alpking.com, Ü ab € 25
- Verbindung nach Söll und zu weiteren Orten am folgenden Weg

Nachdem Sie sich die hübschen Häuser im Ortszentrum angesehen und etwas gejausnet haben, setzen Sie Ihren Weg nun auf dem markierten Weg in Richtung Söll fort. Nach etwa 1 km kommen Sie zum **Bergdoktorhaus** ❹. Kurz danach geht es bei der Gabelung Hinterschnabl links weiter.

Nach etwa 2 km kommen Sie am **Pettererhof** vorbei ❺.

- Pettererhof, Familie Alfonsetti, Faistenbichl 54, 6352 Ellmau, 06 64/503 07 89, bauernhof-ellmau.at, ÜF ab € 39

Kurz nach dem Pettererhof zweigt der JW bei der Markierung auf einen Waldweg nach links ab. Bei der Brücke **Ecktal** (nach ca. 800 m) kommen Sie auf eine Asphaltstraße und gehen hier rechts weiter. Sie kommen an der Talstation der Bergbahn von Scheffau vorbei und zweigen nach ihr links ab. Bei der Bergbahn gehen Sie bei der **Parkgarage** rechts weiter (Sie sehen ein JWS).

Der JW geht nun neben der Bergbahn zunächst relativ steil bergauf und führt durch den Wald. Sie verlassen den Wald, kommen an mehreren Bauernhöfen vorbei und gehen weiter in Richtung Söll.

Bei der **Auhäusl Brücke** (2 km nach dem Waldstück) ❻ geht der JW weiter die Asphaltstraße bergab, bis Sie nach etwa 1,5 km die Loferer Straße erreichen. Links neben der Bundesstraße geht es nun ein Stück weiter und Sie erreichen die Ortschaft Söll ❼.

Söll

Tourismusverband Wilder Kaiser, Ortsbüro Dorf 84, 6306 Söll, ☏ 050/509-210, www.wilderkaiser.info, Mo-Fr 8:00-12:00 und 13:00-18:00

Denggen-Hof, Am Steinerbach 1, 6306 Söll, am Ortsende, ☏ 053 33/53 45, 06 64/342 74 64, www.denggenhof.at, ÜF DZ ab € 88

♦ Gästehaus Maximilian, Pirchmoos 3, 6306 Söll, Ortsteil Pirchmoos, ☏ 053 33/54 68, ÜF ab € 40

Verbindung nach Itter und zu weiteren Orten am folgenden Weg

Im Zentrum von Söll (bei der Kirche) zweigen Sie beim JWS nach rechts ab und folgen der guten Beschilderung aus Söll hinaus. Sie kommen nach etwa 1 km zur **Pirchmooser Kapelle**, zweigen hier links ab und gelangen nach einem weiteren Kilometer wieder an die Loferer Bundesstraße, der Sie auf dem Fußweg nach rechts folgen. Sie passieren das Steinerhäusl.

Steinerhäusl, Am Steinerbach 7, 6306 Söll, ☏ 053 33/54 21, Ü € 20

Nach der Pilgerherberge unterqueren Sie die Bundesstraße – gleich in der Nähe befindet sich der Strasserhof – und setzen Ihren Weg fort.

Strasserhof, Am Steinerbach 3, 6306 Söll, am Weg, ☏ 053 33/53 89, www.strasserhof-soell.com, ÜF ab € 32

Sie gehen unter der Gondelbahn hindurch und wandern auf einem schönen Kiesweg weiter. Bei einer T-Kreuzung mit JW-Infostand geht der Weg auf einer Asphaltstraße (**Schwendtner Weg**) leicht ansteigend weiter. Nach etwa 1,4 km erreichen Sie die Ortschaft Itter und kommen vorbei am **Maurerhof**. Kurz darauf überqueren Sie die Itterer Straße und folgen dem JW weiter.

Itter

Tourismusverband Ferienregion Hohe Salve, Ortsbüro Itter, Dorfplatz 1, 6305 Itter, 05 75 07/72 00, www.kitzbueheler-alpen.com, Mo-Fr 9:00-12:00

Gästehaus Schipflinger, Dörfl 1, 6305 Itter, im Ort, 06 64/300 46 13, ÜF EZ € 38, DZ € 84

♦ Johann Schipflinger/Maurerhof, Schwendter Weg 3, 6305 Itter, direkt am Weg, 053 35/26 93, www.maurerhof-itter.jimdofree.com, ÜF DZ € 72

Verbindung nach Bruckhäusl und Wörgl

Itter ist ein kleines Dorf, hat aber eine lange Geschichte, die bis ins Mittelalter zurückreicht. Im 13. Jh. wurde die Burg Itter erbaut und diente als wichtiger Stützpunkt für den Schutz der umliegenden Gebiete.

26. Etappe: Von Itter nach Rattenberg

26,7 km, 7 Std. 5 Min., ↑ 294 m, ↓ 476 m, ⇧ 500-699 m

0,0 km	⇧ 689 m	Itter
3,5 km	⇧ 533 m	Bruckhäusl
8,1 km	⇧ 500 m	Wörgl
17,0 km	⇧ 506 m	Breitenbach
25,9 km	⇧ 514 m	Kramsach
26,7 km	⇧ 514 m	Rattenberg

Die heutige Etappe führt Sie in das Unterinntal – endlich wieder ein Fluss, dem Sie folgen können. Der Weg führt jedoch meist auf Anhöhen entlang des Tales und ist sehr angenehm zu gehen. Am Abend erreichen Sie Rattenberg – eine meiner Lieblingsstädte auf dem Jakobsweg.

Sie setzen Ihren Weg in Itter fort. Etwa 300 m nachdem Sie die kleine Ortschaft verlassen haben, zweigt der JW nach links ab und führt leicht bergab durch einen Wald. Kurz bevor Sie die stark befahrene Landesstraße (B178) erreichen, gehen Sie links entlang des Baches (**Untere Nasensiedlung**) ❶. Nach einigen Minuten gelangen Sie wieder zur Landesstraße und überqueren diese beim Zebrastreifen. Sie gehen weiter nach **Bruckhäusl**. Kurz vor einer Unterführung führt der JW auf einem Fußweg rechts weiter (**Luechstraße**). Nach einigen Metern auf der Lofererstraße (kurz vor dem Ortsschild Kirchbichl) zweigen Sie links ab

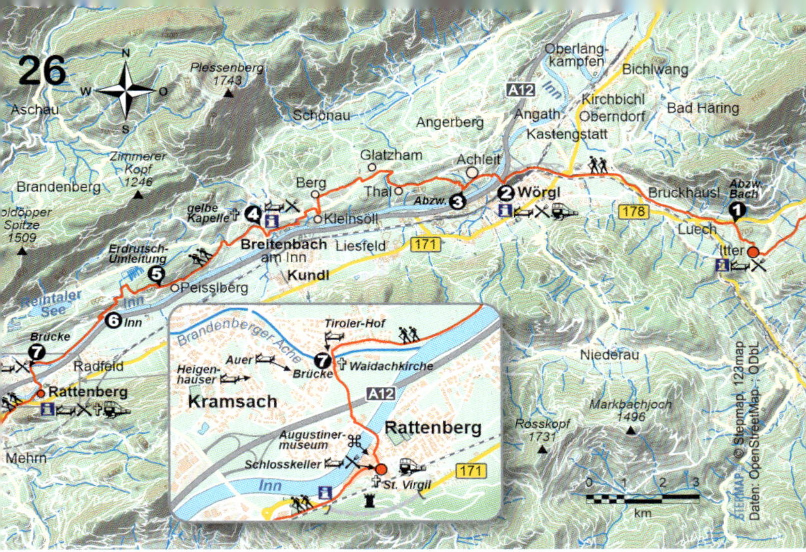

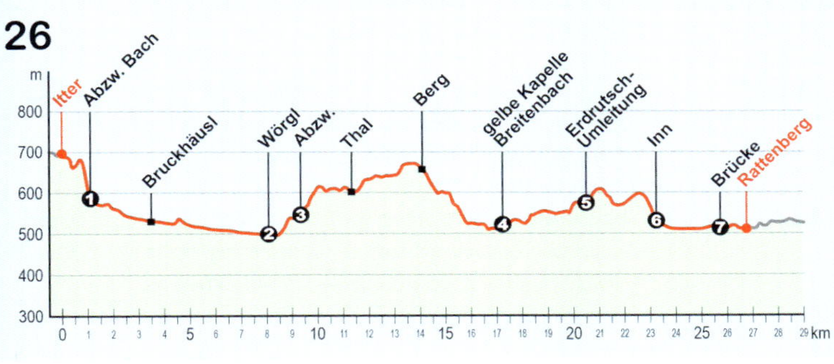

und gehen entlang des Brixentaler Ache auf einem Radweg nach Bruckhäusl. Bei der Brücke im Ort, die Sie etwa 1 km nach der Abzweigung von der Bundesstraße erreichen, geht der Weg geradeaus weiter nach Wörgl.

Sie folgen weiter der Brixentaler Ache und erreichen nach ca. 3,5 km das Ortsschild von Wörgl. Nach diesem gehen Sie die Ferdinand-Raimund-Straße entlang, bis Sie zu einer Kreuzung gelangen ❷, wo Sie ↳ links ins Stadtzentrum von Wörgl gelangen. Der JW geht aber rechts weiter.

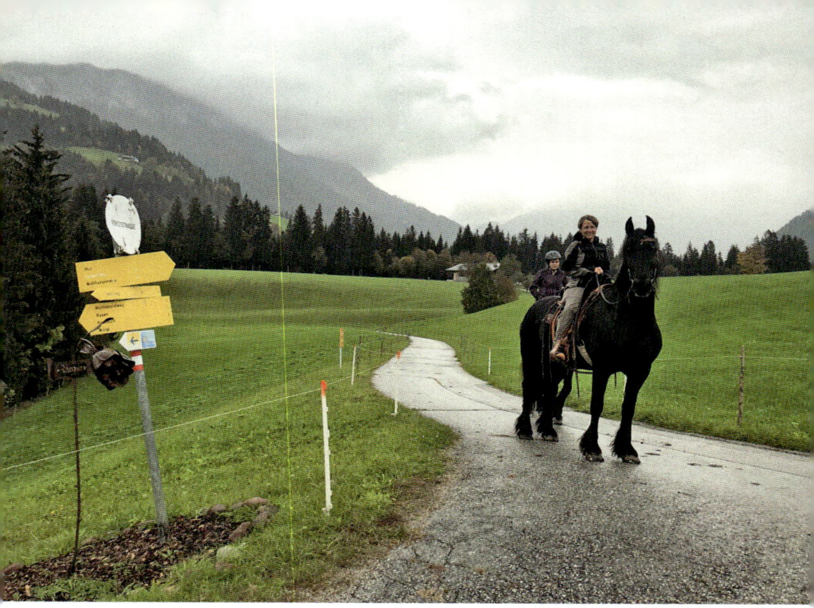
Pferdebekanntschaft auf dem Weg nach Wörgl

Wörgl

i Tourismusverband Ferienregion Hohe Salve, Innsbrucker Straße 1, 6300 Wörgl, ☏ 05 75 07/70 00, 💻 www.kitzbueheler-alpen.com, 🚪 Mo-Fr 8:00-17:00, Sa 10:00-12:00

🛏🍴 Hotel Linde, Angather Weg 7, 6300 Wörgl, ca. 750 m abseits von der eben genannten Kreuzung in Richtung Zentrum, am Ende der Unterführung links in die Poststraße abzweigen, diese geht in den Angather Weg über, ☏ 053 32/723 59, 💻 www.hotellinde.com, ÜF EZ € 59, DZ € 92

♦ Gasthof Blick ins Inntal, Achleit 150, 6300 Wörgl, auf dem Weg nach Breitenbach, nach Überquerung des Inns, Abzweigung Achleit nach rechts, ☏ 053 32/563 89, 💻 www.gh-blick-ins-inntal.at, ÜF ab € 40

🚆 dichtes Angebot an Zügen in Richtung Innsbruck bzw. Salzburg, Verbindung mit der S4 nach Rattenberg im Stundentakt

🚌 Verbindung nach Breitenbach

Sie unterqueren die Inntal-Autobahn, überqueren den Inn und gehen links weiter.

Ihr nächstes Ziel ist **Breitenbach** in ca. 9 km. Sie folgen dafür dem JWS und zweigen nach etwa 1 km rechts ab ❸. Es geht leicht bergauf und bald geht der asphaltierte Weg in einen Forstweg über. Schließlich kommen Sie zum Ortsschild von **Thal** und nach weiteren 1,5 km auf der Straße nach Glatzham. Sie folgen nun ein Stück der Landstraße und zweigen nach ca. 600 m rechts ab nach **Glatzheim Riedhof** und gleich vor dem Ortsschild wieder links (parallel zur Landstraße). Sie erreichen den Ortsteil **Berg**. Von dort gehen Sie hinunter zur Landstraße und über Kleinsöll weiter in das Zentrum von Breitenbach.

Breitenbach

Tourismusverband Ferienregion Alpbachtal und Tiroler Seenland, Ortsbüro Breitenbach, Dorf 95, 6252 Breitenbach am Inn, ☏ 053 37/212 00 60, www.alpbachtal.at, Mo-Fr 8:30-17:00

Gasthof Schwaiger, Ausserdorf 1, 6252 Breitenbach am Inn, ca. 200 m abseits, ☏ 053 38/81 84, www.schwaiger.breitenbach.at, ÜF EZ € 67, DZ € 114

Tischlerhof, Familie Mauracher, Dorf 28/Ramsau 1, 6252 Breitenbach am Inn, ca. 750 m abseits, ☏ 053 38/71 68, 06 76/511 24 28, www.tischlerhof.info, ÜF DZ ab € 70

Gasthof Rappold, Dorf 137, 6252 Breitenbach am Inn, am Weg, www.gasthof-rappold.at, info@gasthof-rappold.at, ☏ 053 38/81 32, Mi, Do 17:00-0:00, Fr-So 11:00-0:00

Verbindung nach Kramsach und Brixlegg

Vorbei an der Kirche gehen Sie weiter durch den Ort und gleich nach der **kleine gelben Kapelle** ❹ geht es links ansteigend hinauf. Der Weg führt nun weiter auf einer Traktorspur am Wald entlang. Nach etwa 1,1 km gelangen Sie zur Landstraße, überqueren diese und gehen beim Ortsschild von **Bichl** links weiter. Sie unterqueren die Landstraße und gehen links weiter. In der Kurve beim Ortsschild von **Paisslberg** zweigen Sie nochmals links ab.

Nach ca. 2,2 km auf diesem Weg zweigen Sie nach rechts in Richtung Kramsach ab ❺. (Es handelt sich um eine dauerhafte Umleitung aufgrund eines Erdrutsches.) Der Weg führt hinauf zu einem Bauernhof und weiter über eine Wiese und am Waldrand entlang – ein schöner Weg, der sehr gut markiert ist. Nach ca. 2,8 km haben Sie die Umgehung geschafft, gelangen an das schöne Ufer des Inns ❻ und folgen im für ca. 2 km. Sie erreichen eine Abzweigung mit einer JW-Variante, der Sie aber nicht folgen, Sie gehen geradeaus weiter nach Kramsach.

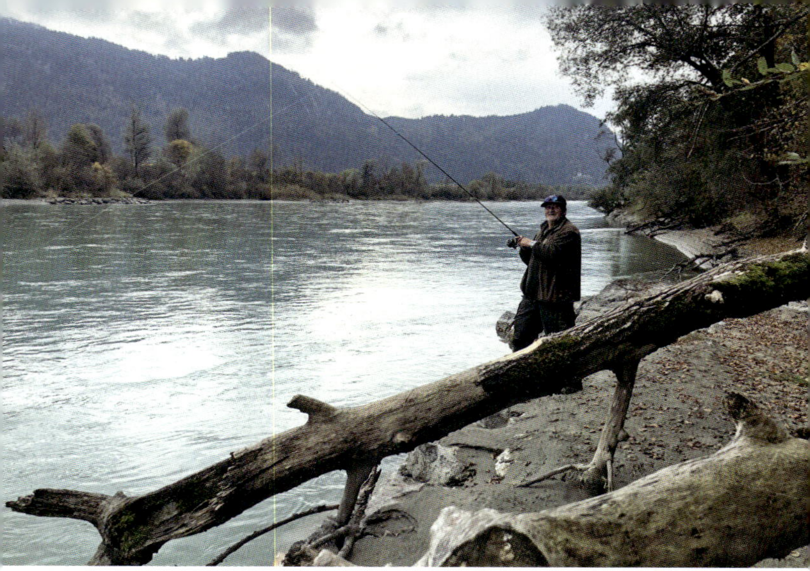

Innfischer bei Kramsach

Kramsach

- **i** Tourismusverband Alpbachtal und Tiroler Seenland, Ortsinfo Kramsach, Zentrum 1, 6233 Kramsach, am Weg, ☏ 053 37/212 00, www.alpbachtal.at, für 2023: 20. April bis 15. Juni Mo-Mi & Fr 8:30-12:30, 16. Juni bis 30. September Mo-Fr 8:30-12:30, 1. Juli bis 30. September auch Sa 8:30-12:30
- Pension Tiroler-Hof, Fachental 62, 6233 Kramsach, am Weg, bei der Brücke, ☏ 053 37/636 55, nur Fließwasser, Preis auf Anfrage
- ♦ Pension Auer, Claudiaplatz 5, 6233 Kramsach, bei der Weidachkirche 2-3 Min. rechts, ☏ 053 37/936 16, ÜF ab € 38
- ♦ Pension Heigenhauser, Kuglgasse 30, 6233 Kramsach, nach Überquerung der Brandenberger Ache westlich 800 m abseits, ☏ 053 37/633 25, ÜF ab € 40
- Verbindung nach Brixlegg

Bei der Brücke überqueren Sie die **Brandenberger Ache** ❼. Es geht vorbei an der **Waidachkirche** und weiter auf dem Fußweg nach **Rattenberg**. Sie unterqueren die Inntal-Autobahn, überqueren kurz darauf den Inn und sind schon in Rattenberg angekommen. Im Ortszentrum geht es rechts beim Brunnen weiter durch die Altstadt, geradeaus kommen Sie zur Pfarrkirche St. Virgil.

Rattenberg

Tourismusverband Ferienregion Alpbachtal und Tiroler Seenland, Ortsinfo Rattenberg/Radfeld, Südtirolerstr. 34a (Parkplatz P1), 6240 Rattenberg, 053 37/212 00 50, www.alpbachtal.at, für 2023: 3. April bis 28. Mai Mo-Di und Do-Fr 8:30-12:30, 29. Mai bis 3. November Mo-Fr 8:30-12:30

Gasthof Schlosskeller, Südtirolerstr. 13, 6240 Rattenberg, Zentrum, 053 37/651 04, https://www.schlosskeller-rattenberg.at, ÜF EZ € 48, DZ € 96

Verbindung nach Brixlegg und zu weiteren Orten am folgenden Weg

Die Pfarrkirche **St. Virgil** zählt in ihrer hellen Buntheit wohl zu den schönsten Tirols. Die im beginnenden 18. Jh. erfolgte Innenumgestaltung geht ausschließlich auf die Crème de la Crème barocker Stuckateure, Freskenmaler und Bildhauer zurück. Interessant ist auch die Zweiteilung der Kirche in Bürger- und Knappenkirche. Unbedingt sehenswert.

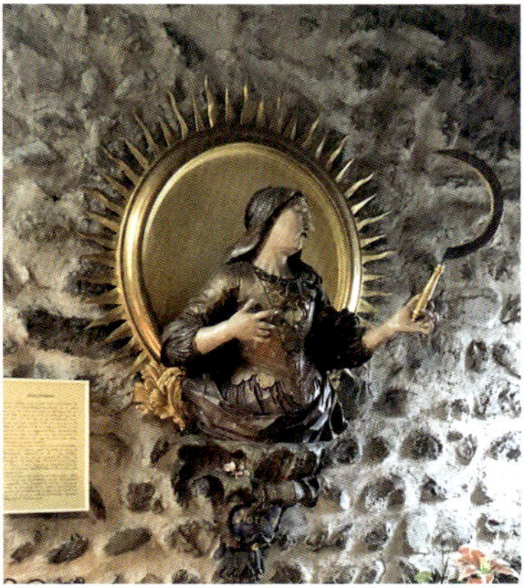

Die hl. Notburga von Rattenberg

⌘ Der Ortskern ist durch ein einzigartiges Gebäudeensemble geprägt. Besonders zu erwähnen sind die Nagelschmiedhäuser (vermutlich 12. Jh., mit Handwerkskunstmuseum), das Augustinermuseum, das Geburtshaus und Denkmal der hl. Notburga, die Burg und die verschiedenen Schau-Glasbläsereien.

- Handwerkskunstmuseum Nagelschmiedhäuser, Südtirolerstraße 33, 6240 Rattenberg, 06 64/856 21 93, info@genusswelt.tirol, Mai bis Oktober tgl. 9:00-18:00
- Augustinermuseum, Klostergasse 95, 6240 Rattenberg, 053 37/648 31, www.augustinermuseum.at, Mai bis Oktober tgl. 10:00-17:00

Flächenmäßig sowie auch nach Einwohnerzahl ist Rattenberg die kleinste Stadt Österreichs. Die Stadt hat eine lange Geschichte, die bis ins Mittelalter zurückreicht. Im 14. Jh. wurde Rattenberg zu einem wichtigen Handelszentrum und war bekannt für die Glasproduktion.

27. Etappe: Von Rattenberg nach Vomp

23,4 km, 6 Std. 15 Min., ↑ 283 m, ↓ 218 m, ⇧ 513-660 m

0,0 km	⇧ 514 m	Rattenberg
1,9 km	⇧ 529 m	Brixlegg
8,1 km	⇧ 523 m	Strass im Zillertal
12,9 km	⇧ 562 m	Jenbach
23,4 km	⇧ 566 m	Vomp

Die heutige Etappe geht im Unterinntal weiter, wo Sie einige schöne Orte kennenlernen werden. Sie wandern auch durch den bezaubernden Park von Schloss Matzen. Die Jakobsnische der Kirche von St. Gertraudi oder auch die Jakobskirche in Strass bieten Inspiration, um Ihre bisherigen Eindrücke und Erlebnisse gedanklich Revue passieren zu lassen.

Sie gehen auf der Südtirolerstraße durch das Altstadtzentrum dieser schönen Stadt und verlassen Rattenberg wieder.

Sie überqueren die Landesstraße (B171), kommen vorbei am Skatepark, gehen ein Stück entlang der Landesstraße und sind schon in Brixlegg angelangt. Kurz vor einem **Baumarkt** zweigt der JW links von der Innsbrucker Straße ab.

Nach 300 m kommen Sie auf die Marktstraße und gehen hier links weiter in den Ort ❶ (hier zweigt auch die Straße Mariahilfbergl ab und Sie gelangen zum Gästehaus Bergheim).

Brixlegg

Zuständig ist der Tourismusverband Ferienregion Alpbachtal und Tiroler Seenland, Ortsinfo Rattenberg/Radfeld, Brixlegg, Südtirolerstr. 34a (Parkplatz P1), 6240 Rattenberg, ☏ 053 37/212 00 50, www.alpbachtal.at, für 2023: 3. April bis 28. Mai Mo-Di und Do-Fr 8:30-12:30, 29. Mai bis 3. November Mo-Fr 8:30-12:30. Außerdem gibt es einen Internetterminal, auch bzgl. Zimmerverfügbarkeit, beim Gemeindeamt Brixlegg, Römerstraße 1.

Gästehaus Bergheim, Mariahilfberg 2, 6230 Brixlegg, ☞ Wegbeschreibung oben, ☏ 053 37/644 95, 066 30/621 58 51, Ü ab € 30

Verbindung nach Strass im Zillertal und zu weiteren Orten am folgenden Weg

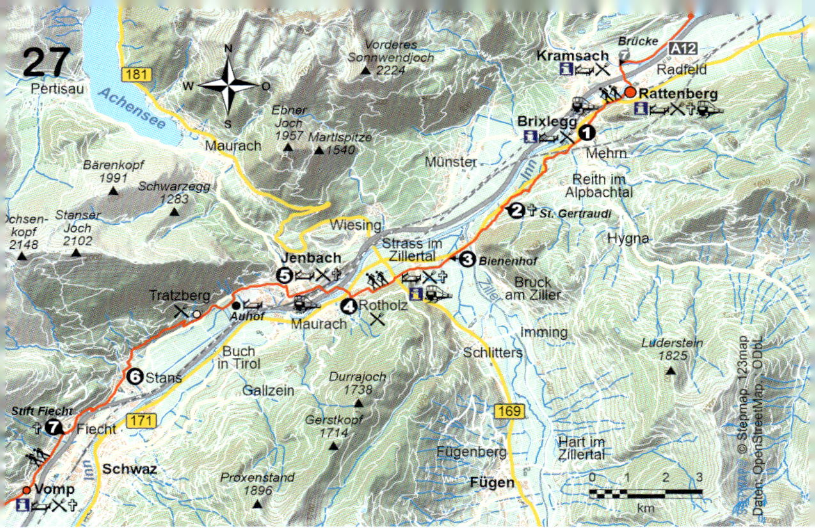

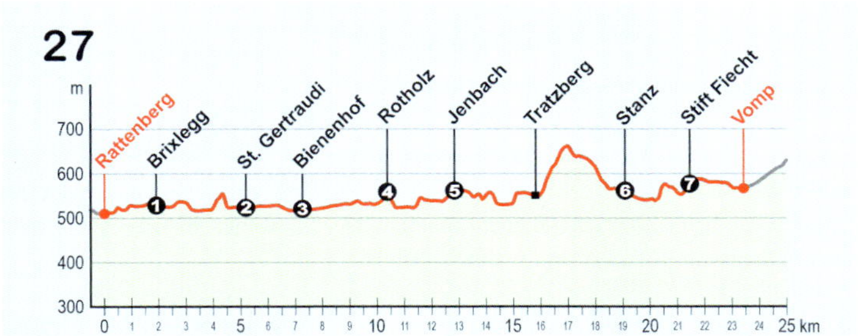

Wenn Sie weiter auf der Marktstraße gehen, kommen Sie bald schon wieder zum Ortsendeschild und zweigen hier links ab. Der Weg führt nun durch den Park von **Schloss Matzen**, vorbei am Schloss Matzen und dem schönen Schlossteich, an dessen Ende Sie den Park wieder verlassen.

Zunächst gehen Sie ein kleines Stück entlang der Landesstraße (B171) weiter und verlassen diese dann nach links. Es geht leicht ansteigend durch den Wald.

Kurz nach einer Baumschule zweigt der JW rechts ab hinab durch den Wald. Sie kommen wieder auf die Höhe der Bundesstraße und gehen auf einem Kiesweg weiter. Beim Ortsschild von **St. Gertraudi** gehen Sie links weiter.

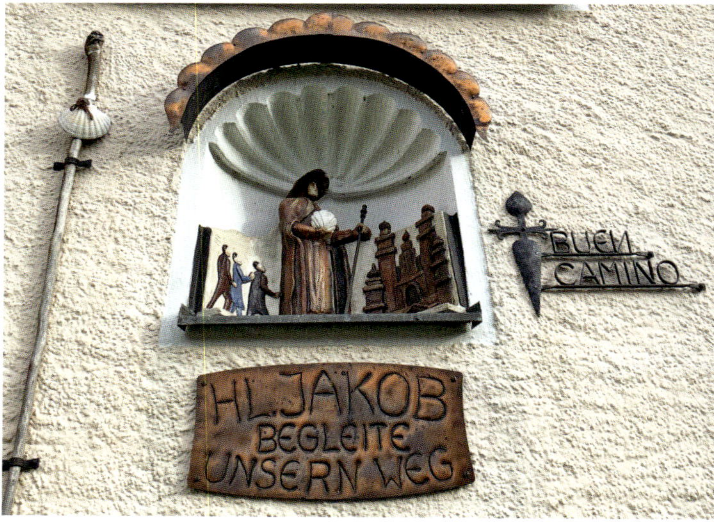

Jakobsnische an der Kirche in St. Gertraudi

Vorbei an der hübschen Kirche ❷ zuerst links, dann rechts geht der JW weiter. Nach etwa 800 m treffen Sie wieder auf die Landesstraße und folgen dieser etwa 1 km, bis Sie beim **Zillertaler Bienenhof** nach links abzweigen ❸. Bis zu Pfarrkirche von Strass im Zillertal sind es noch 900 m.

Strass im Zillertal

Tourismusverband, Strass im Zillertal 68, 6261 Strass im Zillertal, ☏ 052 44/621 06 und 052 44/630 40, www.best-of-zillertal.at, Mo-Fr 8:00-12:30, Di auch 14:00-18:00

Gasthof Knapp, Oberdorf 5, 6261 Strass im Zillertal, ☞ Wegbeschreibung unten, ☏ 052 44/621 04, www.gasthof-knapp.at, ÜF EZ € 50

♦ Gasthof Post, Oberndorf 6, 6261 Strass im Zillertal, im Zentrum, 250 m nach der Pfarrkirche, ☏ 052 44/621 19, www.gopost.at, info@gopost.at, ÜF EZ ab € 100, DZ € 190, inkl. Wellness

Gästehaus Luxner Aloisia, Strass im Zillertal 9, 6261 Strass im Zillertal, geringfügig abseits, noch vor den Gleisen rechts. ☏ 052 44/642 38, Ü EZ ab € 32

Verbindung nach Jenbach und zu weiteren Orten am folgenden Weg

✝ **St. Jakobus Mayor.** Die Kirche wurde 1337 erstmals urkundlich erwähnt, damals stand schon der Chor in heutiger Gestalt. Die ersten Erweiterungen (Turm) gab es zu Beginn des 16. Jh., weitere folgten 1736 – der aktuelle einheitliche, harmonisch abgestimmte Raum entstand. Die Barockisierung des Innenraumes führte abschließend Baumeister Jakob Singer aus Schwaz durch. St. Jakob ist gemalt im Hochaltarbild (von Anton Kirchebner aus Götzens) und im zentralen Deckenfresko (von Kirchebner oder Thomas Gwercher/Brixlegg) und als spätgotische Skulptur (unbekannter Meister, wahrscheinlich um 1500) rechts des Volksaltars zu sehen.

✝ **Wallfahrtskirche Maria Brettfall/Maria Heimsuchung**. Die Kirche geht vermutlich auf eine keltische oder frühgermanische Wallburg zurück. Danach war hier eine Einsiedelei, deren erster nachweisbarer Einsiedler Stoff Weymoser war (ab 1536). Der bekannteste Einsiedler war Franz Margreiter/Brettfall-Franzl (ab 1787), er betätigte sich auch als Kupferstecher (Andachtsbildchen). Die erste gemauerte Kapelle entstand 1711. Die heutige Gestalt (erbaut zwischen 1726 und 1729) könnte auf Jakob Singer zurückgehen. Der Hochaltar ist ein spätbarockes Werk, die Rückseite des marianischen Bildnisses weist allerdings Merkmale der Gotik auf. Zwischen 1851 und 1853 fanden umfassende Restaurierungsmaßnahmen statt. Aus dieser Zeit stammen die Seitenaltäre. Beachtenswert sind auch die Reliquien des hl. Secundinus in barockem Glasschrein.

Die Wallfahrtskirche Maria Brettfall liegt oberhalb von Strass auf einem Felskopf und kann über eine Schotterstraße (ca 1,5 km) erreicht werden.

Mit ziemlicher Sicherheit war Strass bereits zur Römerzeit besiedelt und wahrscheinlich ab 700 christianisiert. Der Name Strass rührt von der 1112 erstmals genannten Bezeichnung des Ortes „St. Jakob an der Straße" und ist als Hinweis auf die Dorfstruktur (Zeilendorf) zu sehen. Ab dem beginnenden 16. Jh. erfolgte die Eröffnung des Bergbaus (Kupfer, Silber).

Vorbei an der Pfarrkirche St. Jakobus geht der JW durch den Ort weiter. Sie kommen vorbei am 🛏 ✕ **Gasthof Knapp** und gehen weiter geradeaus der Landstraße folgend. Etwa 500 m nach dem Gasthof zweigt der JW bei der Kreuzung mit der Zillertaler Straße nach links ab. Parallel zur Landstraße (im Abstand von ca. 100 m) gehen Sie nach Rotholz. Etwa 1,4 km später zweigen Sie vor dem ✕ Gasthof Esterhammer nach rechts ab ❹.

✕ Gasthof Esterhammer, Rotholz 362, 6220 Buch, ☏ 052 44/622 12,
💻 www.esterhammer.at, 🚪 Mi-Fr 10:00-14:30 und 18:00-22:00, Sa 10:00-22:00

Sie unterqueren kurz nach der Abzweigung die Landesstraße (B171), überqueren auf dem **Notburgasteg** den Inn und gehen geradeaus weiter in Richtung **Jenbach**. Sie unterqueren die Autobahn, gehen nach links weiter, erreichen das Ortsschild von Jenbach und zweigen dort nach rechts ab. Sie unterqueren nun die Bahnlinie, kommen vorbei am Kieswerk und kommen in den **Rotholzerweg**. Der JW geht hier geradeaus weiter, ↳ links kommen Sie zum Bahnhof.

Jenbach

Zuständig ist der Tourismusverband Silberregion Karwendel (kein Touristeninfobüro vor Ort), ☏ 052 42/632 40, www.silberregion-karwendel.com.

♦ Marktgemeindeamt Jenbach, Südtiroler Platz 2, 6200 Jenbach, ☏ 052 44/69 30, Mo-Fr 7:30-12:00

Pension Gasthof Rieder, Fischl 3a, 6200 Jenbach, 1 km vom Zentrum, ☏ 052 44/624 46, www.gasthof-rieder.at, ÜF ab € 61

♦ Pension Hilde, Bräupark 2, 6200 Jenbach, 520 m nördlich der Kirche, ☏ 052 44/633 29, ÜF EZ € 46

Verbindung nach Vomp und zu weiteren Orten am folgenden Weg

Sie setzen den Weg am Rotholzweg geradeaus fort und gehen beim Kreisverkehr rechts in die **Achenseestraße** und weiter auf dem gut markierten Weg ins Zentrum. Kurz vor dem Marktplatz gehen Sie links die **Tratzbergstraße** hinauf und erreichen die Pfarrkirche von Jenbach ❺. Vorbei an der JW-Infotafel geht es Richtung Stans, das noch 5 km entfernt ist. Immer geradeaus auf der Tratzbergstraße verlassen Sie auf dem gut markierten JW Jenbach.

Kurz nach dem beeindruckenden **Achenseekraftwerk** von 1924 verlässt der JW die Straße beim Schild **Auhof** und folgt weiter dem Bach nach rechts.

↳ Gleich links sehen Sie den Bauernhof der Familie Egersbacher.

Bauernhof der Familie Egersbacher, Auhof 1, 5602 Wagrain, ☏ 052 44/618 88, ÜF EZ € 20

Beim nächsten JWS geht es über eine kleine Brücke zurück zur Landstraße, der Sie weiter nach links folgen. Bei einer leichten Linkskurve zweigt der JW bei einer Markierung nach rechts ab. Der Weg führt vorbei am Schloss(wirt) Tratzberg (☏ 052 42/673 89, www.schlosswirt-tratzberg.at, So-Do 10:00-19:00, Fr, Sa 10:00-21:00). Sie gehen quer über den Parkplatz und geradeaus weiter auf dem Forstweg.

Gut markiert führt der Weg bergauf und bergab und mündet in eine Asphaltstraße, die leicht bergab nach **Stans** ❻ führt. An der Kreuzung beim Areal der Kirche angelangt gehen Sie rechts weiter.

Kurz nach dem Schwimmbad zweigt rechts die Straße am Rain ab.

Sie folgen dem Jakobsweg entlang der Straße geradeaus weiter, vorbei an einem bekannten Marmeladeerzeugungsbetrieb.

Gleich danach zweigt rechts eine Straße ab, auf der Sie nach 50 m zum Hotel Garni Kastner gelangen.

Hotel Garni Kastner, Am Rain 267, 6135 Stans, ☏ 052 42/635 61, 06 99/11 49 21 13, ÜF ab € 49

Kurz vor dem Ortsendeschild zweigt der JW nach rechts ab und Sie sind schon bald beim Ortsschild von Vomp angelangt. Dort gehen Sie rechts die ansteigende Asphaltstraße weiter. Später geht es auf einem Schotterweg weiter.

Bei der JW-Markierung treffen Sie wieder auf einen Asphaltweg, der hinabführt. Sie befinden sich nun im Ortsteil **Fiecht** und die Straße heißt **Pax**. Nach der Sporthalle folgen Sie dem JWS nach rechts und sehen bald schon das schöne **Stift Fiecht** mit seiner Stiftskirche ❼. Jetzt erst gelangen Sie schön langsam ins Zentrum von Vomp. Sie gehen die Schnittlauchgasse entlang und sehen die Pfarrkirche.

Vomp

BANK

- Zuständig ist Tourismusverband Silberregion Karwendel (kein Büro vor Ort), Schwaz, ☏ 052 42/632 40, www.silberregion-karwendel.com.
- ♦ Marktgemeindeamt Vomp, Dorf 69, 6134 Vomp, 052 42/632 37, https://www.vomp.tirol.gv.at/ Mo-Fr 8:00-12:00, zusätzlich Mo 14:00-19:00
- Gasthof Vomperhof, Dorf 4, 6134 Vomp, etwas abseits, ☏ 052 42/621 47, www.hotel-vomperhof.at, ÜF EZ € 58, DZ € 130
- Annelies Dornauer, Schnittlauchgasse 25, 6134 Vomp, am Weg, beim Ortsanfang, 06 64/75 10 46 03, ÜF € 27
- ♦ Bauernhof Untergalln/Maria Rainer, Dorf 37, 6134 Vomp, direkt am Weg, ☏ 052 42/673 53, ÜF EZ ab € 30
- Verbindung nach Terfens und Gnadenwald

Vomp wurde 930 erstmals urkundlich erwähnt und der Name „Fump" wurde 1369 urkundlich bezeugt. Die Bedeutung des Namens liegt allerdings im Dunkeln, auf jeden Fall ist er jedoch vorrömischen Ursprungs.

28. Etappe: Von Vomp nach Innsbruck

29,8 km, 8 Std., ↑ 547 m, ↓ 541 m, ⇧ 565-920 m

0,0 km	⇧ 566 m	Vomp
5,2 km	⇧ 584 m	Terfens
13,2 km	⇧ 882 m	Gnadenwald
19,0 km	⇧ 633 m	Absam
21,4 km	⇧ 620 m	Thaur
23,0 km	⇧ 622 m	Rum
29,8 km	⇧ 574 m	Innsbruck

Auf der heutigen Etappe erreichen Sie Innsbruck. Zuvor aber kommen Sie zu zwei besonderen Stationen: zur Pfarrkirche St. Michael in Gnadenwald und zum Kloster St. Martin. Der besonders schöne Weg im Naturpark Karwendel führt weiter nach Absam. Am Abend erreichen Sie Innsbruck auf einem angenehmen Weg entlang des Inns.

Beim Ortsendeschild von Vomp zweigt der gut markierte JW rechts ab und führt am Bergbaugelände mit schönem Ausblick auf die Berge vorbei. Sie überqueren den Vomperbach und gehen dem JWS folgend auf der asphaltierten Straße weiter. Auf der quer verlaufenden, stark befahrenen Vomper Landstraße geht es dann noch ein Stück nach rechts weiter, ehe Sie auf der Kuppe angelangt, nach links rücklaufend abzweigen dürfen.

Gleich nach dieser Abzweigung zweigt der JW rechts in einen Wald-Wiesen-Weg ab. Bei der nächsten kleinen (tückisch markierten) Abzweigung gehen Sie rechts weiter und gleich bei der nächsten wieder rechts. Sie sehen schon den Kirchturm von Terfens vor sich. Auf einer Asphaltstraße geht es nach Terfens ❶ (rechts haben Sie einen schönen Ausblick auf das Karwendelgebirge).

Vorbei an der Kirche führt der JW gegenüber vom Gemeindeamt rechts ansteigend weiter und vorbei an der Freiwilligen Feuerwehr Terfens. Ein paar Meter später geht es dann rechts über die Treppen hinauf in Richtung **Maria Larch** auf dem Besinnungsweg. Sie gehen dann die **Fischergasse** nach links weiter und zweigen bei einem **Bildstock** (kurz nach dem Ortsendeschild) nach links ab. Auf dem Panoramaweg entlang des Baches geht es weiter. Vorbei an der Kapelle Maria Larch setzt sich der JW fort und zweigt kurze Zeit später auf einen Kiesweg nach rechts ab. Sie gehen auf diesem Weg der Markierung folgend weiter.

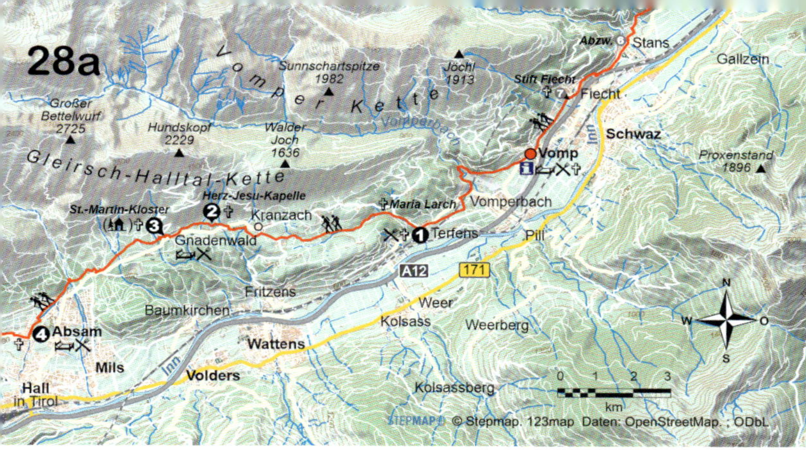

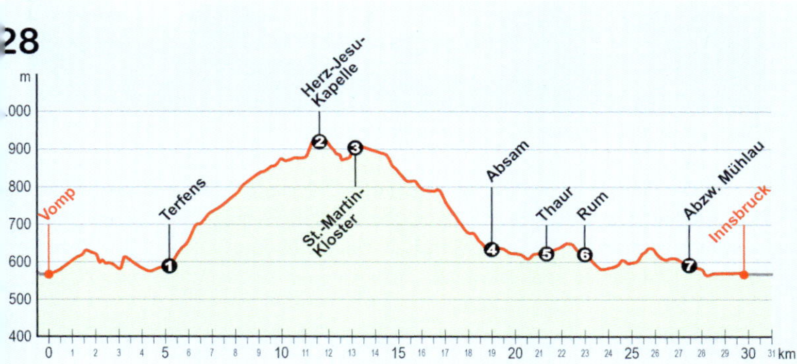

Etwa 3,7 km nach der Kapelle Maria Larch gelangen Sie zu den ersten Häusern von **Gnadenwald**, zweigen hier links ab und gelangen nach ca. 1 km zur Pfarrkirche St. Michael in Gnadenwald.

Gnadenwald

Pension Martinsstuben, Gnadenwald 11a, 6069 Gnadenwald, Ortsteil St. Martin, siehe weitere Wegbeschreibung, ☏ 052 23/525 01, www.martinsstuben.at, ÜF EZ € 58, DZ € 96

Verbindung nach Absam

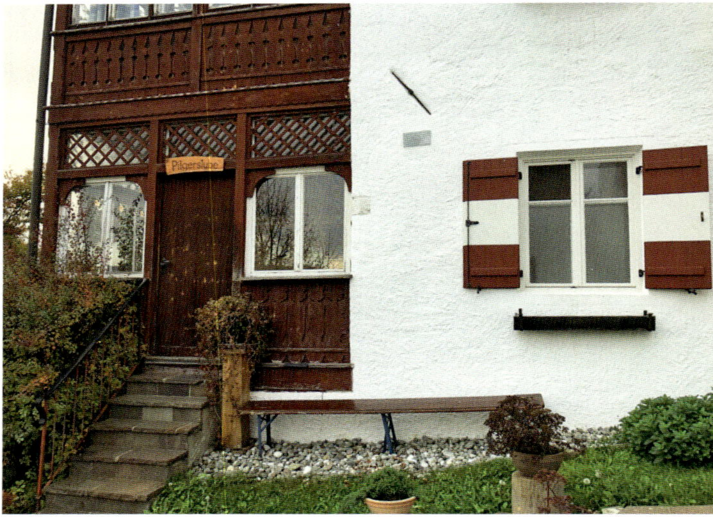

Pilgerstube beim Kloster St. Martin im Gnadenwald

✞ Die Pfarrkirche St. Michael in Gnadenwald wurde 1337 erstmals urkundlich erwähnt. Die einst sehr kleine Kirche wurde im Laufe der Zeit mehrmals erweitert, weshalb sie heute im Verhältnis zur Breite etwas zu lange ist. Bemerkenswert sind die Deckenfresken mit Darstellung der Gnadenwalder Landschaft.

Gnadenwald ist der Geburtsort von Josef Speckbacher – Freiheitskämpfer, Kampfgenosse und rechte Hand von Andreas Hofer.

Sie setzen später Ihren Weg bis zur Landstraße fort. Kurz links der Straße folgend, dann wieder rechts und schließlich dem Waldrand folgend geht der Weg weiter. Sie kommen vorbei an der modernen Herz-Jesu-Kapelle ❷ und es geht weiter am Waldrand entlang.

Sie kommen nun in den Ortsteil St. Martin und vorbei an der 🛏 ✕ Pension Martinsstuben.

Kurz vor dem Hotel Speckbacherhof führt der Weg zum wunderschönen kleinen **Kloster St. Martin in Gnadenwald ❸.**

✞ Das Kloster wurde 1337 erstmals urkundlich erwähnt, später wurde barockisiert und seit 1939 wird es von den Schulschwestern betrieben.

☺ Es gibt hier eine gemütliche Pilgerstube. Hier können Sie sich ausruhen und es gibt auch einen Getränkekühlschrank. Eine Übernachtung war bei Herausgabe dieses Büchleins leider nicht möglich. Erkundigen Sie sich aber trotzdem, evtl. hat sich die Situation zwischenzeitlich geändert.

( ) Pfarre Gnadenwald, ☏ 052 23/481 33, pfarre.gnadenwald@dibk.at

Am kleinen Kloster geht es vorbei und anschließend ein kurzes Stück der Mautstraße folgend weiter, dann zweigt der JW links ab. Auf dem Besinnungsweg geht es nun weiter nach Absam. In Absam ❹ gelangen Sie zur Bachgasse und zweigen später bei der kreuzenden Hauptstraße angekommen nach rechts in Richtung Pfarrkirche ab (geradeaus weiter kommen Sie zum Gasthof Ebner).

Absam

Tourismusverband Hall-Wattens/Ortsbüro Absam, Dörferstr. 37, 6067 Absam, ☏ 052 23/531 90, www.hall-wattens.at, Mo-Fr 9:00-12:00

Gasthof Ebner, Karl-Zanger-Straße 17, 6067 Absam, ☞ Wegbeschreibung oben, www.gasthofebner.at, office@gasthofebner.at, ÜF EZ € 65, DZ € 110

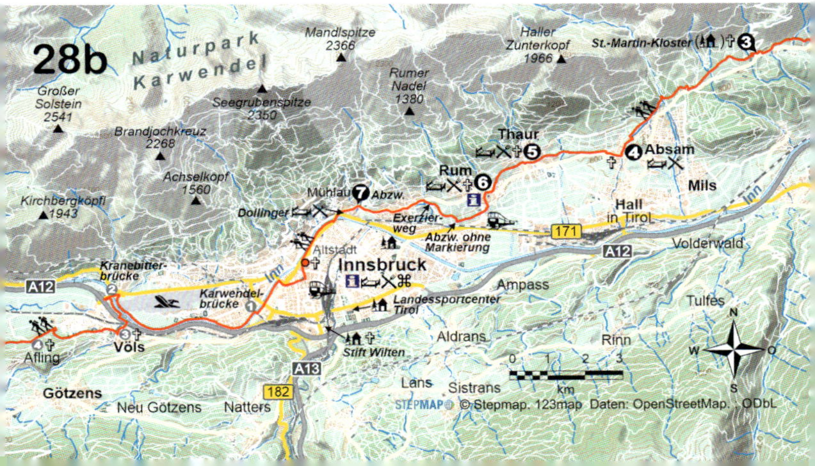

Schlaucherhof, Feldweg 1b, 6067 Absam, 1 km abseits vom Zentrum, östlich, 052 23/416 61, ÜF € 31

Alpengasthof Walderbrücke, Walderstraße 5, 6067 Absam, am Ortsbeginn, 052 23/455 44, walderbruecke@aon.at, tgl. 10:00-22:00

Verbindung nach Thaur und zu weiteren Orten am folgenden Weg

Die erste urkundliche Erwähnung („Abazanes") erfolgte 995. 1797 erschien Rosina Buecher die Muttergottes; die Kirche entstand, seit Juni 2000 ist sie eine Basilika. Die sehenswerte Votivtafelkapelle befindet sich im Mesnerhaus/Pfarrsaal. In der Stainerstr. 12 befindet sich das Haus der Erscheinung. Neben der Wallfahrt ist Jakob Stainer (1617-1683) erwähnenswert. Er betrieb sein Handwerk Geigenbau im Haus Nr. 7 der heute nach ihm benannten Straße. Die von ihm gefertigten Geigen zählen nach wie vor zu den gefragtesten der Welt.

Sie gehen anschließend an der Kirche vorbei, gleich wieder rechts hinauf und sofort wieder links und der Beschilderung folgend geradeaus nach Thaur ❺.

Thaur

BANK

Zuständig ist der Tourismusverband Hall-Wattens (kein Infobüro vor Ort), 052 23/455 44-0, www.hall-wattens.at.

♦ Gemeindeamt, Dorfplatz 4, 6065 Thaur, 052 23/49 28 61, www.thaur.tirol.gv.at, Mo-Fr 8 00-12:00, Di auch 16:00-18:30

Hotel/Gasthof Purner, Dorfplatz 5, 6065 Thaur, Zentrum, 50 m von Kirche entfernt, 052 23/491 49, www.hotel-purner.at, ÜF EZ € 94, DZ € 154

♦ Gasthof Stangl, Kirchgasse 2, 6065 Thaur, neben der Kirche, 052 23/49 28 28, ÜF € 75, DZ € 130

Haus Isser, Frau Renate Giner, Solegasse 25, 6065 Thaur, am Weg, 052 23/49 28 32, 06 64/327 06 22, ÜF ab € 48,50

♦ Gästehaus Sonnenheim, Stollenstr. 45, 6065 Thaur, ca. 1 km abseits im Norden des Ortes, 052 23/49 23 58, ÜF EZ € 43, DZ € 92

Verbindung nach Rum und zu weiteren Orten am folgenden Weg

Am Dorfbrunnen rechts vorbei und vorbei an der Virgilkirche und dem Gasthof Stangl führt der Weg nun aufwärts und gleich links in den **Rumerweg**. Auf einem Feldweg verlassen Sie Thaur und gehen nach Rum. Sie kommen am Friedhof vorbei und gehen zur Kirche weiter ❻.

Rum

Tourismus Information Rum bei Innsbruck, Bundesstraße 2, 6063 Rum, 05 12/26 32 35, www.rum-innsbruck.at, Mo-Fr 8:00-12:00

Hotel Huberhof, Sankt-Georg-Weg 6, 6063 Rum, am Weg kurz nach der Pfarrkirche, www.hotel-huberhof.at, 05 12/26 12 20, ÜF DZ € 68

Gästehaus Schirmer/Karlhof, Scheibenbichl 1 + 2, 6063 Rum, 400 m vom Zentrum nordwestlich, 05 12/26 88 12, schirmer.josef@aon.at, ÜF EZ € 44, DZ € 74

Pfarrhof, Dörferstraße 5, 6063 Rum, Zentrum, 05 12/26 24 11, falls nicht besetzt: 06 76/463 67 94, pfarre@rum-stgeorg.net, Notunterkunft für max. 2 Personen, freiwillige Spende

Gasthaus Canisiusbrünnl, Murstraße 75, 6063 Rum, von der Pfarrkirche nach Westen der Dorfstraße folgen (1,5 km), 06 64/125 70 05, www.hotel-canisius.com, info@hotel-canisius.com, Mi-Sa 10:00-22:00, So 10:00-18:00

Verbindung nach Innsbruck

Verbindung nach Innsbruck und zu weiteren Orten am folgenden Weg

Bei Erreichen der Kirche geht es auf dem gut beschilderten JW nach rechts und dann links in die Kirchengasse und weiter in den Sankt-Georg-**Weg**, dann links in den Langen Graben und dann in die Schulstraße. Bei der Kreuzung überqueren Sie die Bahnhofstraße und gehen geradeaus weiter (der Weg ist gut markiert).

Zwischen Gemüsefeldern geht es weiter. Kurz vor Ende des Feldes zweigen Sie nach rechts ab (hier ist keine Markierung) und bei der nächsten Möglichkeit wieder nach links. Wenn Sie dann den Feldweg verlassen, kommen Sie auf eine Asphaltstraße (**Exerzierweg**), der Sie nach rechts folgen. Der Exerzierweg mündet in die Rumer Straße, in die Sie nach links abbiegen. Folgen Sie der JW-Markierung, so kommen Sie geradeaus in die Arzler Straße, der Sie bis ins Zentrum von **Mühlau** folgen. Dort zweigen Sie am Hauptplatz (beim JWS) nach links ab ❼. Sie haben bald darauf Innsbruck erreicht und überqueren den Inn. In das Zentrum gelangen Sie nun, wenn Sie immer weiter dem Inn aufwärts an der Innpromenade entlang folgen.

Nach etwa 1,5 km befinden Sie sich in Höhe der Altstadt von Innsbruck. Links zweigt die Herrengasse ab. Der JW geht eigentlich am Inn entlang weiter. Sie sollten hier aber unbedingt einen Abstecher in die Altstadt machen (bei der Universitätsbrücke treffen Sie auf der nächsten Etappe wieder auf den JW).

Sie verlassen die Promenade links in die **Herrengasse**. Gleich wieder rechts beim Zebrastreifen geht es in die Altstadt und bald schon stehen Sie vor dem Innsbrucker Dom.

Innsbruck

Innsbruck Tourismus, Burggraben 3, 6020 Innsbruck, ☏ 05 12/53 56, www.innsbruck.info, Mo-Sa 9:00-18:00

Pension Paula, Weiherburggasse 15, 6020 Innsbruck, nördlich des Inns, 1 km vom Dom entfernt, ☏ 05 12/29 22 62, www.pensionpaula.at, ÜF EZ € 44, DZ € 76

♦ Nepomuk's Bed & Breakfast Backpackers Hostel, Kiebachgasse 16, 6020 Innsbruck, Altstadt, nahe Burggraben, ☏ 05 12/58 41 18, www.nepomuks.at, sehr klein, einfach, günstig, Kochmöglichkeit, Ü ab € 35

Pilgerherberge der Jakobsgemeinschaft Tirol, Sillgasse 2, 6020 Innsbruck, zentral gelegen, telefonische Voranmeldung unter 06 76/538 77 22, nur mit Pilgerpass, Spende € 10/Nacht

♦ Prämonstratenser-Stift Wilten, Klostergasse 7, 6020 Innsbruck, etwas abseits, ☏ 05 12/58 30 48. www.stift-wilten.at, info@stift-wilten.at, begrenztes Platzangebot – vorher unbedingt anrufen, Ü gegen Spende, Basilika wie Stiftskirche zählen zu den eindrucksvollsten Sehenswürdigkeiten Innsbrucks

♦ Jugendherberge Innsbruck, Reichenauerstr. 147, 6020 Innsbruck, im Osten der Stadt, ca. 3,5 km von der Altstadt bzw. vom Dom entfernt bzw. mit der Straßenbahnlinie 2 Richtung J.-Kerschbaumer Straße zur Haltestelle „Jugendherberge", ☏ 05 12/34 61 79, www.youth-hostel-innsbruck.at, ÜF EZ € 50, DZ € 78

♦ Volkshaus Innsbruck, Radetzkystr. 47, 6020 Innsbruck, mit Stadtbus R vom Hauptbahnhof in 15 Min. erreichbar, ☏ 05 12/34 10 86, 06 64/266 70 04, www.volkshaus.at, Ü EZ € 29, MBZ € 23

♦ Landessportcenter Tirol, Olympiastr. 10 a, 6020 Innsbruck, etwas abseits, hinter dem Bahnhof, ☏ 05 12/33 83 84 61, ÜF EZ ab € 42,50, DZ ab € 67

Gasthof/Hotel Dollinger, Hallerstraße 7, 6020 Innsbruck, bei der Mühlau-Brücke, nördliches Ende, ☏ 05 12/26 75 06, www.dollinger.at, ÜF EZ € 93, DZ € 125

♦ Gasthof Engl, Innstraße 22, 6020 Innsbruck, über der Innbrücke im Stadtteil St. Nikolaus, ca. 800 m vom Dom, ☏ 05 12/28 31 12, www.hotel-engl.at, office@hotel-engl.at, ÜF EZ ab € 115, DZ ab € 130

♦ Hotel Tautermann, Stamserfeld 5, 6020 Innsbruck, bei Höttingerstraße, nördlich des Inns, ca. 800 m vom Dom, ☏ 05 12/28 15 72, www.hotel-tautermann.at, info@hotel-tautermann.at, ÜF EZ € 80, DZ € 110

Verbindung nach Unterperfuss

dichtes Angebot an Zügen in Richtung Salzburg bzw. St. Anton und Bludenz, Verbindung nach Inzing und zu weiteren Orten am folgenden Weg

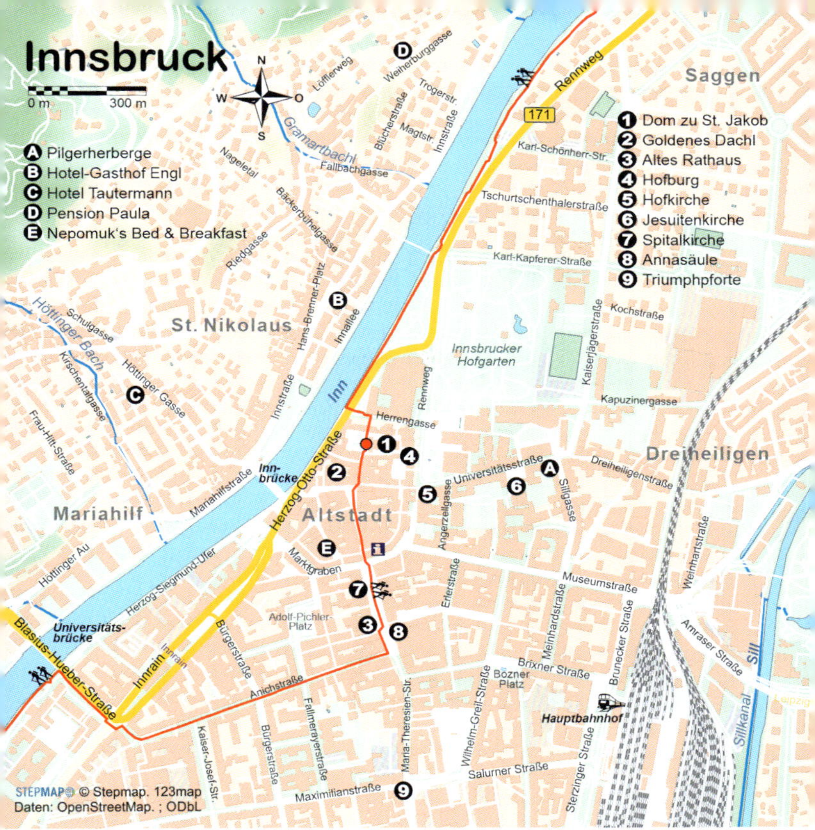

✞ **Dom- und Propstei St. Jakob**. Die Vorgängerkirchen erlitten durch Erdbeben schwere Beschädigungen, zwischen 1717 und 1724 baute man den barocken Neubau mit strengem, wuchtigem Äußeren. Im Gegensatz dazu schillert das Innere in anmutigem Glanz. Die einzigartigen, dem hl. Jakobus gewidmeten Deckengemälde und Stuckarbeiten der drei Flachkuppeln im Langhaus sowie der Hochkuppel des Chores stammen von den berühmten süddeutschen Meistern Cosmas Damian (Malerei, 1686-1739) und Egid Quirin Asam (Stuck, 1692-1750). Die Kanzel stammt von Balthasar Moll (1717 -1785). Er war Schüler Georg Raphael Donners.

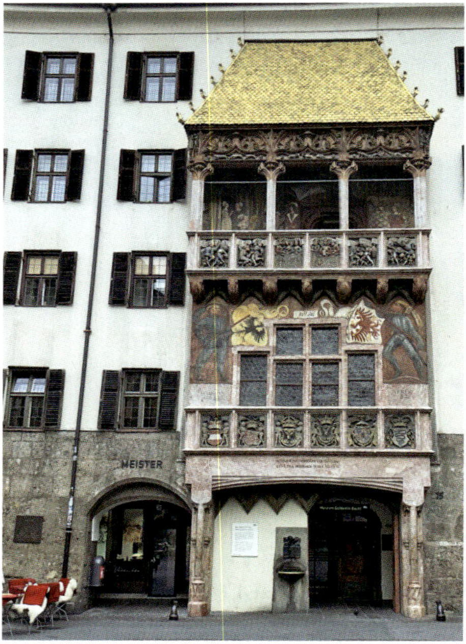

Goldenes Dachl

Die einzige Aufgabe des überaus prächtigen Hochaltares scheint es zu sein, für das Gnadenbild (Mariahilfbild, von Lucas Cranach d. Ä., 1472-1553) einen würdigen Rahmen abzugeben. Das Bild gilt als das meistverbreitete Marienbild im süddeutschen bzw. altösterreichischen Raum – allein im deutschen Raum werden 500 Kopien verehrt.

⌘ ✝ Sehenswert ist die gesamte **Altstadt** mit ihren Lauben- und Erkerhäusern. Auf dem Gebäude namens Neuhof befindet sich mit dem Goldenem Dachl (Prunkerker, 1495) eine der meistbesuchten Touristenattraktionen in Tirol. Ebenso von Bedeutung sind das Alte Rathaus mit dem Stadtturm aus dem Jahr 1358, die Hofburg mit der Hofkirche (Baubeginn 1553), das Grabmal Kaiser Maximilians I., die alte Universität mit Jesuitenkirche (1627), die barocke Spitalkirche, das Landhaus, die Annasäule, und die Triumphpforte, welche zu den bekanntesten Sehenswürdigkeiten von Innsbruck zählt.

Innsbruck, die Hauptstadt Tirols, ist zwischen Karwendelgebirge, Patscherkofel und Hafelekar eingebettete. Die Stadt ist Bischofssitz, Handels- und Verkehrszentrum, Messestadt und einer der wichtigsten Fremdenverkehrs- und Kongressorte Österreichs. 1180 wurde Innsbruck erstmals urkundlich erwähnt und erhielt um 1200 das Stadtrecht. 1363 kam es mit Tirol zum Habsburgerreich. Zwischen 1806 und 1814 gehörte Innsbruck zu Bayern, seit 1815 ist die Stadt wieder Tiroler Landeshauptstadt.

29. Etappe: Von Innsbruck nach Inzing

23,1 km, 5 Std. 50 Min., 122 m, 85 m, 572-666 m

0,0 km	574 m	Innsbruck
16,6 km	596 m	Unterperfuss
23,1 km	615 m	Inzing

Die heutige Etappe ist wieder etwas kürzer, Sie haben deshalb am Vormittag noch etwas Zeit, um die Besichtigung von Innsbruck fortzusetzen. Danach gehen Sie entlang des Inns und kommen bei Afling in eine ruhigere, ländliche Gegend. In Inzing, einem sehr schönen Ort, endet die heutige Etappe.

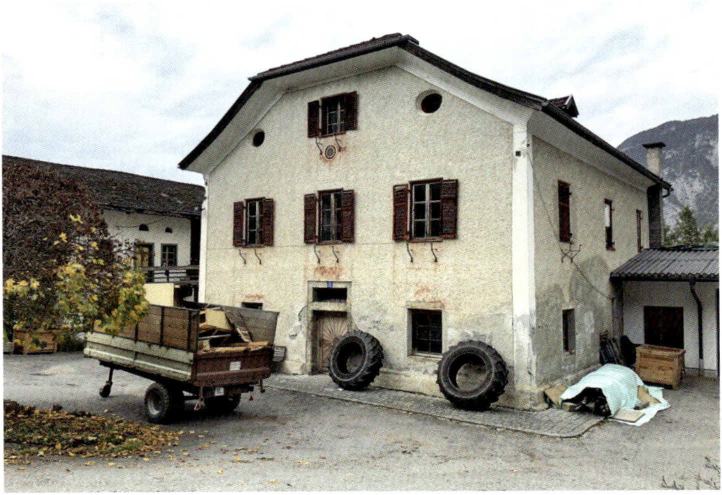

Bäuerliche Idylle unterwegs

Vom Dom gehen Sie weiter, gelangen zum berühmten **Goldenen Dachl** und gehen geradeaus die Herzog-Friedrich-Straße weiter. Sie überqueren beim „Regenbogenschutzweg" den Marktgraben und gelangen in die **Maria-Theresien-Straße**. Vorbei an der Annasäule biegen Sie dann wieder in die **Anichstraße** ab und gelangen so wieder zum Inn und bei der Universitätsbrücke wieder auf den JW.

Wenn Sie Innsbruck nun verlassen möchten, gehen Sie weiter entlang des Inns bis zur **Karwendelbrücke ❶**. Dort überqueren Sie den Inn und gehen auf der anderen Flussseite auf der Uferstraße weiter. Sie kommen am Flughafen Innsbruck vorbei, überqueren auf der **Kranebitterbrücke ❷** den Inn und gehen gleich danach links wieder ein Stück den Inn zurück. Auf dem Radweg geht es weiter. Sie überqueren eine kleine Brücke, unterqueren dann die Autobahn und gleich darauf die Eisenbahngleise und gehen weiter nach **Völs ❸**.

Bald kommen Sie an der Pfarrkirche vorbei und gehen rechts in die Innsbrucker Straße (die kurz darauf in die Bahnhofstraße übergeht). Wenig später zweigen Sie links ab in die Seestraße, der Sie dann längere Zeit (ca. 1,9 km) folgen. Sie treffen auf die Aflingerstraße, gehen hier links weiter und erreichen bald schon das Ortsschild von Afling und gleich auch die hübsche **Kirche Maria Schnee ❹**.

Nach etwa 1,5 km gelangen Sie auf eine stark befahrene Landstraße und müssen dieser ein Stück nach links folgen (unterhalb der Straße führt der Weg entlang). Nach wenigen Minuten sind Sie in **Kematen** angelangt, kommen in die Grießgasse und zweigen bei der nächsten Kreuzung links in die Hintere Gasse und gleich darauf links in die Dorfstraße ab. Sie überqueren bei der Ampel die Landstraße und gehen weiter, bis Sie zum Bach gelangen ❺. Nach der Brücke gehen Sie rechts weiter nach **Unterperfuss ❻**.

Unterperfuss

Gasthof Inntal, Unterperfuss 24, 6178 Unterperfuss, im Ort, ☏ 052 32/23 18, www.gasthof-inntal.at, ÜF ab € 45

Verbindung nach Inzing

Ihr nächstes Ziel ist Inzing in 5 km. Bei der Landstraße angelangt führt der Weg links weiter und zweigt wenig später gegenüber von einer Gaststätte nach rechts ab. Sie unterqueren die Eisenbahngleise und gleich darauf die Autobahn und gehen links weiter.

Sie gehen nun 4,5 km am Inn entlang und zweigen dann, kurz nachdem Sie am **Autobahnparkplatz** vorbeigekommen sind, bei einem Wegkreuz ❼ links nach Inzing ab. Sie unterqueren die Autobahn und gehen kurz vor den Eisenbahngleisen nach rechts weiter. Bei der Bahnstation Inzing zweigen Sie links ab und unterqueren die Gleise. Anschließend gehen Sie geradeaus der **Bahnstraße** folgend weiter nach Inzing.

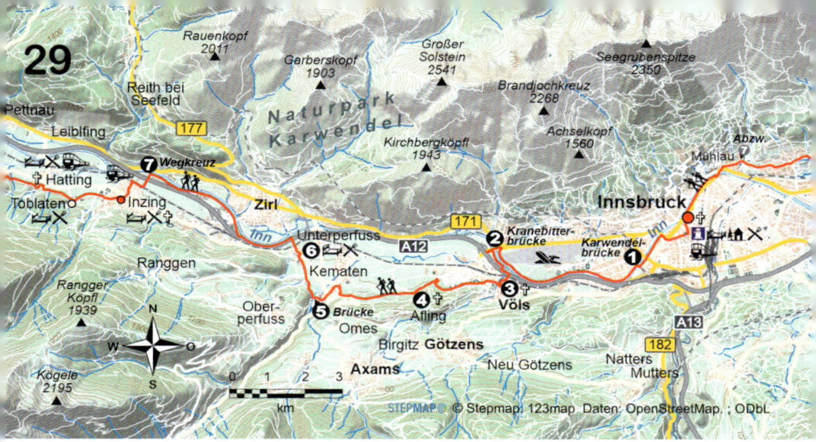

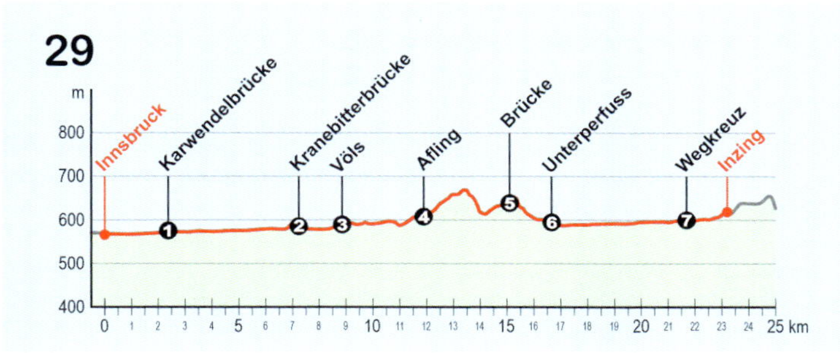

Inzing

Kein Infobüro vor Ort, zuständig ist der Tourismusverband Mieminger Plateau & Inntal, ☏ 05 12/53 56, https://www.inzing.tirol.gv.at, Mo-Sa 9:00-18:00, So 9:00-15:00, der auch für alle folgenden Orte bis einschließlich Silz zuständig ist.

Gasthof Zum Stollhofer, Salzstr. 6, 6401 Inzing, Zentrum, ☏ 052 38/881 19, www.gasthof-stollhofer.at, ÜF EZ € 64, DZ € 118

Verbindung nach Hatting und zu weiteren Orten am folgenden Weg

✝ **St. Petrus/Wallfahrtskirche Weinende Mutter Gottes**. Erbaut 1777-79, beeindruckende Fresken sowie schöne Exvoto-Sammlung an der Nordseite der Kirche

Inzing wurde 1035 erstmals erwähnt („Inigozingo"). Heute handelt es sich um eines der schönsten und ursprünglichsten Dörfer am Weg. Fassadenmalereien sind an fast allen Häusern zu bewundern.

30. Etappe: Von Inzing nach Haiming

28,2 km, 7 Std. 25 Min., ↑ 393 m, ↓ 347 m, ⇧ 609-712 m

0,0 km	⇧ 615 m	Inzing
1,4 km	⇧ 655 m	Toblaten
2,4 km	⇧ 619 m	Hatting
6,8 km	⇧ 675 m	Flaurling
10,6 km	⇧ 644 m	Pfaffenhofen
15,5 km	⇧ 688 m	Rietz
19,6 km	⇧ 668 m	Stams
24,5 km	⇧ 653 m	Silz
28,2 km	⇧ 663 m	Haiming

Die heutige Etappe führt durch die schönen, kleinen Orte des Oberinntals. Alle paar Kilometer eine Ortschaft – das ist sehr abwechslungsreich. Höhepunkt des Weges ist sicherlich das Stift Stams.

Vorbei an der Pfarrkirche kommen Sie zum **Mühlweg** und gehen links weiter, bis Sie dann in den **Toblatnerweg** nach rechts abzweigen. Vorbei am Kinderspielplatz, Friedhof und Sportplatz verlassen Sie Inzing. Nächstes Ziel ist Toblaten, das Sie nach ca. 1 km erreichen.

Toblaten

Gasthof Sportalm Toblaten 9, 6401 Inzing, 300 m südöstlich vom Zentrum, 06 64/521 06 04, ÜF € 35

Martha Abenthung (Adelshof), Toblaten 4, 6401 Inzing, am Weg, 052 38/884 17, www.adelshof.com, info@adelshof.com, ÜF ab € 40

♦ Pension Roslerhof, Familie Claudia & Stephan Holzknecht, Toblaten 1a, 6401 Inzing, am Weg, 06 64/460 34 62, www.roslerhof.at, info@roslerhof.at, Preis auf Anfrage

Nachdem Sie die kleine Ortschaft durchquert haben, gehen Sie weiter und haben von der kurz danach erreichten Anhöhe eine schöne Aussicht auf die Mieminger Berge. Der JW führt am Waldrand entlang bergab nach Hatting ❶.

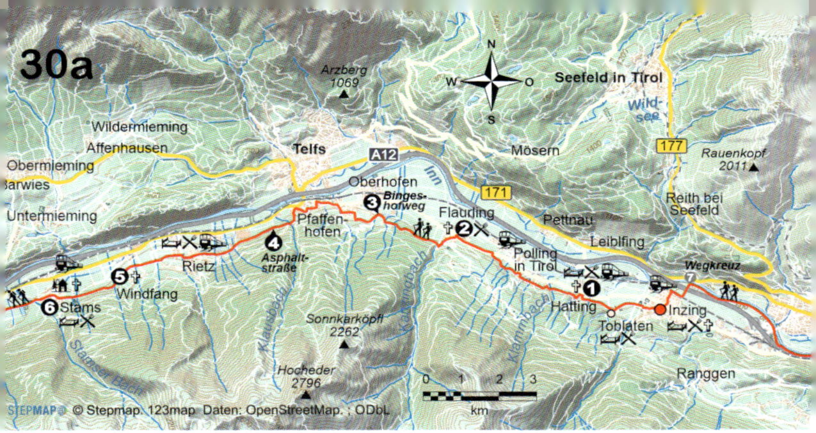

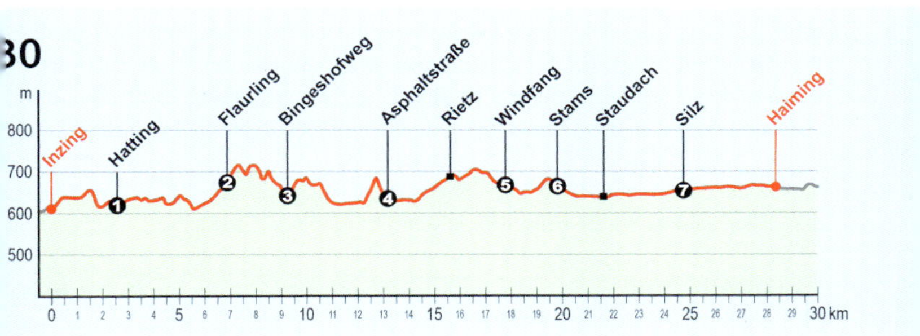

Hatting

Gasthof Neurauter, Innstraße 1, 6402 Hatting, von der Pfarrkirche 650 m in nordöstlicher Richtung, kurz vor der Innbrücke, ☏ 052 38/882 54, https://gasthof-neurauter.at, ÜF EZ € 66, DZ € 120

Verbindung nach Flaurling und zu weiteren Orten am folgenden Weg

✝ **St. Aegidius**, sehr schöne Fresken

Vor der Kirche von Hatting geht der JW links ansteigend weiter und zweigt wenig später in den **Mairbachweg** ab. Nach ca. 800 m überqueren Sie den Klammbach und sind schon in Polling angekommen. Vorbei am Spielplatz, der Schule und entlang einer Neubausiedlung führt der Weg durch die Ortschaft und geht auf einem Feldweg weiter nach Flaurling ❷.

Flaurling

Kein Infobüro vor Ort, zuständig ist der Tourismusverband Mieminger Plateau & Inntal, ☏ 05 12/53 56, https://www.innsbruck.info, auch zuständig für alle folgenden Orte bis einschließlich Silz, Mo-Sa 9:00-18:00, So 9:00-15:00

Verbindung nach Pfaffenhofen und zu weiteren Orten am folgenden Weg

✝ **Zu unserer Lieben Frau Maria Himmelfahrt**. Unter dem Chor stieß man 1961 auf die 20 m langen Grundmauern einer Kirche aus dem 6. Jh. mit Priesterbank und Kathedrale (Bischofssitz!).

Beim Gemeindezentrum biegen Sie links ab und gelangen bei der nächsten kleinen Kreuzung in das Mühlgassl. Nach einigen Schritten kommen Sie am Kirchenareal vorbei und gelangen an das Ortsende. Sie überqueren den **Kanzingbach**, gehen entlang der Weide und dann durch ein Waldstück. Nachdem Sie den Wald verlassen haben, kommen Sie auf eine Asphaltstraße, der Sie bergab folgen. In der kleinen Ortschaft zweigen Sie links in den **Bingeshofweg** ab ❸. Sie erreichen das Ortsende von Oberhofen und gehen am Waldrand neben Wiesen und Weiden nach Pfaffenhofen.

Auf der Straße mit dem Namen **Stielacker** gelangen Sie zur T-Kreuzung **Oberdorf**. Hier geht es rechts beim JWS in den Ort hinunter zur Kirche.

Pfaffenhofen

Kein Infobüro vor Ort, zuständig ist der Tourismusverband Mieminger Plateau & Inntal, ☏ 05 12/53 56, https://www.innsbruck.info, auch zuständig für alle folgenden Orte bis einschließlich Silz, Mo-Sa 9:00-18:00, So 9:00-15:00.

Verbindung nach Rietz und zu weiteren Orten am folgenden Weg

Bei der Kirche halten Sie sich links, gehen vorbei am Gemeindeamt und verlassen Pfaffenhofen. Bei der kleinen Kapelle geht es beim JWS links weiter. Vorbei am großen Werk der Fabrik Thöni gelangen Sie auf einen Weg, der am Wald entlangführt. Bald erreichen Sie einen asphaltierten Weg ❹, der nach Rietz hinabführt.

Rietz

Kein Infobüro vor Ort, zuständig ist der Tourismusverband Mieminger Plateau & Inntal, ☏ 05 12/53 56, https://www.innsbruck.info, Mo-Sa 9:00-18:00, So 9:00-15:00, auch zuständig für alle folgenden Orte bis einschließlich Silz.

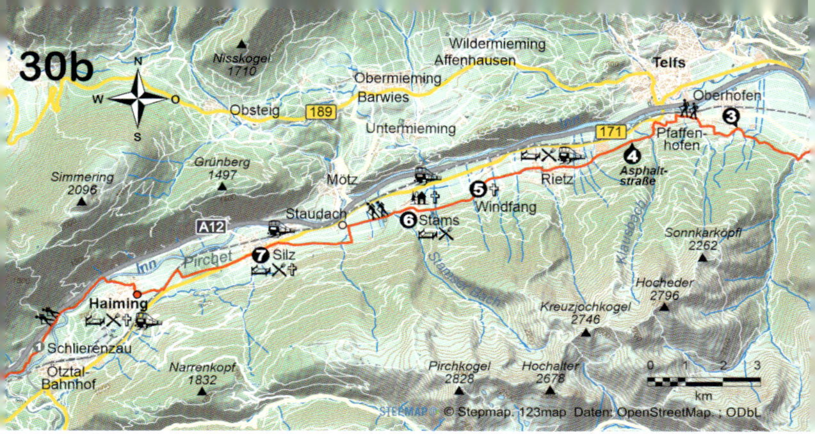

🛏 ✕ Rietzer Hof, Bundesstraße 16, 6421 Rietz, 600 m abseits, gleich beim Bahnof, ☏ 052 62/666 69, 💻 www.rietzerhof.at, ✉ info@rietzerhof.at, ÜF EZ € 70, DZ € 54

🛏 Gästehaus/Pension Thaler, Unterdorf 18, 6421 Rietz, neben der Hl.-Kreuz-Kapelle, ☏ 052 62/626 19, 📱 06 64/232 34 43, 💻 www.gaestehausthaler.at, ÜF EZ € 55

🚆 Verbindung nach Stams und zu weiteren Orten am folgenden Weg

Auf dem gut markierten JW verlassen Sie Rietz und gelangen in die kleine Ortschaft **Windfang ❺**.

Dorf Windfang (✝ **Kapelle Johannes d. Täufer**, falls geöffnet, interessanter Knorpelwerkaltar – wahrscheinlich 1734, beachtenswert auch die äußerst dynamischen Putten).

Bald nach Windfang erreichen Sie die Ortschaft Stams mit dem Stift Stams ❻.

Stams

🛏 🏠 ✕ BANK 🚆

ℹ Kein Infobüro vor Ort, zuständig ist der Tourismusverband Mieminger Plateau & Inntal, ☏ 05 12/53 56, 💻 https://www.innsbruck.info, 🚪 Mo-Sa 9:00-18:00, So 9:00-15:00, auch zuständig für alle folgenden Orte bis einschließlich Silz.

🛏 Gästehaus Possard, Manuela Possard, Schöneck 12, 6422 Stams, ca. 350 m abseits des Jakobsweges, 📱 06 99/11 90 79 89, 💻 www.gaestehaus-possard.at, ✉ info@gaestehaus-possard.at, ÜF DZ ab € 64

♦ Speckbacherhof Privatzimmer, Speckbacherweg 1, 6422 Stams, in der Nähe von Stift Stams, 📱 06 50/653 30 09, Ü ab € 30

Stift Stams, Stiftshof 1, 6422 Stams, ☎ 052 63/62 42, ☎ 052 63/624 25 10, www.stiftstams.at, wegen begrenzter Zimmeranzahl ist eine frühzeitige (spätestens einen Tag vorher) Anmeldung per Telefon oder E-Mail unbedingt erforderlich, Ansprechperson ist Bruder Leo: ☎ 052 63/624 23 13, gast@stiftstams.at, Ankunftszeiten zwischen 16:00 und 20:00 nach vorheriger telefonischer Absprache, ÜF EZ € 40, DZ € 80.

Verbindung nach Silz und zu weiteren Orten am folgenden Weg

1272/73 wurden das Kloster und die Kirche **Maria Himmelfahrt** von Graf Meinhard II. und seiner Gattin als Grablege der Tiroler Landesfürsten gestiftet, die Weihe fand 1284 statt. Der aktuelle Kirchenbau wurde auf romanischer Basis im frühen 18. Jh. von Anton Gumpp barock umgestaltet. Das Innere zeigt Meisterwerke des Barocks und Rokokos. Der Hochaltar stellt den Stammbaum des Menschengeschlechtes dar.

Gleich beim Eingang rechts – hinter der künstlerisch wertvollen Schmiedearbeit des Rosengitters – befindet sich die Heiligblutkapelle (Reliquie in Monstranz). Im Inneren befindet sich das die Wallfahrt auslösende Gnadenbild (der darunterliegende Teil ist eine gemalte Erklärung der Geschichte des Originals). In der Kirche versperrt ein schönes, schmiedeeisernes Gitter den Zutritt zum Haupthaus.

Dem Kloster gegenüber liegt die aus dem Jahr 700 stammende Kirche **St. Johannes d. Täufer**. Der heutige Bau geht zurück auf die zwischen 1313 bis 16 errichtete gotische Kirche, wesentliche Änderungen und Erweiterungen gab es im 18. Jh. Auch das Innere wurde dabei gründlich verändert. Die Deckengemälde sind das Hauptwerk von Franz Anton Zeiller und stammen aus dem Jahr 1755. Altäre und Kanzel (wahrscheinlich die schönste Rokokokanzel Tirols, 1759) stammen aus der Hand des Stamser Bildhauers Johann Reindl (1714 bis 1792), die Altäre wurden 1858 neu gefasst und 1904 übermalt. 1993/94 wurde bei Renovierungsarbeiten der ursprüngliche Zustand aus dem Jahr 1755 wiederhergestellt. Auf dem Friedhof findet sich sehenswerte Schmiedekunst aus der Zeit des Barocks bis heute.

Nach der Besichtigung des Stifts geht es vorbei am Gasthaus Alte Schmiede geradeaus weiter auf dem gut markierten JW. Nach etwa 1,5 km kommen Sie zum Ortsschild von Staudach und zweigen hier links ab und ca. 500 m später (bei der übernächsten Abzweigung) wieder nach rechts. Sie erreichen Silz und zweigen bei einem Wegkreuz nach rechts ab in den Ort ❼.

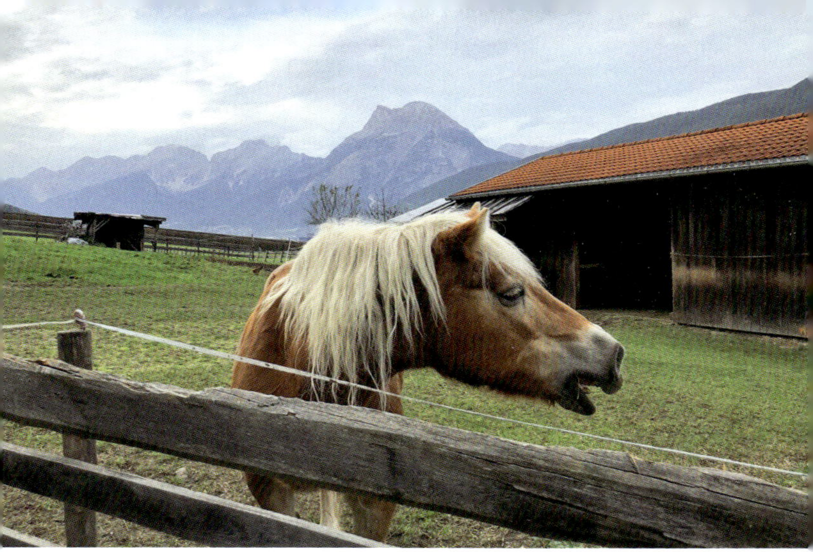

Schimpfendes Pferd am Wegesrand

Silz

Info	Kein Infobüro vor Ort, zuständig ist der Tourismusverband Mieminger Plateau & Inntal, ☏ 05 12/53 56, 🖳 https://www.innsbruck.info, Mo-Sa 9:00-18:00, So 9:00-15:00.
Unterkunft, Essen	Gasthof Löwen, Tirolerstr. 89, 6424 Silz, im Ort am Weg, ☏ 052 63/63 03, 🖳 www.gasthof-loewen.com, ÜF EZ ab € 58, DZ ab € 92
Unterkunft	Haus Hannes Randolf, Johann-Georg-Oeggs-Straße 15, 6424 Silz, im Ort am Weg, ☏ 052 63/52 50, 🖳 www.haushannes.at, ÜF € 30
Bus	Verbindung nach Haiming
Bahn	Verbindung nach Haiming

In Silz gelangen Sie an die Landstraße und folgen ihr durch den Ort. Auf dem **Pirchetweg** geht es geradeaus weiter bis zum Ortsende und dann weiter auf der Alten Bundesstraße durch ein Waldstück, gesäumt von zahlreichen Marterln. Nach dem Waldstück kommt eine Abzweigung nach rechts in den **Silzer Pirchet** (wenn Sie geradeaus weitergingen, kämen Sie zur befahrenen Landstraße). Entlang der Bahngleise geht es weiter, bis Sie die Gleise nach etwa 600 m überqueren. Gleich links nach der Brücke führt ein schöner Feldweg nach Haiming. Die Etappe endet am Pfarramt (kurz vor der Pfarrkirche) im Ort.

Haiming

Kein Infobüro vor Ort, zuständig ist der Tourismusverband Ötztal-Tourismus, 05 72/00-500, www.oetztal.com, Mo-Fr 8:00-13:00 und 14:00-18:00, Sa 14:00-17:00, So 9:00-12:00.

Rafting Alm, Magerbach 2, 6425 Haiming, gleich nach der Innbrücke rechts, 052 66/886 06, www.raftingalm.com, info@raftingalm.at, Ü Holzhütte 1 Pers. ab € 50, 2 Pers. ab € 60, F € 7,50, Gemeinschaftsdusche, WC

♦ Refugio Otto Habicher, Alte Bundesstr. 44, 6425 Haiming, gleich vor der Innbrücke rechts, 052 66/888 65, 06 80/116 84 08, www.outdoor-refugio.com, ÜF € 33

Christl's Hof, Kreuzstraße 16, 6425 Haiming, nach der Kirche von der Kirchstraße links in die Kreuzstraße abzweigen, 06 50/886 89 03, www.urlaub-haiming.at, ÜF EZ € 34

Gasthof Stern Zickeler, Alte Bundesstr. 11, 6425 Haiming, im Zentrum am Weg, 052 66/883 02, www.zickeler.at, auf Anfrage

Verbindung nach Karres

Verbindung nach Ötztal Bahnhof und auch von dort weiter mit Bus nach Karres

Haiming, am Eingang des Ötztales gelegen, hat eine lange Geschichte, die bis ins Mittelalter zurückreicht. Die erste urkundliche Erwähnung der Gemeinde stammt aus dem Jahr 1187. Heute wird Haiming auch das Outdoorzentrum Tirols genannt, es ist als Raftingtreffpunkt sehr beliebt.

31. Etappe: Von Haiming nach Imsterau

20,6 km, 5 Std. 40 Min., ↑ 396 m, ↓ 337 m, ⇧ 660-916 m

0,0 km	⇧ 663 m	Haiming
13,0 km	⇧ 834 m	Karres
14,0 km	⇧ 908 m	Karrösten
20,6 km	⇧ 724 m	Imsterau

Die nächsten beiden Etappen zählen, finde ich, zu den schönsten am Jakobsweg Österreich. Schon der Weg von Haiming nach Roppen entlang des Inns ist sehr prickelnd, im Speziellen wenn Sie kurz ins „Römerbadl" eintauchen. Die beiden Orte Karres und Karrösten liegen so schön auf einer Anhöhe umgeben von Bergen – herrlich.

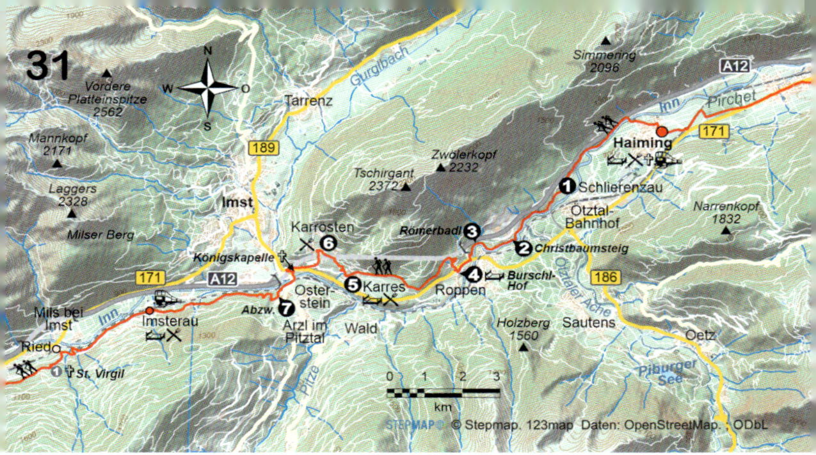

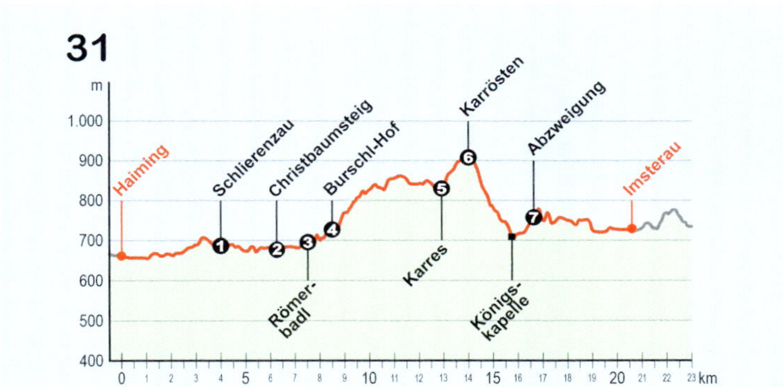

Beim Pfarramt (kurz vor der Pfarrkirche) geht der JW rechts die Kirchstraße hinunter. Sie gelangen zur Dorfstraße, gehen rechts und beim Dorfbrunnen wieder links weiter. Sie befinden sich wieder in der **Kirchstraße** und gehen beim nächsten Brunnen links weiter die Alte Bundesstraße entlang. Ein wenig später überqueren Sie den Inn.

Nachdem Sie die Brücke überquert haben, gehen Sie links beim JWS weiter. Bald schon verlassen Sie Haiming und gehen weiter entlang des Inns auf dem Bojenweg. Nach etwa 1,5 km verlässt der Weg den Innverlauf und führt auf einem Pfad hinauf zur Straße in Richtung Bahnhof Ötztal.

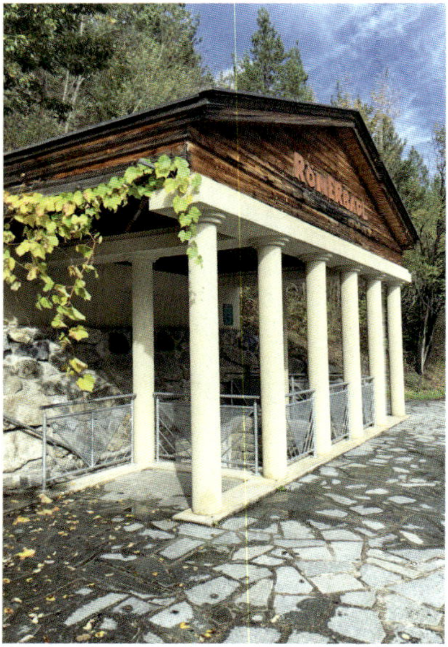

Römerbadl am Inn bei Roppen

Sie kommen bald in die kleine Ortschaft **Schlierenzau** ❶, sehen den Dorfbrunnen und gehen hier rechts weiter. Sie verlassen beim JWS die asphaltierte Straße und gehen ein Stück auf einem Wiesenpfad entlang einer Weide weiter. Sie unterqueren die Landesstraße und gehen auf einem schönen asphaltierten Wanderweg entlang des Inns nach **Roppen**.

Etwa 1,5 km nach der Brücke der Landesstraße zweigt der JW von der Asphaltstraße nach links in den Christbaumsteig ab ❷. Der Weg führt entlang des Inns durch den Wald und ist recht schön (☞ Sie können aber auch auf dem asphaltierten Weg weitergehen). Beide Wege treffen bei einem großen Rastplatz bei der Innbrücke wieder zusammen.

Sie sind nun in der Gemeinde Roppen angelangt und folgen weiter dem JW entlang des Inns.

☺ Sie kommen wenig später an der Kneippanlage **Römerbadl** vorbei und können hier Ihre müden Beine erfrischen ❸. Die frei zugängliche Kneippanlage bietet ganzjährig Temperaturen von 12 bis 13 °C.

Etwa 300 m nach dem Römerbadl geht der JW rechts weiter und kurz darauf wieder links hin zur Landesstraße, die Sie unterqueren. Wenig später erreichen Sie eine Abzweigung nach Roppen, der JW geht aber nach rechts unter der Landesstraße hindurch.

Gleich bei der Abzweigung befindet sich der Burschl-Hof ❹.

🛏 Burschl-Hof, Burschlweg 4, 6426 Roppen, ☏ 054 17/52 71, ÜF € 45

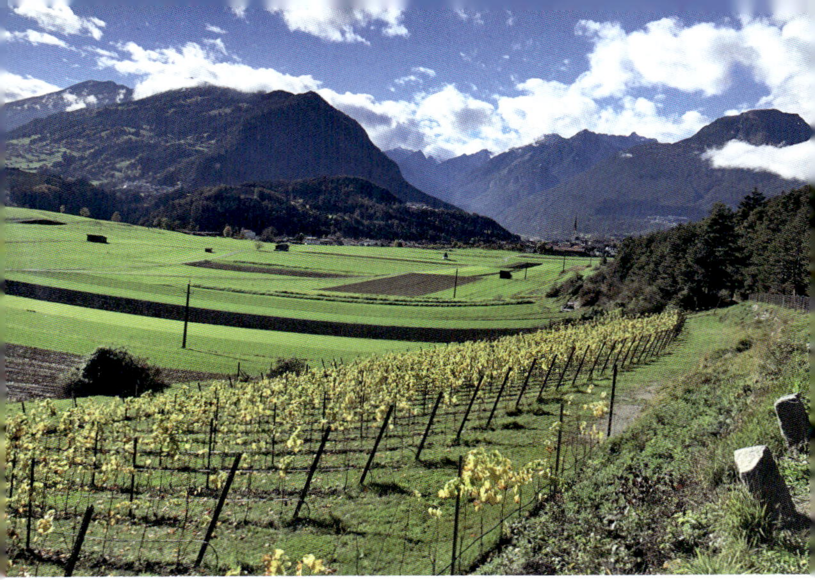

Weinriede bei Karres

Sie folgen nun der asphaltierten Straße ansteigend nach Trankhütte und laufen weiter der Markierung folgend auf einem wunderschönen Weg nach Karres. Sie kommen aus dem Wald heraus und sehen schon die Kirche des Ortes ❺.

Karres

Kein Infobüro vor Ort, zuständig ist Imst-Tourismus, Johannesplatz 4, 6460 Imst, ☏ 054 12/69 10-0, www.imst.at, Mo-Fr 9:00-17:00.

Gasthof Traube, Karres 3, 6462 Karres, Zentrum vor der Kirche, ☏ 054 12/661 94, www.gasthoftraube-karres.at, ÜF € 60

Gästehaus Winkler, Karres 73, 6462 Karres, Zentrum, ☏ 054 12/635 31, www.winkler-gaestehaus.at, ÜF EZ € 58, DZ € 87

Verbindung nach Karrösten

Sie gehen durch den schönen Ort und zweigen vor dem Ortsende beim JWS nach rechts in Richtung Karrösten bergauf ab. Auf einer Anhöhe führt der Weg neben Wald und Wiese weiter und Sie gelangen schließlich auf den Kirchenweg von Karrösten ❻.

Karrösten

Kein Infobüro vor Ort, zuständig ist Imst-Tourismus, Johannesplatz 4, 6460 Imst, 054 12/69 10-0, www.imst.at, Mo-Fr 9:00-17:00.

Gasthof Trenkwalder, Karröster 36, 6460 Karrösten, Zentrum, 054 12/661 82, www.gasthof-trenkwalder.at lt@gasthof-trenkwalder.at, Di 11:00-14:00, Mi-Sa 11:00-23:00, So 9:00-21:00

Verbindung nach Imsterberg

Auf der Dorfstraße geht es nach links hinunter zum Ortsende von Karrösten. Sie zweigen hier links von der Hauptstraße ab und gehen auf dem Fußweg weiter. Ein kleines Stück folgen Sie hierauf nochmals der Hauptstraße und zweigen wiederum links von ihr auf den Fußweg ab. Schließlich gelangen Sie zur stark befahrenen Landstraße, die Sie überqueren. Sie folgen dem Radweg und JWS und gelangen zur Königskapelle. Wenig später überqueren Sie den Inn und gehen rechts weiter auf einem asphaltierten Weg entlang des Inns. Etwa 600 m weiter zweigt der JW beim Gewerbegebiet nach rechts ab und führt leicht ansteigend nach Imsterau ❼.

Auf dem schönen Höhenweg geht es nach einiger Zeit wieder hinunter auf eine asphaltierte Straße, Sie überqueren einen Bach und gehen weiter nach Imsterau. Durch das Weidegatter hindurch geht es am Kraftwerk vorbei und Sie erreichen das Ortsschild von Imsterau.

Bei der Ortskapelle von Imssterau geht es weiter und kurz danach zweigt der JW nach rechts ab. Weiter geht es auf dem Panoramaweg nach links und Sie kommen vorbei am Gasthof Alpenrose.

Imsterau

Gasthaus Alpenrose, Familie Schnegg, Au 50, 6491 Imsterberg, beim Bahnhof Imsterau, 054 12/641 19, www.gh-alpenrose.at, ÜF EZ € 53

Verbindung mit Regionalzug nach Schönwies

Ortskapelle Vierzehn Nothelfer. Kapelle aus dem 17. Jh., Altar und barocke Figuren von 1720

Imsterau ist ein Ortsteil der Gemeinde Imsterberg. Es gibt hier einen Bahnhof, eine gute Übernachtungs- und Verpflegungsmöglichkeit und eine hübsche Ortskapelle.

32. Etappe: Von Imsterau nach Grins

20 km, 6 Std. 20 Min., ↑ 747 m, ↓ 466 m, ⇧ 723-1.048 m

0,0 km	⇧ 724 m	Imsterau
3,1 km	⇧ 754 m	Schönwies BANK
10,8 km	⇧ 971 m	Rifenal
12,5 km	⇧ 766 m	Zams BANK
16,3 km	⇧ 1.033 m	Stanz ⌘
20,0 km	⇧ 995 m	Grins BANK ⌘

Die heutige Etappe führt von Imsterau auf eine Anhöhe oberhalb des Inns, wo Sie das Virgilkirchlein in Obsaurs besuchen sollten – die Lage der Kirche, ihre Architektur und die geheimnisvollen Rötelzeichnungen sind etwas Besonderes. Später erreichen Sie noch die kleine klösterliche Ansiedlung Kronburg mit seiner Wallfahrtskirche und dem Gasthof Klösterle, bevor es hinunter ins Tal nach Stanz geht.

Den Abschluss der Etappe bilden die beiden schönen Orte Stanz und Grins. Stanz ist bekannt für seinen hervorragenden Zwetschenschnaps, der in 50 kleinen, ortsansässigen Brennereien erzeugt wird.

Vorbei am Bahnhof geht es an den Schienen entlang auf einem sehr schönen Weg weiter. Nachdem Sie den Wald nach etwa 2 km wieder verlassen haben, gelangen Sie an eine Lichtung und treffen bei einem Wegkreuz auf eine Asphaltstraße. Dieser folgen Sie nach links und zweigen nach ca. 200 m bei der ersten Möglichkeit rechts ab.

Nach weiteren ca. 200 m erreichen Sie eine Kreuzung beim **Haus Nr. 18**. Sie haben den Ortsteil Ried von Schönwies erreicht.

Schönwies

BANK

Kein Infobüro vor Ort, zuständig ist Imst-Tourismus, Johannesplatz 4, 6460 Imst, ☏ 054 12/69 10-0, www.imst.at, Mo-Fr 9:00-17:00.

Verbindung nach Landeck-Zams und zu weiteren Orten am folgenden Weg

An der Kreuzung halten Sie sich links und gehen dann bei den letzten Häusern geradeaus dem Wald entgegen. Bald kommen Sie an eine Kreuzung ❶.

↳ Halb links hinauf zweigt ein Waldweg mit JWS ab, dies ist der Weg der zur Kirche **St. Virgil von Obsaurs** führt. Die spätgotische, kleine Kirche geht mit ziemlicher Sicherheit auf einen vorchristlichen Kultplatz zurück. Sie glänzt auch mit einem uralten Pilgergraffiti.

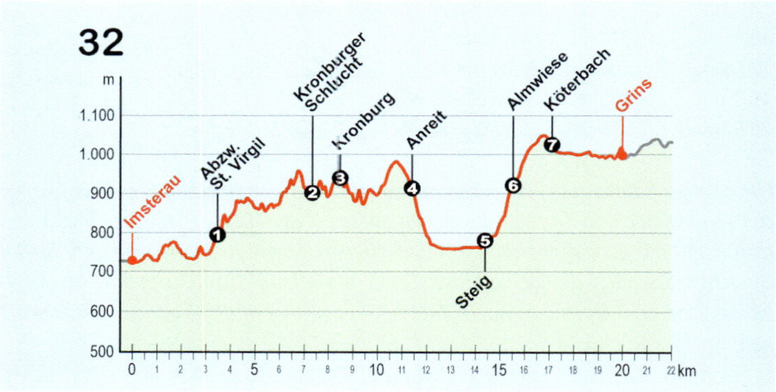

Wenn Sie nicht so steil hinaufsteigen wollen, bringt Sie der geradeaus führende Güterweg bald zu einer großen Kreuzung mit Asphaltstraße.

Nach 50 m zweigt links hinauf bei einer Kapelle ein kleinerer Güterweg in Richtung **Kronburger Tobel** ab. Direkt hinter dem schnell erreichten Bauernhaus (Obsaurs Nr. 17) geht's 500 m bergab, dann eben weiter und dann 500 m durchgehend bergauf. Kurz nachdem es wieder bergab geht, gehen Sie an der Gabelung rechts relativ steil hinunter.

Nach einigen Minuten nehmen Sie an der Kreuzung links den Waldweg hinauf in Richtung Kronburger Tobel.

Wie man an den Wegweisern erkennen kann, wird hier die Via Claudia Augusta (Weitwanderweg) gekreuzt (später folgen ihr auch der Jakobsweg eine Zeit lang). Die Via Claudia Augusta war die (einzige) römische Verbindungsstraße (militärischer Nachschubweg) zwischen Mare Adriaticum, dem römischen Mutterland, und Danuvius (Donau), der Front, und führte quer über die Alpen. Sie ist eine einzigartige Leistung und blieb noch Jahrhunderte als Handelsweg eine der wichtigsten Nord-Süd-Verbindungen Mitteleuropas.

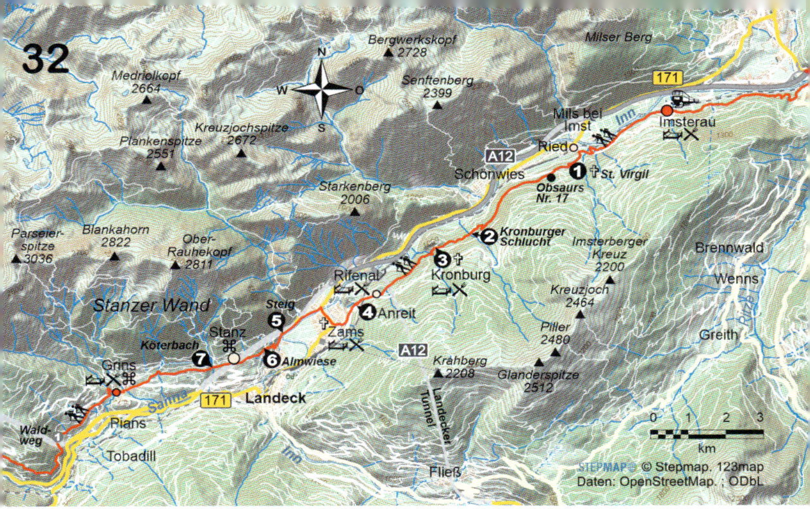

Sie überqueren bald die grandiose Schlucht des Kronburger Tobels ❷. Direkt nach der Schlucht geht es auf einem Forstweg bergab und wenig später stoßen Sie bei **Station 10** eines Kreuzweges auf eine Asphaltstraße (500 m nach der Schlucht). Diese bringt Sie links hinauf in 500 m zur Wallfahrtskirche Unsere Liebe Frau Mariahilf ❸ und dem Gasthof & Klösterle Kronburg.

🛏 ✕ Gasthof & Klösterle Kronburg, Kronburg 107, 6511 Zams, am Weg, Zimmeranfragen: ☎ 054 42/633 45, Gasthof: ☎ 054 42/634 78, 💻 www.kronburg-tirol.at, ✉ kronburg@mutterhaus-zams.at, ÜF € 45, Spezialpreis – Pilgerausweis erforderlich

✝ Bereits 1673 stand hier eine Marienkapelle. Der heutige Bau wurde von 1711 bis 1714 errichtet, der Turm stammt aus dem Jahr 1912. Das Gnadenbild des hochklassizistischen Hochaltares ist eine der vielen Kopien des Cranach-Bildes vom Innsbrucker Dom St. Jakob.

Vom Gasthof führt der gut markierte JW durch den Wald hinunter nach Rifenal.

Rifenal 🛏 ✕

🛏 ✕ Gasthof Wally, Rifenal 15, 6511 Zams, am Weg, ☎ 054 42/612 40, ÜF EZ € 92

Sie verlassen Rifenal und gehen weiter nach Zams. Kurz vor dem Ortsschild von **Anreit** zweigt der JW rechts in den Wald hinunter ab ❹. Es geht dann nochmals ein Stück an der Asphaltstraße entlang, bis Sie erneut in den Wald abzweigen. Sie gelangen schließlich auf die Straße **Oberdorf**. Wenig später kommen Sie in die Bachgasse, zweigen dann links ab in die **Bahnstraße** und kommen zur Pfarrkirche von Zams.

Zams

ℹ Tourismusverband Ferienregion Tirol West, Ortsbüro Zams, Hauptplatz 6, 6511 Zams, ☎ 054 42/656 00, www.tirolwest.at, Mo-Fr 8:30-12:00 und 14:00-17:00

Postgasthof Gemse, Hauptplatz 1, 6511 Zams, Zentrum, office@postgasthof-gemse.at, www.postgasthof-gemse.at, ÜF ab € 51, DZ ab € 98, Do keine Zimmer u. Restaurant Ruhetag, Mi Ruhetag Restaurant

Hotel Andrea, Magdalenaweg 6, 6511 Zams, Zentrum, info@andrea-hotel.at, ÜF EZ € 85, DZ € 140

♦ Pension Garni Gemse, Tramsweg 4, 6511 Zams, Zentrum, ☎ 05 44/26 30 01, office@postgasthof-gemse.at, ÜF EZ, DZ € 50

Verbindung nach Stanz

✝ **St. Andreas**. Wegen eines Brandes 1911 existiert von der alten, bereits 1271 erwähnten (jedoch bis ins 3. Jh. zurückdatierbaren) Kirche nur mehr der frei stehende Turm (die Haube ist neu). Mit dem aktuellen neubarocken Kirchenbau wurde 1912 begonnen. Die Rokokoaltäre stammen aus Kirchen der Umgebung.

Sie verlassen Zams über die Hauptstraße, gelangen zur Innbrücke, die Sie überqueren, und folgen dem Inn nach links. Nach etwa 1,3 km zweigen Sie rechts auf einen Steig ab ❺. Der JW führt etwa 1 km relativ steil bergauf durch den Wald. Schließlich gelangen Sie auf eine schöne Almwiese ❻. Auf dem Weg weiter gelangen Sie in den schönen Ort Stanz.

Stanz

Verbindung nach Grins

☺ Aufgrund der „Stanzer Zuckerpflaume" ist Stanz das Schnapsbrennerdorf Tirols schlechthin.

⌘ Schaubrennereien, Führung durch eine der Destillerien,

♦ 06 76/535 00 53, info @brennereidorf.at

⌘ Das Haus Nr. 57 an der Hauptstraße ist das Geburtshaus von Jakob Prandtauer (1660-1726), dem bedeutendsten Klosterbaumeister des österreichischen Barocks. Sein Hauptwerk ist das Stift Melk. Heute beherbergt das Haus die Feindestillerie Cristoph Kössler (☏ 054 42/612 00).

Nachdem Sie in Stanz vielleicht einen Zwetschkenschnaps verkostet haben, verlassen Sie den Ort, überqueren den Köterbach ❼ und gehen weiter nach Grins auf einem schönen, markierten Weg.

Grins

Kein Infobüro vor Ort, zuständig ist der Tourismusverband Tirol West, ☏ 054 42/656 00, www.tirolwest.at, Mo-Fr 9:00-17:00.

Spisshof, Familie Spiss, Grins 66 a, 6591 Grins, im Ort am Weg, ☏ 054 42/663 28, 06 64/444 12 49, www.tirolwest.at/spisshof, spisshof@gmail.com, ÜF € 35

Verbindung nach Flirsch und zu weiteren Orten am folgenden Weg

⌘ Die **Römerbrücke** stammt sicher nicht aus der Römerzeit, sondern (wahrscheinlich) aus dem 16. Jh. (erste Erwähnung 1551). Sie erhielt ihren Namen (vermutlich) deshalb, weil auch die alte Römerstraße durch Grins verlief.

Die Römerbrücke in Grins

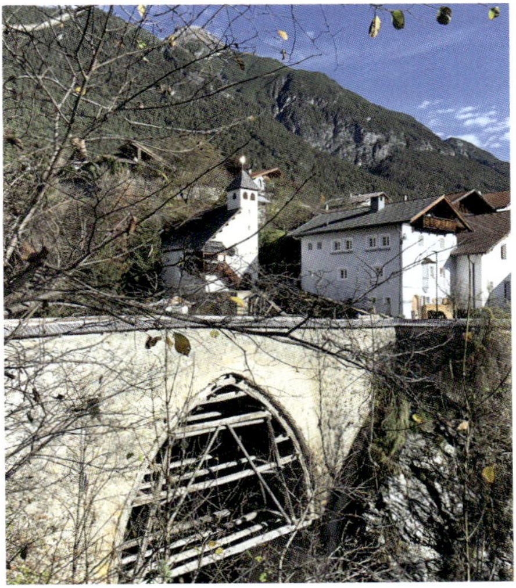

⌘ Heilquelle bei Raika, subthermale Magnesium-Calcium-Sulfat-Mineralquelle

1945 brannte das Dorf zur Gänze ab. Es wurde innerhalb von drei Jahren wieder originalgetreu aufgebaut und ist in seiner Gesamtheit sehenswert.

33. Etappe: Von Grins nach St. Anton am Arlberg

24,7 km, 6 Std. 55 Min., ↑ 589 m, ↓ 291 m, ⇧ 986-1.311 m

0,0 km	⇧ 995 m	Grins
11,7 km	⇧ 1.155 m	Flirsch
14,6 km	⇧ 1.185 m	Schnann
18,9 km	⇧ 1.201 m	Pettneu
22,6 km	⇧ 1.290 m	St. Jakob am Arlberg
24,7 km	⇧ 1.286 m	St. Anton am Arlberg

Die heutige Etappe führt zur wohl bekanntesten österreichische Wintertourismusregion – zum Arlberg. St. Anton, die „Wiege des alpinen Skilaufs", ist das heutige Ziel. Genießen Sie die wunderbare Bergkulisse, die Sie heute den ganzen Tag umgibt, und gehen Sie früh ins Bett, denn morgen wartet der Arlberg auf Sie!

Der Weg führt weiter durch den schönen Ort und über die alte Römerbrücke. Bergab auf der asphaltierten Straße verlassen Sie Grins. Bei der nächsten Rechtskurve verlassen Sie auch die Hauptstraße und zweigen links ab. Nach 2 km kommen Sie beim JWS in den Wald ❶ und gehen ansteigend weiter. Auf einem schönen, gut markierten Waldwanderweg geht es weiter (Sie können hier auch die alten römischen Wagenspuren bewundern). Sie verlassen den Waldweg, kommen auf einen asphaltierten Weg und erreichen Strengen.

Ihr nächstes Ziel ist dann Flirsch. Zunächst gelangen Sie noch in die Ortschaft Unterweg ❷ und später zum Ortsschild von Obermühle. Hier biegen Sie beim JWS links rücklaufend ab und gehen auf einer Asphaltstraße bergab. Bei Oberriefen geht es dann in Richtung Flirsch weiter.

Etwa 400 m nachdem Sie die kleine Ortschaft Oberriefen verlassen haben, erreichen Sie eine Forststraße ❸, überqueren diese und setzen den JW nach Flirsch fort. Bei der Landstraße angelangt geht der JW weiter und zweigt am Ortsanfang nach rechts ab.

Flirsch

Zuständig ist der Tourismusverband St. Anton am Arlberg (☏ 054 46/226 90, www.stantonamarlberg.com), Büro Flirsch: Flirsch Nr. 113a, 6572 Flirsch, ☏ 054 47/55 64, Mo-Fr 8:00-12:00.

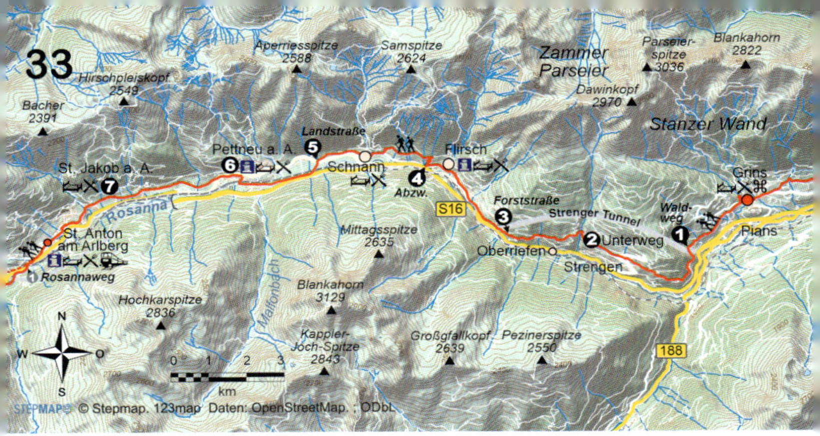

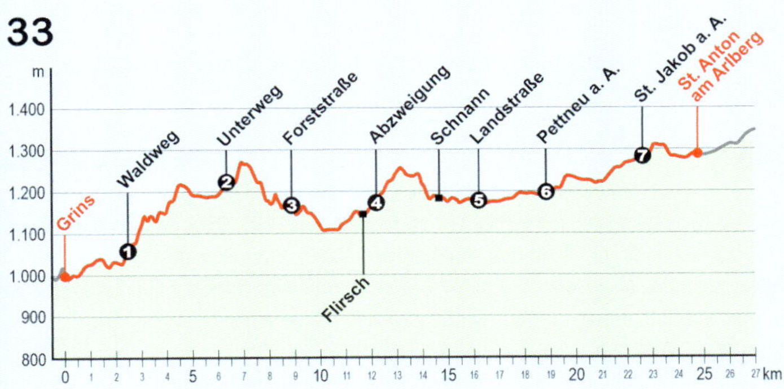

Haus Juen Friedrich, Flirsch 134, 6572 Flirsch, im Ort, ☏ 054 47/55 82, ÜF EZ € 36, DZ € 66

♦ Bauernhof Guem, Dorfstraße 102, 6572 Flirsch, im Ort, 06 77/61 28 46 16, annarosa.guem@aon.at, ÜF EZ € 40, DZ € 70

Verbindung nach Schnann und zu weiteren Orten am folgenden Weg

Kurz vor dem Ortsende von Flirsch zweigt der JW nach rechts in Richtung **Schnann** ab ❹. Nach ca. 30 Min erfolgt eine markierte Abzweigung nach links hinunter zur Landstraße und es geht dort rechts weiter.

Schnann

- Kein Infobüro vor Ort, zuständig ist der Tourismusverband Ferienregion St. Anton am Arlberg, www.stantonamarlberg.com, bzw. die Ortsstelle Pettneu, Dorf 150, 6574 Pettneu am Arlberg, 054 48/82 21, Mo-Sa 8:00-12:00 und 13:00-18:00, So 8:00-11:00. Im Zentrum findet sich ein „Info-Mat".
- Pension Schmiedshof, Schnann 40, 6574 Schnann, im Ort am Weg, 054 47/52 52, www.schmiedshof.at, ÜF DZ € 38
- Verbindung nach Pettneu und zu weiteren Orten am folgenden Weg

Sie gehen durch den Ort, überqueren den Schnaaner Bach und gehen weiter nach **Pettneu**. Etwa 1,4 km nachdem Sie den Bach überquert haben, gelangen Sie zur Landstraße ❺.

Auf der gegenüberliegenden Seite setzen Sie Ihren Weg auf dem asphaltierten Rad-/Wanderweg fort. Sie unterqueren die Eisenbahngleise und gehen weiter in Richtung Pettneu.

Nach etwa 2 km unterqueren Sie wieder die Gleise ❻ und gelangen ins Zentrum von Pettneu.

Pettneu

- Tourismusverband St. Anton am Arlberg (054 46/226 90, www.stantonamarlberg.com), Büro Pettneu, Dorf 150, 6574 Pettneu am Arlberg, 054 48/82 21, Mo-Sa 8:00-12:00 und 13:00-18:00, So 8:00-11:00
- Gasthof Traube, Dorfstr. 77, 6574 Pettneu am Arlberg, von der Pfarrkirche der Dorfstraße 400 m weiter folgen, 054 48/83 54, www.gasthoftraube.com, ÜF DZ € 50
- Haus Dorfblick, Fr. Marlis Tschiderer, Strohsack 235, 6574 Pettneu am Arlberg, südlich der Rosanna, 054 48/84 47, Ü € 20
- Verbindung nach St. Jakob a. A. und zu weiteren Orten am folgenden Weg

Von Pettneu führt der JW auf einem schönen Wanderweg weiter nach St. Jakob. a. A. ❼.

St. Jakob am Arlberg

- Kein Infobüro vor Ort, zuständig ist der Tourismusverband St. Anton am Arlberg, 054 46/226 90, www.stantonamarlberg.com, Mo-Fr 8:30-17:30, Sa 9:00-12:00 und13:00-17:00, So 9:00-12:00 und 13:00-16:00.

Hotel Tirolerhof, Landauerweg 3, 6580 St. Anton am Arlberg, auf St. Jakober Dorfstraße links in den Ganderweg abzweigen – etwa 200 m in Richtung Arlbergstraße, 054 46/40 79 90, www.tihof.at, info@tihof.at, ÜF ab € 65

Haus Gollas, St. Jakober Dorfstraße 125, 6580 St. Anton am Arlberg, rechts bei der Bushaltestelle „Gsörerweg", 054 46/20 18, 06 76/776 46 26, www.gollas.at, ÜF EZ ab € 68, DZ ab € 96

Verbindung nach St. Anton a. A.

Auf der Dorfstraße von St. Jakob geht es nun weiter nach St. Anton.

St. Anton am Arlberg

Tourismusverband Ferienregion St. Anton am Arlberg, Dorfstr. 8, 6580 St. Anton am Arlberg, am westlichen Ortsende beim kleinen Kreisverkehr, 054 46/226 90, www.stantonamarlberg.com, Mo-Fr 8:30-17:30, Sa 9:00-12:00 und13:00-17:00, So 9:00-12:00 und 13:00-16:00

Pension Markus Strolz, Alte Arlbergstr. 21, 6580 St. Anton am Arlberg, Ortsende, 054 46/35 97, www.markus-strolz.at, ÜF DZ ab € 35

♦ Privatzimmer Haus Germania, Frau Claudia Larl, Dorfstr. 97, 6580 St. Anton am Arlberg, am Weg im Ort, 054 46/33 67, Preis auf Anfrage, sehr einfach und günstig, die Gastgeberin hat ein Herz für Pilgerinnen und Pilger.

♦ Frühstückspension Wilhelm Pfeiffer, Frau Elisabeth Pfeiffer, Pfarriweg 33, 6580 St. Anton am Arlberg, 500 m abseits, nordwestlich von der Talstation Nassereinbahn, die Sie auf dem Weg durch den Ort passieren, 054 46/20 04, 06 50/563 17 05, hauspfeifer@aon.at, ÜF EZ € 50, DZ € 90

♦ Haus Sepp Gruber, Kirchgasse 6, 6580 St. Anton am Arlberg, gleich bei der Pfarrkirche, 06 64/134 03 95, haus.sepp.gruber@st-anton.at, ÜF EZ € 45, DZ € 80

♦ Frau Barbara Federlein, Hochgastigweg 14, 6580 St. Anton am Arlberg, entlang des Sonnenweges kommt man in den Ortsteil Dengert, von dort sind es nur ein paar Minuten bis zum Haus, 054 46/27 69, 06 64/459 61 91, www.haus-burger-arlberg.at, haus.burger@st-anton.at, freiwillige Spenden, bis zu 14 Personen möglich, Abendessen, Frühstück 1-2 Tage vorher anmelden.

♦ Alptyrol, Johannes Partoll, Arlbergstraße 65, 6580 St. Anton am Arlberg, Zentrum, in der Nähe der Galzigbahn, www.alptyrol.at, 06 60/737 39 31, 06 60/688 24 24, Ü € 75, Kochmöglichkeit

dichtes Angebot an Zügen in Richtung Wien und in Richtung Bludenz, Rankweil, Verbindung nach Langen

Verbindung nach St Christoph

St. Anton am Arlberg wurde bereits in der Bronzezeit besiedelt und war ein wichtiger Ort entlang der Römerstraße Via Claudia Augusta. Aufgrund seiner Lage am Fuße des Arlbergs war St. Anton einst ein bedeutender Passort. Heute zählt St. Anton zu einem der renommiertesten Wintersportorte der Welt.

34. Etappe: Von St. Anton am Arlberg nach Dalaas

➲ 26,6 km, ⌛ 7 Std. 55 Min., ↑ 666 m, ↓ 1.100 m, ⇧ 838-1.854 m

0,0 km	⇧ 1.286 m	St. Anton am Arlberg
7,4 km	⇧ 1.765 m	St. Christoph ()
12,7 km	⇧ 1.394 m	Stuben BANK
15,5 km	⇧ 1.229 m	Langen
18,9 km	⇧ 1.072 m	Klösterle BANK
23,9 km	⇧ 1.025 m	Wald
26,6 km	⇧ 837 m	Dalaas BANK

Die heutige Etappe ist lang, anstrengend, aber fantastisch – starten Sie in der Früh. Der erste Abschnitt von St. Anton über den Arlbergpass bis Stuben sollten Sie nur bei gutem Wetter gehen – es handelt sich um eine alpine Wanderung. Oben am Pass angelangt geht es weiter auf dem Jakobsweg und Sie kommen in das wunderbare Klostertal. Wenn Sie genug Energie haben, sollten Sie es bis Dalaas zur wahrscheinlich einzig echten Pilgerherberge in Österreich schaffen – buen camino.

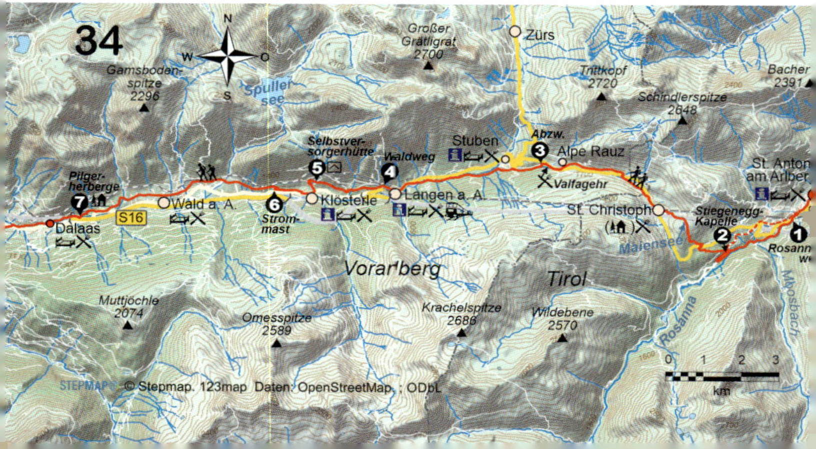

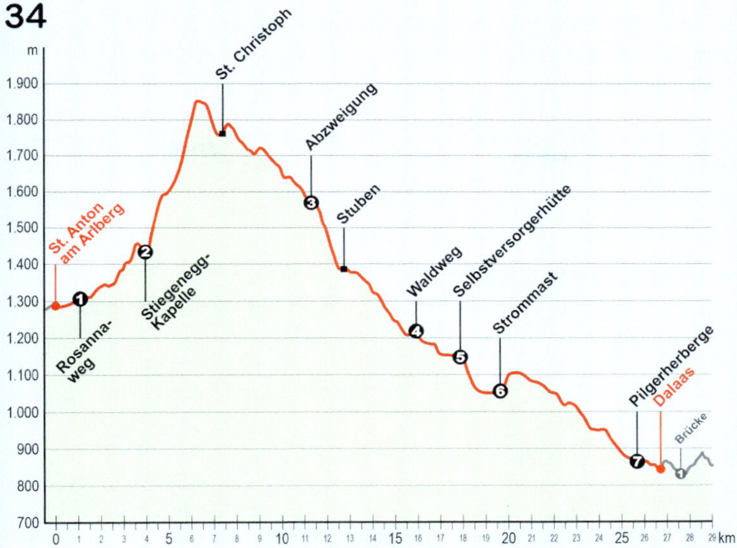

Ihre nächste Etappe führt von St. Anton auf die Passhöhe nach St. Christoph und von dort setzen Sie den JW nach Vorarlberg fort.

Der Weg über den Pass ist wie erwähnt ein alpiner Wanderweg, der nur bei guten Wetterbedingungen anzuraten ist. Bitte fragen Sie beim Tourismusverband St. Anton nach, ob die Bedingungen auch wirklich geeignet sind. Bei Schneelage ist eine Begehung natürlich nicht möglich. Sollte sich dieser Weg aufgrund der Schneelage als unpassierbar erweisen, bleiben als Ausweichmöglichkeiten immer noch Bus oder Bahn.

Auch bei gutem Wetter ist der Weg anstrengend – gehen Sie ihn nur, wenn Sie auch wirklich fit sind. Der Pilgerrucksack ist schwerer als ein Rucksack für einen Tagesausflug – das Gewicht macht sich hier deutlich bemerkbar. Aber wenn alles in Ordnung ist, steht einer schönen Wanderung nichts im Wege.

Bus- und Zugfahrpläne finden Sie unter www.stantonamarlberg.com. Mit dem Zug (Bahnhof im Zentrum) kommen Sie in ca. 8 Min. nach Langen. Mit dem Bus (Bahnhof-Vorplatz) benötigen Sie ca. 1 Stunde nach Langen (Bus 760 Richtung Lech, dort Umsteigen in Bus 750 nach Langen); der Bus fährt stündlich.

Der erste Wegabschnitt führt durch die **Rosanna-Schlucht** zur **Stiegenegg-Kapelle**. Wenn die Rosanna Hochwasser führt, ist der Weg durch die Schlucht gesperrt. Aber auch bei regnerischem Wetter ist dieser Wegabschnitt nicht anzuraten, weil es dann recht rutschig ist.

Ausweichmöglichkeit in diesem Fall:
Sie gehen vom (kleinen) Kreisverkehr in St. Anton die Alte Arlbergstraße weiter bis zur Einmündung in die B197, gehen hier rechts auf dieser bis zur Linkskehre. Nach der Linkskehre zweigen Sie gegenüber dem Hotel Mooserkreuz links in den Verwallweg ein. Dieser bringt Sie – am Hubschrauberlandeplatz vorbei – bis zur Stiegenegg-Kapelle.

Passhöhe Arlberg

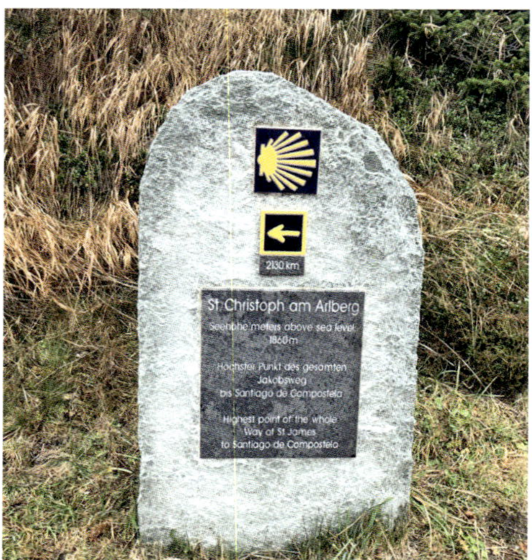

Sie starten im Zentrum bei der Pfarrkirche und folgen der Dorfstraße 700 m bis zum kleinen Kreisverkehr. Dort gehen Sie auf dem Ing. Julius-Lott-Weg weiter und folgen bei der Talstation der Rendlbahn der JW-Markierung in Richtung **Verwall**. Der Weg führt dann weiter auf dem **Rosannaweg** ❶ in die **Rosannaschlucht**. Zunächst geht es auf dem leicht ansteigenden Wanderweg entlang der Rosanna. Vorbei an der **Fritzbrücke** führt der Weg weiter entlang der Schlucht.

Schließlich gelangen Sie auf einen Kreuzweg. Bei Station 11 (Bushaltestelle) geht es rechts die Asphaltstraße bergauf. Der Weg führt nun entlang des Kreuzweges weiter über die Stiegenegg-Kapelle ❷. Der Weg ist recht anstrengend, es kommt jedoch ein Bankerl, wo Sie sich erholen können. Sie gehen immer weiter den Steig entlang und gelangen auf eine Sumpfwiese mit einem Wegweiser in Richtung **Maienweg**. Sie kommen zur Arlbergstraße und überqueren diese und gehen nach links in Richtung **St. Christoph und Maiensee**. Sie erreichen den Maiensee und gehen um diesen herum.

Sie erreichen eine Steinmarkierung und befinden sich auf dem höchsten Punkt des Jakobsweges – gratuliere!

Weiter geht es auf der Asphaltstraße einige Minuten hinunter nach St. Christoph. Sie haben den Abschnitt des Jakobweges in Tirol beendet.

St. Christoph (zu St. Anton gehörig)

(Arlberg Hospiz Hotel) Arlberg Hospiz Hotel (Nachfolger des 1957 abgebrannten, 1386 von Heinrich Findelkind gegründeten Pilger-Hospizes). Im Arlberg Hospiz gibt es einer jahrhundertealten Tradition nach ein Pilgerzimmer. Das Hotel wird aber derzeit umgebaut und wird erst wieder im Winter 2023/2024 eröffnet. Bitter erkundigen Sie sich bezüglich der neuen Öffnungszeiten und Angebote für Pilgernde: Alberg Hospiz Hotel, St. Christoph 1, 6580 St. Anton am Arlberg, ☏ 054 46/26 11, www.arlberghospiz.at

✕ Haus Passhöhe, St. Christoph 21, 6580 St. Anton am Arlberg, ☏ 054 46/28 06, ☏ 054 46/32 50, info@maiensee.com, tgl. 9:00-18:00

Verbindung nach Stuben und Langen

Sie setzen Ihre heutige Etappe fort und starten gleichzeitig den JW Vorarlberg beim Ortsschild von St. Christoph. Der JW ist in Vorarlberg gelb-weiß markiert. Auf dem schönen Wanderweg geht es etwa 1 km bergab, dann überqueren Sie die Arlbergstraße in Höhe des **Busparkplatzes**. Sie überqueren eine Brücke und setzen den Weg fort. Nach einiger Zeit gelangen Sie wieder zur Arlbergstraße und zum Parkplatz der Bergbahn Stuben. Sie folgen ein Stück der Straße und zweigen dann beim ✕ **Rasthaus** Valfagehr (☏ 055 82/569, Do-Mo 10:00-18:00) links ab. Bei der nächsten Möglichkeit zweigen Sie nochmals nach links ab (bei der gelb-weißen Markierung) ❸ und kommen nach etwa 1,3 km an der Ortschaft Stuben vorbei.

Wenn Sie hier die kleine Brücke über den Rauzbach überqueren, gelangen Sie nach etwa 100 m auf einem Wiesenweg in den Ort.

Stuben

Stuben-Tourismus, Stuben 17, 6762 Stuben, ☏ 055 82/399, www.stuben.com, tgl. 9:00-17:00

Arlberg Stuben– das kleine, feine Hotel, Arlbergstraße 50, 6762 Stuben, direkt an der Arlbergstraße gelegen, keine 2 Min. abseits, ☏ 055 82/521, 06 64/385 54 16, www.arlberg-stuben.at, Preis auf Anfrage, 20 % Pilgerrabatt auf Ü mit Pilgerausweis. Zum Hotel zählt auch die im Zentrum Stubens gelegene Ferien-, Wander- & Skihütte Kohlerhaus (www.skihuette-arlberg.at).

Haus Mathies, Stuben 10, 6762 Stuben, im Ort, ☏ 055 82/718, www.pension-mathies.at, ÜF EZ € 63, DZ € 126

Verbindung nach Langen

1470 erbaute Kirche **Unsere Liebe Frau** (reicher Freskenschmuck)

Etwa 1,3 km nach der kleinen Brücke bei Stuben gelangen Sie auf eine Asphaltstraße und folgen dieser bis in die Ortschaft Langen, die Sie nach weiteren 1,6 km erreichen.

Langen

Marktgemeinde Langen, Dorf 150, 6932 Langen, ☏ 055 75/44 15, Mo-Fr 8:00-12:00, Mo auch 13:30-19:00

Haus Jochum, Langen 26, 6932 Langen, am Weg beim Bahnhof, ☏ 055 82/270, www.haus-jochum.at, haus_jochum@a1.net, ÜF EZ € 60, DZ € 100, inkl. Busticket zum nächsten Restaurant

Verbindung nach Klösterle und zu weiteren Orten am folgenden Weg

Verbindung nach Bludenz und und zu weiteren Orten am folgenden Weg

Vorbei am Bahnhof führt der JW rechts vor dem Tunnel hinauf. Auf einem Waldweg ❹ geht es nun in Richtung **Klösterle**.

☺ Nach etwa 2 km erreichen Sie eine **Selbstversorgerhütte**, die zum Verweilen einlädt ❺.

Kurz nach der Hütte und kurz nach der Brücke zweigt der JW nach links ab und der Weg führt hinunter nach Klösterle.

Angekommen an der Hauptstraße führt der Weg rechts weiter und Sie befinden sich in Klösterle.

Klösterle

Klostertal Tourismus, Bundesstraße 59, 6754 Klösterle, ☏ 055 82/777, www.vorarlberg-alpenregion.at, Mo, Mi, Fr 8:30-12:00 und 15:00-17:00, Di, Do 8:30-12:00

Aparthotel Alpine Lodge, Klösterle 79, 6754 Klösterle, im Ort bei Pizzeria Giovanni geradeaus, ☏ 055 82/201 58, www.lodge-arlberg.at, Ü ab € 55

♦ Haus Dönz, Danöfen 122b, 6754 Klösterle, in Danöfen, etwas abseits, ☏ 055 82/630, www.haus-doenz.at, Ü ab € 35

Verbindung nach Wald und zu weiteren Orten am folgenden Weg

Die Ortschaft verdankt ihren Namen der Tatsache, dass Graf Hugo I. von Montfort 1218 eine Marienkapelle (mit dazugehörigen Gütern) dem Johanniterorden unter der Auflage schenkte, auch ein Hospiz für Reisende, ein „Clösterlin", zu errichten. Die letzte Nachfolgerin dieser Kapelle – die heutige Pfarrkirche Johannes der Täufer – wurde von Prof. Clemens Holzmeister geplant/errichtet (Einweihung 1978). Lediglich der Turm stammt aus 1660.

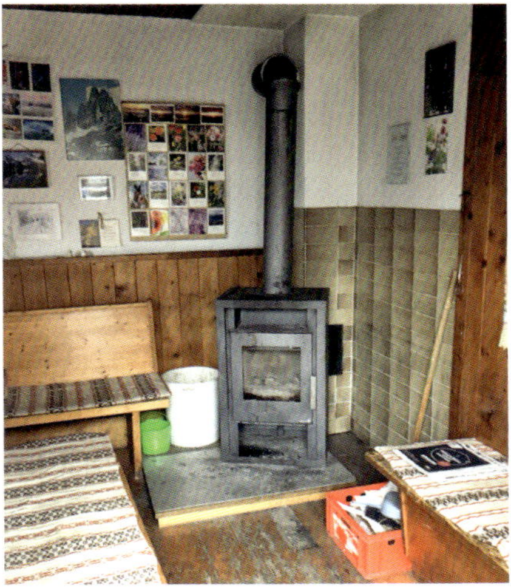

Hütte bei Klösterle

Sie gehen auf der Hauptstraße durch Klösterle und zweigen bei der **Pizzeria Giovanni** (☏ 055 82/301 77, tgl. 17:00-23:00) nach rechts und dann gleich wieder nach links ab und gehen parallel zur Hauptstraße aus dem Ort.

Beim Strommast zweigt der JW dann nach rechts ab ❻ und Sie gehen auf der asphaltierten Straße bergauf. Weiter geht es auf dem Weg nach **Innerwald**. Sie überqueren später den Spreubach, bleiben weiter auf diesem Weg und gehen bald entlang der Gleise. Sie kommen zum alten Bahnhof von Wald und gelangen von dort hinunter in die Ortschaft. Unten angelangt überqueren Sie die Brücke, gehen weiter und erreichen die Pfarrkirche Wald.

Wald

Kein Infobüro vor Ort, zuständig ist Klostertal Tourismus, ☏ 055 82/777, www.vorarlberg-alpenregion.at, Mo, Mi, Fr 8:30-12:00 und 15:00-17:00, Di, Do 8:30-12:00.

Hotel/Landhaus Sonnblick, Obere Gasse 38, 6752 Wald am Arlberg, am Weg, ☏ 055 85/73 67, www.hotelsonnblick.at, office@hotelsonnblick.at, ÜF EZ € 78, DZ € 136

Pension Maroi, Obere Gasse 91, 6752 Wald am Arlberg, vom alten Bahnhof kommend links zurück in die Obere Gasse abzweigen, ☏ 055 85/72 59, www.hotel-maroi-klostertal.at, ÜF EZ ab € 40

♦ Wald 12 – Ferien- und Seminarhaus, Obere Gasse 12, 6752 Wald am Arlberg, am Weg nach der Pfarrkirche, 06 64/911 76 76, www.wald12.at, ÜF ab € 51

Verbindung nach Dalaas und zu weiteren Orten am folgenden Weg

Bei einem kleinen Fußballplatz zweigt der JW nach rechts in den „richtigen" Wald hinein ab. Sie überqueren den Bach und gelangen ein wenig später auf die Landstraße, der Sie nun ein Stück folgen.

Vor der Kurve zweigt der JW nach rechts ab auf einen Wiesenweg, der kurze Zeit später in einen asphaltierten Weg übergeht. Hier kommen Sie dann gleich zur **Pilgerherberge**. ❼

Pilgerherberge Christine Dietrich, Sonnenhalb, Dalaas, 6752 Dalaas, 06 50/512 82 82, Preis auf Anfrage. Die Pilgerherberge ist einzigartig in Österreich. Sie werden von Frau Dietrich bestens betreut.

Oberhalb der Pilgerherberge führt der Weg dann weiter nach Dalaas.

Dalaas

Kein Infobüro vor Ort, zuständig ist Klostertal Tourismus, ☏ 055 82/777, www.vorarlberg-alpenregion.at, Mo, Mi, Fr 8:30-12:00 und 15:00-17:00, Di, Do 8:30-12:00.

Gasthof Krone, Klostertalerstr. 26, 6752 Dalaas, am Weg (35. Etappe) ☏ 055 85/72 15, ÜF ab € 42

Haus Melmer, Poller 88, 6752 Dalaas, südlich der Alfenz-/Klostertalerstr., nahe Postamt, ☏ 055 85/75 00, haus.melmer@mp-e.at, Preise auf Anfrage

Verbindung nach Innerbraz und zu weiteren Orten am folgenden Weg

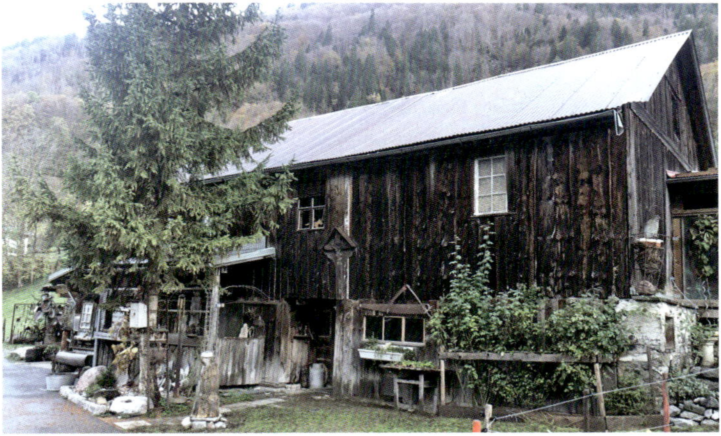

Pilgerherberge in Dalaas

Die Ortschaft hat sich aus einer schon um 1300 bestehenden Bergwerkssiedlung entwickelt. Dalaas liegt wie Klösterle und Innerbraz im 30 km langen Klostertal, dem alpinen Tal, das von der Alfenz durchflossen wird und von Bludenz bis zur Landesgrenze zu Tirol reicht. Aufgrund seiner alpinen Lage wurde der Ort in seiner Geschichte sowohl von Lawinenkatastrophen als auch von verheerenden Überschwemmungen heimgesucht. Dalaas ist heute ein beliebter Tourismusort.

35. Etappe: Von Dalaas nach Bludenz

➲ 16,9 km, ⌛ 4 Std. 40 Min., ↑ 252 m, ↓ 520 m, ⇧ 565-884 m

0,0 km	⇧ 837 m	Dalaas
7,7 km	⇧ 708 m	Innerbraz
16,9 km	⇧ 570 m	Bludenz

Die heutige Etappe ist wieder einmal kürzer. Gehen Sie es deshalb etwas gemütlicher an – vielleicht gönnen Sie sich einen Badestopp im Schwimmbad Dalaas. Wenn nicht, dann wird Sie sicherlich der Anblick des höchsten Wasserfalls von Vorarlberg erfrischen – Sie werden Ihn bald sehen. Vorbei an der uralten Leonhardskapelle kommen Sie nach Bludenz.

Sie starten beim Freibad Dalaas und gehen weiter an der Alfenz entlang.

Freibad Dalaas, gegenüber vom Fußballplatz, 06 64/392 97 56, Ende Mai bis Anfang September

Nach einigen Minuten überqueren Sie den Fluss und die Landstraße ❶ und gehen weiter nach **Innerbraz**. Sie kommen vorbei am Gasthof Krone.

2 km nach dem Gasthof Krone kommen Sie vorbei am Naturdenkmal Fallbach ❷, einem der höchsten Kaskadenwasserfälle in Österreich – sehr beeindruckend!

Vom schönen Waldweg kommen Sie auf einen Forstweg, überqueren den Bach und kommen zu einer Kapelle mit schönem Blick auf den Wasserfall. Hier können Sie mit der Glocke die anderen Pilgernden grüßen.

Kurz nach der Kapelle befindet sich eine Gittertür. Hier gehen Sie durch, überqueren die Landstraße und unterqueren die Schnellstraße. Gleich darauf setzen Sie den Weg nach **Innerbraz** nach links fort.

2 km später zweigt der JW (70 m vor der Kapelle) nach rechts ab ❸. Nach 1 km kommt ein Viehgatter – hier gehen Sie geradeaus weiter ❹.

Links geht es zum Camping & Landhaus Walch.

Auf der gegenüberliegenden Seite der Wiese müssen Sie nochmals durch ein Gatter.

Sie gelangen nach Innerbraz, überqueren den Masonbach (links befindet sich Hillebrand Karl) und haben bald schon die Pfarrkirche erreicht.

Innerbraz

BANK

Kein Infobüro vor Ort, zuständig ist Klostertal Tourismus, 055 82/777, www.vorarlberg-alpenregion.at, Mo, Mi, Fr 8:30-12:00 und 15:00-17:00, Di, Do 8:30-12:00.

Camping & Landhaus Walch, Arlbergstr. 93, 6751 Innerbraz, an der Kreuzung beim Viehgatter links und dann der Arlbergstraße folgen, 055 52/281 02-0, www.landhauswalch.at, info@landhauswalch.at, ÜF EZ ab € 64, DZ ab € 98, mit 220 m^2 großem Wellnessbereich, Campingmöglichkeit auf der Zeltwiese € 35,80 für 2 Pers, im Campinggebäude (Schlafzimmer) € 22

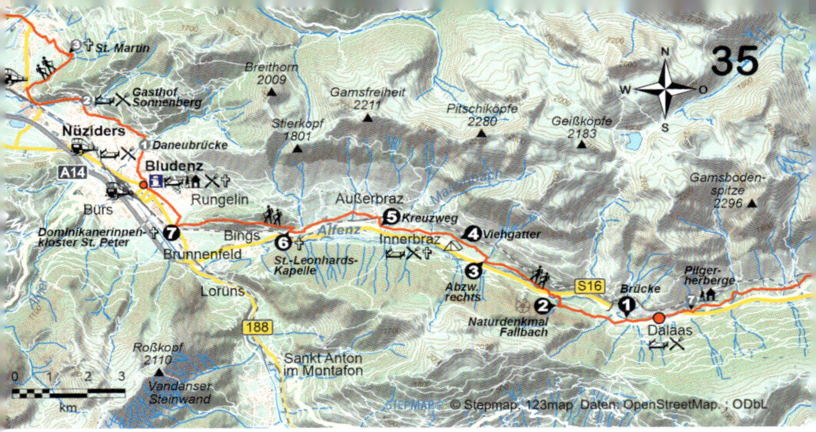

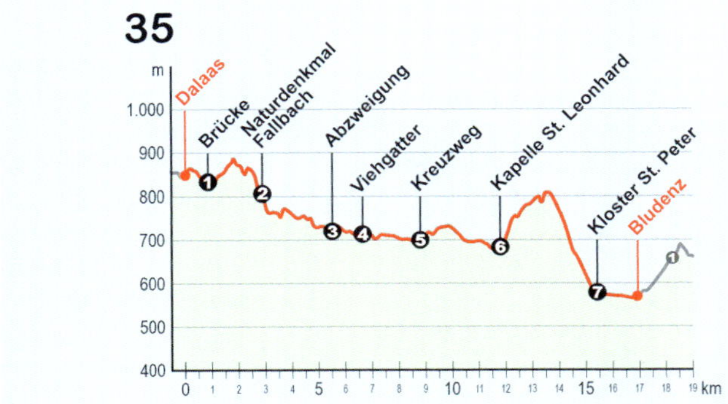

🛏 Hillbrand Karl, Arlbergstr. 87, 6751 Innerbraz, ☞ Wegbeschreibung oben, ☏ 055 52/282 00, ÜF € 30

🚌 Verbindung nach Bludenz

✝ **St. Nikolaus**. Vorläufer datieren bereits aus dem Jahr 1383, das jetzige Gebäude stammt aus dem auslaufenden 16. Jh. (Chorraum ist Original). Es erfolgte eine starke Barockisierung des Innenraumes ab zweiter Hälfte 18. Jh., der Turm erhielt seine heutige Form 1787. Im auslaufenden 19. Jh. gab es eine bauliche Erweiterung und die barocken Fresken wurden übermalt, 1915 wurde das barocke Ambiente wiederhergestellt.

Sie gehen durch den Ort und biegen beim Kreuzweg rechts ab (gleich nach dem Hotel Traube) ❺.

🛏 Lingg Resi, Klostertalerstraße 6, 6751 Außerbraz, kurz vor dem abzweigenden Kreuzweg, ☏ 055 52/286 66, 💻 www.klostertal.travel/haus-lingg, ✉ lingg@newsclub.at, ÜF EZ € 50, DZ € 90

Sie überqueren die Gleise, gehen kurz darauf zunächst links weiter und biegen bei der nächsten Abzweigung auf den Weg **Im Reckholder** ab. Nach etwa 500 m gehen Sie geradeaus weiter durch ein Viehgatter. Nach etwa 1,5 km gelangen Sie zur Landstraße, hier gibt es eine Übernachtungsmöglichkeit.

🛏 Ferienwohnung Schwarzhans, Oberradin 1, 6751 Außerbraz, ☏ 055 52/319 21, Ferienwohnung € 75

Zeichen an der St.-Leonhards-Kapelle

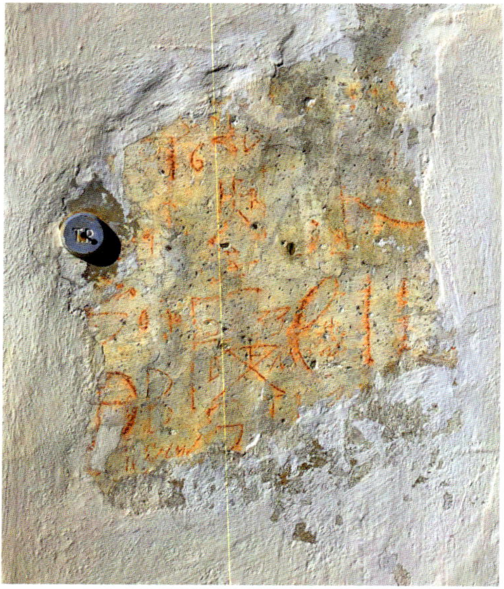

Sie folgen der Landstraße weiter ein Stück nach rechts.

Gleich nach der Brücke zweigt der JW nach rechts von der Landstraße ab. Bei der **St.-Leonhards-Kapelle** ❻ (aus dem Jahr 1390) zweigt der JW nach rechts ansteigend ab. Die Kapelle bietet eine sehr gute Rastmöglichkeit.

Der Weg führt nun teilweise durch den Wald und am Waldrand entlang. Etwa 3,4 km nach der Kapelle führt er hinunter nach Bludenz und Sie kommen zum **Dominikanerinnenkloster St. Peter** ❼.

✞ Das Kloster wurde erstmals 1278 erwähnt und war im Laufe der Zeit Opfer von verschiedenen Katastrophen. 1525 erfolgte die Vernichtung durch einen Großbrand. Im Jahr 1560 überlebte lediglich eine Schwester die Pest. Um 1700 wütete erneut ein Großbrand. 1941 kam es zur Plünderung und Vertreibung der Schwestern, das Kloster wurde eine landwirtschaftliche Berufsschule. 1947 erfolgte die Rückstellung des Klosterbesitzes. Die ansässige Gemeinschaft gilt als Niederlassung des Klosters Cazis/Schweiz.

Sie gehen rechts am Friedhof vorbei und biegen wenig später links in die Straße **Beim Kreuz** ab. Nun gehen Sie geradeaus weiter und kommen so in ca. 1,3 km direkt in die Altstadt von Bludenz.

Bludenz

Bludenz Tourismus, Rathausgasse 5, 6700 Bludenz, ☏ 055 52/63 62 17 90, www.bludenz.travel, Mo-Fr 9:00-13:00 und 14:00-17:00, Sa 9:00-12:30

Haus Yellow, Herrengasse 17, 6700 Bludenz, bei der Laurentiuskirche, 06 64/34 16 50 70, Ferienwohnung ab € 60

◆ Haus Platzer, Rungeliner Str. 11a, 6700 Bludenz, Ortsanfang Nähe Friedhof, 06 64/73 10 27 53, ÜF ab € 30

Franziskaner-Kloster, Kapuzinerstraße 2, 6700 Bludenz, direkt am Weg ins Zentrum, ☏ 055 52/622 51 (Pater Makary), Ü mit F oder Abendessen € 30, Pilgerzimmer mit 3 Betten

Verbindung nach Nüziders und zu weiteren Orten am folgenden Weg

dichtes Angebot an Zügen in Richtung Wien, Verbindung in Richtung Rankweil im 30-Minuten-Takt

✞ ⌘ Die gesamte Altstadt stammt aus dem 17. Jh. Sehenswert sind die Bürger- und Patrizierhäuser, das Schloss Gayenhofen, die St.-Laurentius-Kirche, die Spitalskirche sowie das Untere und Obere Tor (Stadtmuseum).

⌘ **Stadtmuseum Bludenz**, Kirchgasse 9, 6700 Bludenz, ☏ 055 52/63 62 12 36, auf Anfrage

Wahrscheinlich war die Gegend schon zur Bronzezeit besiedelt. Die erste urkundliche Erwähnung von Bludenz ist auf das Jahr 830 („vila pludeno") zurückzuführen. 1274 erhielt Bludenz das Stadtrecht. Bis in das 19. Jh. war Bludenz Silberbergbauzentrum. Später erfolgte dann der industrielle Aufschwung durch die Textilindustrie.

36. Etappe: Von Bludenz nach Rankweil

25,7 km, 7 Std. 10 Min., 543 m, 611 m, 466-703 m

0,0 km	570 m	Bludenz
3,4 km	560 m	Nüziders
8,7 km	555 m	Ludesch
10,1 km	559 m	Thüringen
16,7 km	610 m	Röns
19,4 km	493 m	Satteins
25,7 km	468 m	Rankweil

Auf zur letzten Etappe! Der Weg führt Sie von Bludenz in den Walgau, ein Seitental des Rheintales, und Sie durchschreiten mehrere Ortschaften, bis Sie am Abend in Rankweil, dem spirituellen Zentrum Vorarlbergs und dem Ziel Ihres Jakobsweges durch Österreich, eintreffen.

Sie starten in der Altstadt von Bludenz beim Josef-Wolf-Platz und biegen bei der Kreuzung in die Mutterstraße ein. Sie gehen Richtung Nüziders und bei der nächsten Gabelung links in die Alte Landstraße. 300 m später biegen Sie rechts in den ansteigenden Obdorfweg ein. Oben angelangt gehen Sie über die Daneubrücke ❶ und verlassen Bludenz. Ein Pfad führt in den Wald hinein. Der schöne Waldweg endet nach 1,2 km wieder und Sie kommen schon bald nach Nüziders.

Nüziders

Kein Infobüro vor Ort, zuständig ist Bludenz Tourismus, 055 52/63 62 17 90, www.bludenz.travel, Mo-Fr 9 00-13:00 und 14:00-17:00, Sa 9:00-12:30.

Hotel Daneu, Bühelweg 3, 6714 Nüziders, etwa 800 nach der Daneubrücke, 055 52/642 44, www.hoteldaneu.at, ÜF ab € 83

♦ Gasthof Bad Sonnenberg, Außerbach 20, 6714 Nüziders, am Weg, Ortsende, 055 52/642 86, www.badsonnenberg.at, knapp 1 km nach dem Gemeindeamt, ÜF EZ € 70, DZ € 46

Yve Guesthouse, Bühelweg 9, 6714 Nüziders, etwa 800 nach der Daneubrücke, 06 60/362 51 51, ÜF ab € 55

Verbindung nach Ludesch und zu weiteren Orten am folgenden Weg

Verbindung nach Ludesch im 30-Minuten-Takt

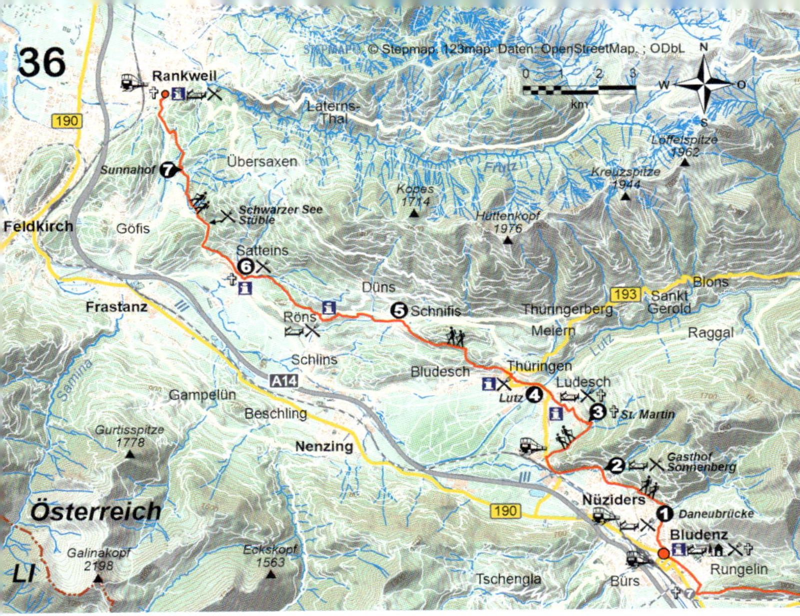

36

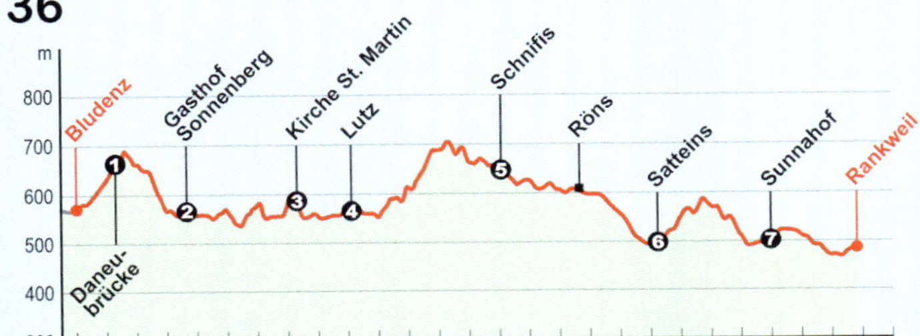

Im Ort geht es rechts vorbei am Gemeindeamt weiter nach Bad Sonnenberg und nach Ludesch.

Vorbei am 🛏 ✕ Gasthof Sonnenberg ❷ kommen Sie an die Landesstraße L193 (ca. 1,2 km nach dem Gasthof) und folgen ihr auf dem Radweg nach rechts bis zum Kreisverkehr.

Bei der Ortstafel von **Ludesch** zweigt der JW nach rechts ab. Der Weg führt weiter am Bach entlang und dann etwas steiler bergauf zur Kirche St. Martin ❸.

Von der Kirche führt ein Fußweg relativ steil in den Ort hinunter. Sie gelangen an die Dorfstraße und gehen weiter ins Zentrum und kommen zum Gemeindeamt.

Ludesch

Gemeindeamt, Raiffeisenstr. 56 6713 Ludesch, ☏ 055 50/22 21, www.ludesch.at, Mo-Fr 7:30-12:00, Di auch 14:30-18:30

Gasthof Walgau, Walgaustr. 147, 6713 Ludesch, etwas abgelegen, wenn Sie diese Möglichkeit nutzen wollen, dann sollten Sie am eben erwähnten Kreisverkehr Unterfeld/Steinbruch die Walgaustraße noch ca. 750 m weitergehen, ☏ 055 50/22 96, hotelwalgau@iplace.at, Ü ab € 70

Pilgerzimmer bei Frau Kessler Maria, Balzweg 31, 6713 Ludesch, beim Kreisverkehr Unterfeld/Steinbruch am Ortsanfang geradeaus weiter und dann die erste Straße rechts, ☏ 055 50/47 52, 06 64/73 81 68 56, auf Spendenbasis

Hausansicht bei Ludesch

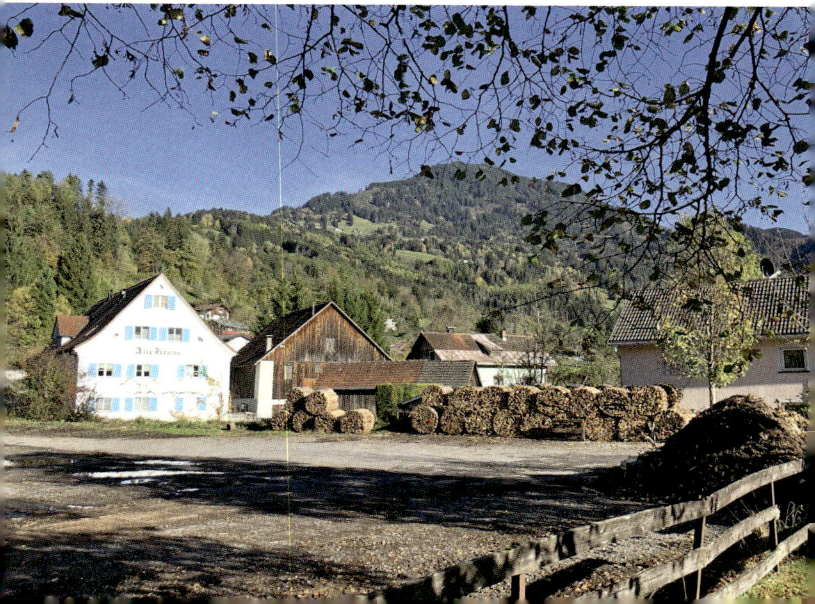

Verbindung nach Thüringen und zu weiteren Orten am folgenden Weg
Verbindung nach Rankweil im 30-Minuten-Takt

Sie verlassen Ludesch über die **Kirchstraße** und es geht weiter nach Thüringen. Sie überqueren die **Lutz** ❹ und gehen nach der Brücke geradeaus weiter. Nach 400 m biegen Sie rechts in die **Alte Landstraße** ab. Sie sind schon in Thüringen angelangt.

Thüringen

Gemeindeamt, Walgaustr. 20, 6712 Thüringen, ☏ 055 50/22 11,
www.thueringen.at, Mo-Fr 8:00-12:00, Di auch 15:30-18:30
Verbindung nach Röns

Sie gehen unterhalb der Kirche weiter. Gleich bei der Sparkasse zweigt der JW nach rechts und gleich wieder links ab. Ein Stück geht es nun der Straße folgend bergauf. In der Kurve zweigt der JW dann nach links ab und Sie gehen in Richtung Schnifis immer auf dem gelb-weiß markierten Weg weiter.

Der Weg führt nun relativ steil in den Wald hinauf. Nach etwa 200 m im Wald zweigt der Weg nach links ab. Nach etwa 2 km kommen Sie nach **Schnifis** ❺, biegen links in die Jagdbergstraße und kurz darauf links in die **Alte Landstraße** ab und gehen weiter auf diesem Weg nach **Röns**. Kurz bevor die Alte Landstraße erneut in die Jagdbergstraße mündet, biegen Sie links ab und gehen durch ein kleines Waldstück. Sie kommen zu den ersten Häusern von **Röns**, gehen noch ein Stück auf der Alten Landstraße weiter und biegen dann rechts in den **Brolaweg** ab. Sie überqueren die Jagdbergstraße und kommen zur Pfarrkirche Röns.

Röns

Gemeindeamt, Im Gawatsch 66, 6822 Röns, ☏ 055 24/81 44, www.roens.at,
Mo-Fr 8:00-12:00
Gasthof Zum Löwen, Jagdbergstr. 30, 6822 Röns, Zentrum, ☏ 055 24/85 85,
www.der-loewe.at, ÜF EZ € 65
Verbindung nach Satteins

Weiter geht es nun nach Satteins. Der Weg führt auf einem schönen Weg durch den Wald, den Sie nach ca. 1 km wieder verlassen, und Sie kommen in die Ortschaft ❻.

Satteins

Gemeindeamt, Kirchstraße 15, 6822 Satteins, ☏ 055 24/82 08, www.satteins.net, Mo-Fr 8:00-12:00

Wirtshaus Zum Stern, Frastanzerstr. 4, 6822 Satteins, bei der Sebastianskapelle kurz links, ☏ 055 24/535 86, www.wirtshaus-stern.at, Do-Di 11:00-13:30 und 17:00-22:00

Verbindung nach Rankweil

Einige Funde deuten darauf hin, dass der Großraum Satteins („Sattaas") bereits ca. 1000 v. Chr. besiedelt war. Später verlegten die Römer eine Straße hier durch, die erste urkundliche Erwähnung erfolgte 842 („Sataginis"). Die zwischen 1822 und 1824 errichtete spätklassizistische (im sog. „Staatsstil") Pfarrkirche St. Georg wurde übrigens nach Plänen von Alois Negrelli (der auch den Suez-Kanal plante) erbaut.

Vorbei an der Kirche gehen Sie auf der Rankweiler Straße weiter nach Rankweil und zweigen bei der Kapelle nach rechts ab.

✝ Die **Sebastianskapelle** stammt erwiesenermaßen aus dem 15./16. Jh. Einer alten Aufzeichnung zufolge könnte die Kapelle allerdings auch schon aus dem Jahr 1349 stammen, errichtet als Dank der Überlebenden der Pestepidemie von 1348.

Nach weiteren etwa 500 m verlassen Sie die Rankweiler Straße und zweigen nach rechts ab.

Der Weg geht nun bergauf und führt in den Wald hinein. Sie gelangen dann wieder an die Rankweiler Straße und folgen ihr nach rechts. Sie kommen zum kleinen **Schwarzer See** und können hier auch am See entlanggehen, um die befahrene Straße zu vermeiden.

Vorbei am **Schwarzer See Stüble** (06 64/212 75 95, tgl. 11:00-22:00) zweigt der JW nach rechts von der Straße ab. Auf einem leicht abenteuerlichen Pfad geht es ein kleines Stück durch den Wald, bald aber befinden Sie sich schon wieder auf einem schönen Forstweg, der nach wenigen Minuten wieder auf einen asphaltierten Weg trifft. Kurz darauf zweigt der Weg aber wieder auf einen Feldweg ab. Nach etwa 500 m biegen Sie nach links ab ❼ und gehen auf den **Sunnahof** zu, einem Vorzeigeprojekt für nachhaltige Arbeit mit und von Menschen mit Behinderungen.

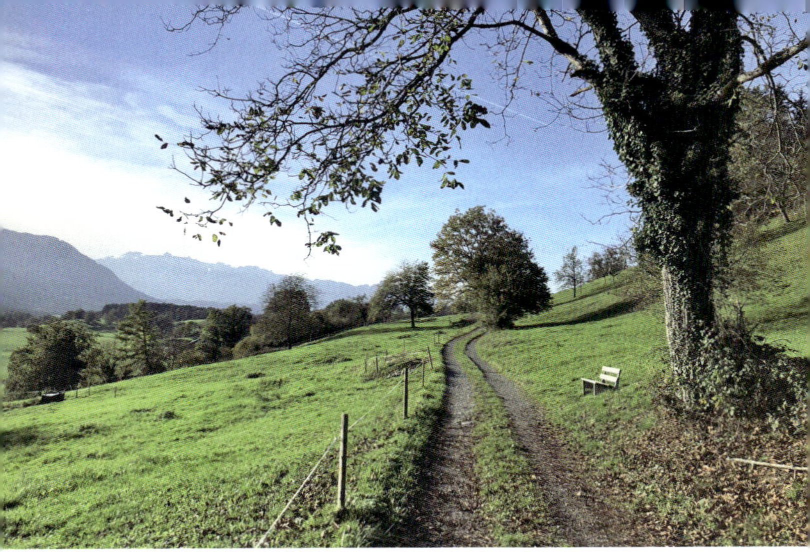

Auf dem Weg nach Rankweil

Sie gehen hier links um den Parkplatz, überqueren den Bach, gehen rechts weiter und folgen der bergauf führenden Asphaltstraße. Nach etwa 1 km gehen Sie am Landeskrankenhaus Rankweil vorbei. Sie gelangen zur Landstraße, der Sie ins Zentrum nach Rankweil folgen.

Bei der Ringstraße führt ein schmaler Weg hinauf zu Basilika. **Sie haben Ihr Ziel erreicht**.

Rankweil

Verkehrsverein Rankweil, Am Marktplatz 1, 6830 Rankweil, im Rathaus, Ecke Ringstraße/Bahnhofstraße, ☏ 055 22/405-0, www.rankweil.at, Mo-Fr 8:00-12:00, Mo, Di, Do auch 14:00-16:30

Gasthof Mohren, Steigstr. 17, 6830 Rankweil, ca. 750 m abseits, ☏ 055 22/442 75, www.mohren.at, office@mohren.at, ÜF EZ € 74, DZ € 130

♦ Pension Burg-Café, Ringstraße 8, 6830 Rankweil, Zentrum, ☏ 055 22/445 16, www.burgcafe-rankweil.at, info@burgcafe-rankweil.at, ÜF EZ € 56, DZ € 86

Gasthaus Taube, Ringstr. 1, 6830 Rankweil, Zentrum, ☏ 055 22/442 11, www.taube-rankweil.at, Mo-Sa 14:00-0:00, So 10:00-23:00

Von Rankweil dichtes Angebot an Zügen zurück nach Wien bzw. internationale Anschlüsse

Eine Besiedelung des Liebfrauenberges (ein sog. Inselberg) 1800 v. Chr. ist nachgewiesen (wahrscheinlich Räter). Um die Zeitenwende hielten die Römer Einzug. Ab ca. Mitte des 9. Jh. tauchte der Name Ranguila/Rangwila auf, der erst im 13. Jh. alleiniger Name wurde. Ab dieser Zeit begann auch der Aufstieg zum Wallfahrtsort.

Interessanterweise wurde im klimatisch sehr begünstigten Rankweil schon früh Weinbau betrieben, die erste diesbezügliche Urkunde stammt aus dem Jahr 820. Im 14. Jh. erlebte der Weinbau seine größte Ausdehnung, ab dem 18. Jh. erfolgte langsam der Abstieg. Heute weisen nur noch einige kleine Weingärten auf diese Tradition hin.

✝ **Wallfahrts-Basilika Zu unserer Lieben Frau.** Mit ziemlicher Sicherheit stand bereits ca. 1500 v. Chr. am Liebfrauenberg eine vorchristliche Kultstätte. Ca. 750 n. Chr. wurde eine erste einfache „Landkirche" errichtet. 1350 brannte die gesamte Anlage ab. Da der Überlieferung zufolge nur eine Marienstatue (oder Marienbild) den Brand unversehrt überstand, kam es nun zur Marienwallfahrt. Auf den Brandruinen wurde eine neue Kirche errichtet – angeblich bereits 1377 fertig. 1445 wurde auch diese Kirche (sowie der ganze Ort) durch kriegerische Auseinandersetzungen mit Schweizern in Schutt und Asche gelegt. Bei der Neuerrichtung ging man keine Kompromisse mehr ein und baute eine trutzige Wehrkirche mit Befestigungsanlagen, die heutige Anlage entstand. 1986 erfolgte die spirituelle Erhöhung zur Basilika. Erwähnenswert sind das „Silberne (auch „Wundertätige") Kreuz" im Altarraum. Der geschnitzte Holzkern stammt aus dem 12. Jh. (unbekannter Künstler aus Pisa), 1233 kam das Kreuz nach Rankweil. Im Inneren dieses Kreuzes befindet sich ein Partikel des (angeblich) wahren Kreuzes Christi.

♦ Wallfahrtsamt Rankweil, ☏ 055 22/442 24, ✉ office@basilika-rankweil.at, der Kirchenkomplex ist (tagsüber) frei zugänglich, Führungen nach Voranmeldung.

Fridolin-Verehrung in der Basilika Rankweil: Der Fridolin-Stein ist mit ziemlicher Sicherheit uralter Zeuge eines vorchristlichen Steinkultes (Bucklwehsteine/Rückenschmerzensteine, Durchschlupfsteine), der von der katholischen Kirche übernommen und mit neuer Botschaft versehen wurde. Dass man sich auch heute noch bequem in den Stein hineinknien kann, dass die fridolinschen „Abdrücke" so exakt für jedes Knie, für jeden Arm passen, wird darauf zurückgeführt, dass mittlerweile (höchstwahrscheinlich seit vorchristlicher Zeit) Millionen von Menschen dort gekniet haben und der Stein einfach abgeschliffen wurde –

„sich jedem Knie anpassen kann". Jedenfalls ist dieser Stein ein uralter Kulturzeuge einer frühen Medizin, dem viel zu wenig Beachtung gezollt wird. Und – wer weiß? – vielleicht findet sich irgendwann sogar mal eine schulmedizinische Begründung für eine Heilwirkung. Nach mehr als 800 km Belastung für die Knie sollten Sie es zumindest mal probieren.

Fridolin ist ältester alemannischer Missionar, Schutzpatron der Schneider und des Viehs; er hilft auch gegen Bein-, Knie- und Armleiden.

Und wie geht's weiter?

Jetzt sind Sie also angekommen und haben damit den Jakobsweges durch Österreich beendet. Schade?

Sie sind zwar in Rankweil angekommen, aber bekanntlich endet der Jakobsweg in Santiago des Compostela. Also – der nächste Abschnitt wartet auf Sie. Es geht auf dem Jakobsweg durch die Schweiz.

Das Verbindungsstück zwischen österreichischem und Schweizer Jakobsweg ist der Appenzellerweg. Er führt zunächst von Rankweil nach Meiningen, wo Sie die Grenze zur Schweiz passieren. Weiter geht es über Appenzell (28 km ab Rankweil) nach St. Peterzell (24 km ab Appenzell), wo der Weg auf den Jakobsweg Rorschach-Einsiedeln trifft. Von dort geht es auf der Via Jacobi weiter über den Brünigpass nach Interlaken, später nach Fribourg, Lausanne und Genf.

Weitere Informationen:

- 🕮 Jakobsweg-Booklet Nr. 8, Vorarlberg-Appenzeller-Weg, Werd Verlag Zürich, 2020
- ♦ Schweiz: Jakobsweg vom Bodensee zum Genfersee, Hartmut Engel, Conrad Stein Verlag, Band 117, 2022, ISBN 978-3-86686-656-0, inklusive Beschreibung des Appenzellerweges

Index

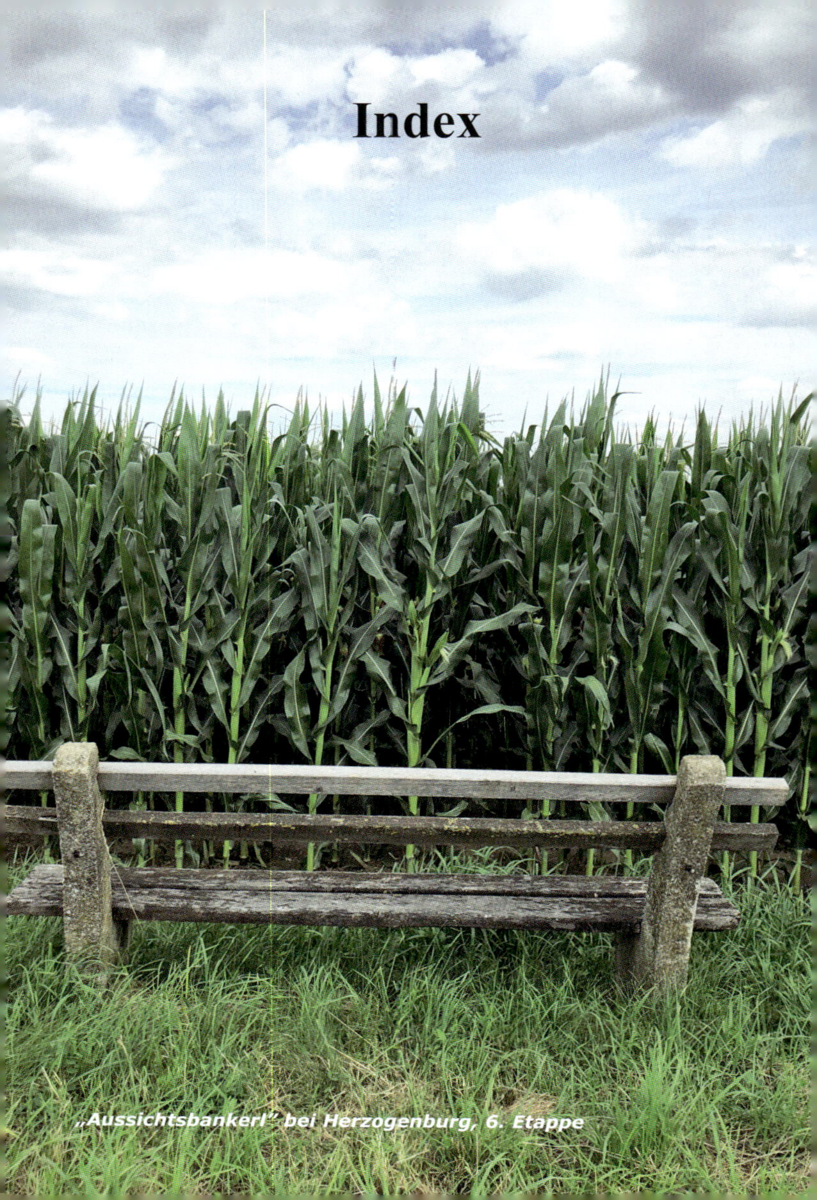

„Aussichtsbankerl" bei Herzogenburg, 6. Etappe

V

W

Z